10 Militärpolitische Schriftenreihe

Heil Beil!

Flugblattpropaganda im Zweiten Weltkrieg

Dokumentation
und Analyse

Herausgegeben von
Ortwin Buchbender
und Horst Schuh

Seewald Verlag Stuttgart

Inhalt

Vorwort

Die Herausgeber haben sich die Aufgabe gestellt, den Einsatz und die Wirkung von Flugblättern vor dem historischen Hintergrund des Zweiten Weltkrieges an ausgewählten Beispielen darzustellen.

Bei der Vorbereitung dieser Edition bereitete die Materialbeschaffung der abgebildeten Flugblattmuster die größte Schwierigkeit. Eine wesentliche Voraussetzung für die Auswahl der Flugblätter bildete die Unterstützung von in- und ausländischen Flugblattsammlern. Die Flugblattsammler mit den quantitativ und qualitativ bedeutendsten Sammlungen in der Bundesrepublik sind Lothar Leser in Karlsruhe, Joseph Beyer und Erich Quadflieg in Bergisch-Gladbach. Für ihre wertvolle Hilfe sei an dieser Stelle gedankt. Die Autoren sind ganz besonders Herrn Beyer zu Dank verpflichtet. Ohne sein Interesse, ohne seine engagierte Hilfsbereitschaft und großzügige Unterstützung bei der Beschaffung des Flugblattmaterials hätte die Edition in dem vorliegenden Umfang nicht publiziert werden können.

Die große Bedeutung, die gerade das Medium Flugblatt für die psychologische Kriegführung während des Zweiten Weltkrieges besaß, wurde nach dem Krieg sehr bald erkannt. Die Initiative für die Sichtung und Einordnung der umfangreichen Flugblattserien ging jedoch nicht von Historikern, sondern von Flugblattsammlern aus, die schon während des Krieges zum Teil unter erheblichen persönlichen Risiken Flugblätter sammelten. Ihr Interesse an der Flugblattpropaganda führte im Jahre 1958 in England zur Gründung der »Psywar-Society«. Diese Gesellschaft, die heute ca. 200 Mitglieder zählt, ist eine Vereinigung von Flugblattsammlern aus aller Welt, die sich nicht nur auf das Sammeln von Flugblättern spezialisiert haben, sondern sich außerdem intensiv mit der Dokumentation und Analyse der Flugblattpropaganda beschäftigen. Dabei liegt der Schwerpunkt ihrer Untersuchungen bei der Geschichte der psychologischen Kriegführung des Zweiten Weltkrieges.

Publikationsorgan der »Psywar-Society« ist das Magazin »Falling Leaf«, das mehrmals jährlich erscheint. Es kann nur über die »Psywar-Society« direkt bezogen werden. Der Herausgeber des »Falling Leaf«, R. G. Auckland, der Sekretär P. H. Robbs und engagierte Mitglieder der Gesellschaft haben sich durch ihre Beiträge zur Geschichte der Flugblattpropaganda verdient gemacht. Ihre Arbeiten sind auch für den Historiker eine wesentliche Grundlage für die Datierung, Einordnung und Beurteilung der Flugblattpropaganda.

Francis C. W. Field war der erste Flugblattsammler, der mit seinem Buch über Flugblattpropaganda den Versuch unternahm, nicht nur die Produzenten der abgeworfenen Flugblattserien zu ermitteln, sondern auch die Kodierung der Flugblätter systematisch zu erfassen. Inzwischen ist die Arbeit von Field durch die Untersuchungen der »Psywar-Society« erheblich erweitert und ergänzt worden (vgl. Literaturverzeichnis).

Im Gegensatz zu den westalliierten Flugblattserien des Zweiten Weltkrieges, die fast lückenlos erfaßt worden sind, ist die deutsche Flugblattpropaganda besonders für den Bereich der Ostfront nach Kodierung und Datierung noch nicht registriert. Die Flugblattserien, die von der Abteilung Wehrmachtpropaganda in enger Zusammenarbeit mit einer Spezialabteilung des Propagandaministeriums herausgegeben und in mehreren Milliarden Exemplaren über der Ostfront abgeworfen wurden, könnten katalogisiert werden, falls die entsprechenden Kodierungs-Unterlagen in den Archiven gefunden werden sollten. Allerdings lassen sich die sogenannten taktischen Flugblattserien, die die kämpfenden Verbände auf ihren mobilen und stationären Druckereien produzierten, nicht erfassen, da sie nur noch zu einem verschwindend geringen Anteil vorhanden sind und völlig unsystematisch kodiert wurden. Die deutschen Flugblätter, die während des Westfeldzuges über Frankreich und über England abgeworfen wurden, sind mit den Flugblattserien der deutschen Kampfpropaganda der Jahre 1944/1945 zum Teil von der »Psywar-Society« listenmäßig registriert, soweit sie sich noch in Flugblattsammlungen befinden.

Die Geschichte der westalliierten psychologischen Kriegführung ist durch eine Reihe englischsprachiger Publikationen umfassend dargestellt worden. Ein grundlegendes Werk über die deutschen Propagandatruppen während des Zweiten Weltkrieges ist bisher noch nicht erschienen. Die ungünstige Aktenlage wird eine der Gründe für dieses Versäumnis sein. Eine wesentliche Informationsquelle über die deutsche Wehrmachtpropaganda sind daher immer noch die Arbeiten von Günther Heysing, der vor allem durch sein PK-Mitteilungsblatt »Die Wildente« eine Fülle von Details über die deutschen Propagandatruppen veröffentlichte. Die »Wildente«, die mit der Nummer 28 im August 1966 ihr Erscheinen einstellte, ist eine wichtige Grundlage für die Dokumentation und Analyse der deutschen psychologischen Kriegführung während des Zweiten Weltkrieges.

Für die historische Einordnung der abgedruckten Flugblattmuster wurden von den Autoren folgende Archive und Institute in der Bundesrepublik ausgewertet: das Bundesarchiv in Koblenz, das Bundesarchiv-Militärarchiv in Freiburg, das Institut für Zeitgeschichte in München, die Bibliothek für Zeitgeschichte in Stuttgart, das Historische Archiv der Stadt Köln und die Privatarchive von Günther Heysing in Hamburg und Erich Quadflieg in Bergisch-Gladbach. Für Informationen bei der Erschließung des Flugblattmaterials sind die Autoren besonders Herrn Heysing und den Flugblattsammlern Erich Quadflieg, Jan de Groot, Santpoort/Niederlande, und R. G. Auckland, St. Albans/England, zu Dank verpflichtet. Auch den Informanten, die ungenannt bleiben wollen und die durch ihre bereitwilligen Auskünfte diese Edition unterstützten, sei gedankt, besonders dem Militärgeschichtlichen Forschungsamt in Freiburg, das durch seine Hilfe bei der Beschaffung von Unterlagen die Arbeit der Autoren wesentlich förderte.

Bei der schwierigen Material- und Aktenlage soll die Edition im Sinne ihrer Aufgabenstellung ein erster Versuch sein, den interessierten Leser mit den vielfältigen Möglichkeiten des Propaganda-Mediums »Flugblatt« vertraut zu machen und Anregungen für eigene Studien zu liefern. Die Autoren würden es begrüßen, wenn durch weiterführende Hinweise und Korrekturen von Lesern, die gegebenenfalls selbst an verantwortlicher Stelle im Bereich der Flugblattpropaganda standen, Ungenauigkeiten oder Fehler in der Darstellung für eine Neuauflage beseitigt werden könnten.

Die Propaganda im totalen Krieg

Ich hatt einen Kameraden,
Einen bessern findst du nit,
Gleich bei den ersten Stürmen
Sprach er: »Komm laß uns türmen!
Ich mach das nicht mehr mit!«

Ein Flugblatt kam geflogen,
Fliegts zu mir oder fliegts zu dir?
Er hat es aufgefangen
Und ist hinübergegangen!
Warum blieb ich bloß hier?

– Das Neue Soldatenliederbuch –

Einführung

Das Bestreben, den militärischen Gegner mit propagandistischen Mitteln zugunsten der eigenen Zielsetzungen zu beeinflussen, ist so alt wie der Kampf in seinen gewaltsamen Formen selbst[1]. Sind auch Propagandamaßnahmen nicht neu, so haben doch die großen Weltkriege dieses Jahrhunderts propagandistischen Kampfmaßnahmen von weit größerer Mannigfaltigkeit und größerem Umfang als früher zum Durchbruch verholfen. Im Ersten Weltkrieg tritt Massenpropaganda als Kampfmittel erstmals auf.

In den Jahren zwischen den Weltkriegen wird die Propaganda, vor allem als außenpolitisches Werkzeug, weiterentwickelt und eingesetzt.

Im Krieg von 1939 bis 1945, der in einem bisher unbekannten Ausmaß den Einsatz aller Kräfte verlangt, muß die Propaganda eine besondere Bedeutung gewinnen. Auch die Tatsache, daß Massenkommunikation und -beeinflussung bereits im Frieden zu einem integrierten Bestandteil des öffentlichen und privaten Lebens in den Industrieländern geworden sind, trägt wesentlich zu ihrer vielseitigen und systematischen Anwendung im Dienst der Kriegführung bei. Das Erscheinen großer Tageszeitungen, die Wirtschaftswerbung, die politische Publizistik, vor allem Rundfunk und Film, machen es möglich und unvermeidlich, daß diese im zivilen Alltag praktizierten Fertigkeiten und Methoden auf die militärische Ebene im Krieg übertragen werden[2].

In einem Weltkrieg, der viele Millionen Menschen erfaßt, hat die Propaganda im wesentlichen folgende Aufgaben[3]:

1. Das eigene Volk, die eigenen Streitkräfte und die Verbündeten im Sinne der militärischen und politischen Zielsetzung zu beeinflussen, insbesondere ihre Siegeszuversicht zu stärken.
2. Die Sympathie und nach Möglichkeit auch die Kooperation der neutralen Länder zu gewinnen, zumindest aber einer ungünstigen Meinungsbildung dort entgegenzuwirken.
3. Die Widerstandskraft der feindlichen Truppe und Zivilbevölkerung systematisch zu untergraben.

Ein weiteres Betätigungsfeld entsteht für die Kriegspropaganda dadurch, daß die Bevölkerung besetzter Gebiete für den jeweiligen Standpunkt der einflußnehmenden Kriegsparteien gewonnen werden soll.

Die Veränderungen, denen die Gesellschaft in den zwanziger und dreißiger Jahren unterworfen ist, ändern nicht nur die militärische Kriegführung, sondern schaffen auch die Bedingungen, durch die die Kriegspropaganda eine erhöhte Bedeutung erhalten soll.

Die technische Entwicklung verändert die äußeren Formen des Krieges und liefert die Möglichkeiten, über große Entfernungen schnell und schlagkräftig mit vielen verschiedenen Mitteln zu wirken. Schon vor dem Zweiten Weltkrieg setzt sich die Erkenntnis durch, daß ein moderner Krieg total ist. Der Ausdruck wird von Ludendorff in seinem 1935 erschienenen Buch »Der totale Krieg« gebraucht, in dem er zusammenzufassen sucht, was auf dem Gebiet der Kriegführung seit dem Ersten Weltkrieg geschehen ist.

Die Mechanisierung der Streitkräfte und die Industrialisierung des Wirtschaftslebens machen die Wirtschaftskriegführung zu einem wesentlichen Faktor der Gesamtkriegführung. Energieversorgung, Industrie und Handel werden wichtige Angriffsziele. Das Flugzeug ist in der Lage, schwerste Bombenlasten und

Flugblätter Hunderte von Kilometern weit zu tragen und sie über Städten und Dörfern weit hinter den kämpfenden Armeen abzuwerfen. Die Zivilbevölkerung wird den Kriegshandlungen ausgesetzt und in einem Umfang wie nie zuvor in die Kriegsanstrengungen einbezogen. Die Heimat ist eine freiliegende und verwundbare »Front« geworden, auch für die Kriegspropaganda, die vor allem mit dem neuen Medium Rundfunk über alle Grenzen und Entfernungen bis in die Wohnungen der einzelnen Familien und Bürger dringt.

Weil der totale Krieg die Bevölkerung der kriegführenden Staaten völlig erfaßt, ist es erforderlich, die eigene öffentliche Meinung einheitlich zu steuern, um den Einsatzwillen des Volkes, vor allem der Armee und der Industriearbeiterschaft, aber auch der übrigen Bevölkerung einschließlich der Frauen, bis zum Höchstmaß zu steigern[4]. Eine besondere Schwierigkeit ergibt sich für die Nachrichtenpolitik der vom Krieg betroffenen Staaten, die ihrer eigenen Bevölkerung nur von Erfolgen berichtet, ohne daß sie hinreichende Erklärungen für die aktuell erlebten Schwierigkeiten des Volkes bieten kann.

Statt dessen tauchen in ihrer Kriegspropaganda »Sündenböcke« auf: »unzuverlässige« Bundesgenossen, »verräterische« Neutrale, »Saboteure« im eigenen Lager, »die Reaktion« und – im Falle des Dritten Reiches – »das Weltjudentum«. Diese »Sündenböcke« werden um so häufiger und schwerer belastet, je mehr die Kriegsschwierigkeiten zunehmen und es an Siegesmeldungen fehlt.

Diese wohl größte Gefahr für die Glaubwürdigkeit einer Psychologischen Kriegführung wird ergänzt durch zwei weitere fragwürdige Methoden, die besonders in den letzten Kriegsjahren durch die Verlierermächte häufiger angewendet wurden: einmal das Ausspielen der Angst (»Nach einer Niederlage werden die Feinde alle unsere Männer kastrieren.«) und zum anderen das Kokettieren mit dem moralischen Sieg des Geschlagenen.

Der moderne Krieg trifft alle und alles. Die Frontlinien gehen – bildlich gesprochen – durch das Bewußtsein jedes einzelnen Bürgers. Der Krieg fördert den Einsatz, die Stellungnahme eines jeden. Das gilt vor allem für den einzelnen Soldaten im Kriege. Mehr als früher beruht der Einsatz von Soldaten in der Kampflinie auf der Initiative des einzelnen, auf seiner Kraft, durchzuhalten und auch in schwierigen Lagen Widerstand zu leisten. Bei der Kriegführung in geschlossener Ordnung ist die Kontrolle über den Mann im Karree oder im Glied leichter, als sie es jetzt über den einzelnen Mann sein kann, der allein in seiner Gruppe liegt und ohne Kontrollmöglichkeiten durch seine Vorgesetzten handeln muß. Die moderne Kriegführung begünstigt daher eine Propaganda, die sich an den einzelnen Mann richtet und seinen Kampfwillen schwächen will[5].

Da sich in diesem Krieg völlig entgegengesetzte Weltanschauungen gegenüberstehen, ist auch die Spannweite der Propagandathemen und -inhalte eine totale: Die den kriegführenden Völkern eigene Staatsform und die an sie geknüpften Ideen sowie die politischen, wirtschaftlich und sozialen Existenzbedingungen werden Gegenstand der militärisch-propagandistischen Auseinandersetzung. Dies führt dazu, daß in einem bis dahin unbekannten Ausmaß die Einstellungen und Gefühle des einzelnen berührt werden.

Die Propaganda-Organisationen der kriegführenden Mächte sollen im folgenden kurz skizziert werden.

Die Propaganda-Organe der kriegführenden Mächte

Die deutsche Wehrmachtpropaganda

Die Propaganda-Kompanien

Die Erfahrungen des Ersten Weltkrieges, daß eine totale alliierte Propaganda an der Westfront einer völlig unzureichenden deutschen Propaganda gegenübersteht, führt bei den Vertretern der deutschen psychologischen Kriegführung im Bereich der Wehrmacht und des Propagandaministeriums zu grundsätzlichen Überlegungen, wie einer solchen Gefahr bei einem künftigen Krieg wirksam begegnet werden könne. Nach einer bewegten organisatorischen Anfangsphase ab 1936[6], die durch die unterschiedlichen Auffassungen über die Gliederung, Funktion, Koordinierung und Leitung künftiger Propaganda-Einheiten zwischen der Wehrmacht und dem Propagandaministerium gekennzeichnet ist, einigen sich schließlich im Jahre 1938 General Keitel als Vertreter der Wehrmacht und der Propagandaminister Goebbels auf einen Kompromiß. Dieser Kompromiß findet seinen Niederschlag in dem grundlegenden »Abkommen über die Führung der Propaganda im Kriege«. Die wichtigste Bestimmung des Abkommens, die einen schnellen organisatorischen Aufbau der deutschen Wehrmachtspropaganda in Zukunft ermöglicht, lautet:

»Der Reichsminister für Volksaufklärung und Propaganda führt nach den Weisungen des Führers und Reichskanzlers im Kriege wie im Frieden verantwortlich die gesamte Propaganda mit folgenden Ausnahmen:

a) Für die Aufrechterhaltung der Stimmung, der seelischen Kampfbereitschaft und des Siegeswillens in der eigenen Wehrmacht ist *allein* die Wehrmacht verantwortlich. Die Tätigkeit des Reichsministeriums für Volksaufklärung und Propaganda und der ihm untergeordneten Dienststellen beschränkt sich lediglich darauf, auf Anforderung Aufklärungsstoff, Frontzeitungen, Frontrundfunk, -kinos und -theater zur Verfügung zu stellen.

b) Die aktive Propaganda im *Kampfgebiet*, also die Propaganda in die Bevölkerung und feindliche Wehrmacht von der Truppe aus, leiten die militärischen Dienststellen mit Hilfe der ihnen unterstellten Propaganda-Kompanien.

c) Die in der feindlichen Wehrmacht oder Arbeiterschaft zu betreibende *Aufwiegelung* ist eine Aufgabe der Wehrmacht[7].«

Dieses Abkommen überträgt in den alleinigen Zuständigkeitsbereich der Wehrmacht die geistige Betreuung der eigenen Truppe und die Kampfpropaganda in den Feind. Um die Ausrichtung des Propagandakrieges mit dem Waffenkrieg sinnvoll zu koordinieren, wird eine enge Zusammenarbeit zwischen Propagandaministerium und Wehrmacht angestrebt.

Aufstellung der Propaganda-Kompanien (PK)[8]

Die Aufstellung der PK erfolgt nun zügig. Die ersten vier PK werden bis zum 16. 9. 1938 aufgestellt, und zwar:

1. PK 549 in Dresden durch Gen.Kdo. IV.A.K.,
2. PK 537 in Breslau durch Gen.Kdo. VIII.A.K.,
3. PK 570 in Nürnberg durch Gen.Kdo. XIII.A.K.,
4. PK 521 in Wien durch Gen.Kdo. XVII.A.K.

Außerdem erfolgt am 30. 9. 1938 die Aufstellung einer weiteren PK 558 in Berlin durch Gen.Kdo. III.A.K.

Mit dem Befehl zur Aufstellung der vier ersten PK vom 16. 8. 1938 schlägt die Geburtsstunde der deutschen Propaganda-Kompanien[9].

Sie werden bei der Besetzung des Sudetenlandes vom 1. bis 10. Oktober 1938 (»Fall Grün«) eingesetzt und erhalten den Auftrag, Wort-, Bild- und Rundfunkberichte zu liefern.

Unterstellung und Aufgabe der PK

Die PK gehört zu einer Armee und ist dem Armee-Nachrichten-Regiment wirtschaftlich untergeordnet. Sie besteht aus 1 Kompanietrupp, 3 Kriegsberichterzügen, 1 Propagandazug, 1 Arbeitsstaffel und dem Troß.
Ihre Aufgabe ist:

1. die Erfassung des Propagandastoffes aus dem Kampfgebiet für die Propaganda des RMVP,
2. die Aktivpropaganda in die Bevölkerung des Kampfgebietes und in die feindliche Wehrmacht.

Der Führer einer PK untersteht dem Chef des Stabes einer Armee und ist auf enge Zusammenarbeit mit dem Ic, dem Nachrichten- und Abwehroffizier, angewiesen.

Die »Erfassung des Propagandastoffes aus dem Kampfgebiet«, d. h. Berichterstattung im weitesten Sinne, ist für die neu aufgestellten PK in ihrer ersten Phase die wichtigste Aufgabe. Dieser spezielle Auftrag läßt sich an der Gliederung der PK ablesen. Die drei Kriegsberichterzüge mit ihren Wort-, Bild- und Rundfunkberichtern liefern eine Fülle von Beiträgen, die in der Heimatpresse und in den Frontzeitungen der Wehrmacht veröffentlicht werden und damit einen wichtigen Beitrag für die Intern-Propaganda des Dritten Reiches liefern.

Gliederung der PK

Nachdem die Erfahrungen des Sudetenland-Einsatzes kritisch ausgewertet worden sind und zur Ausarbeitung verbesserter Kriegsstärke-Nachweisungen (KSTN) und Ausrüstungsnachweisungen (KAN) beitragen, werden 1939 weitere PK aufgestellt. Ende August 1939 verfügt die Wehrmacht über:

8 Heeres-PK
4 Luftwaffen-PK
2 Kriegsmarine-PK

Im Jahre 1939 gliedern sich die Heeres-PK laut KSTN Nr. 825 wie folgt[10]:

Gliederung der Heeres-PK im Jahre 1939

	Offiziere	Beamte	Unteroffiz.	Mannsch.	Kfz.
Kompanietrupp	2	–	2	5	2
1. (leichter) Kriegsberichterzug	5	–	6	6	5
2. (leichter) Kriegsberichterzug	5	–	6	6	5
3. (schwerer) Kriegsberichterzug	5	–	8	12	8
Propagandazug	3	1	9	15	7
Arbeitsstaffel	2	2	8	20	8
Troß	–	–	6	21	6
Gesamtstärke PK	22	3	45	85	41

Die leichten Kriegsberichterzüge bestehen aus 2 gemischten Trupps mit je 2 bis 3 Wort- und 1 bis 2 Bildberichtern, der 3. schwere Kriegsberichterzug aus 1 Worttrupp, 1 Bildtrupp, 2 Filmtrupps und 2 Rundfunktrupps. Der Propagandazug enthält das Fachpersonal für Flugblattherstellung, eine Lautsprechergruppe mit 2 Lautsprechertrupps und eine Filmvorführungsgruppe mit 2 Filmvorführtrupps für Truppenbetreuung. (S. Abb. S. 15)

Die Abteilung für Wehrmachtspropaganda im Oberkommando der Wehrmacht (OKW/WPr)

Am 1. April 1939 wird OKW/WPr aufgestellt. Die Abteilung untersteht dem Chef der Amtsgruppe Führungsstab, General Jodl, und bearbeitet folgende Gebiete:

1. alle Fragen der Propaganda, soweit sie zum Aufgabenbereich der Wehrmacht ge-

hören oder sich in der Wehrmacht auswirken,
2. die geistige Betreuung der Wehrmacht im Kriege,
3. die militärische Zensur für alle Propagandazweige im Kriege.

Die Abteilung OKW/WPr gliedert sich in vier Gruppen, die die gesamte Wehrmachtpropaganda steuern und leiten.

Gruppe I erläßt grundlegende Richtlinien für die Vorbereitung und Durchführung der Propaganda im Krieg und ist verantwortlich für die Propaganda-Organisation und Ausbildung des Propaganda-Personals.

Gruppe II steuert die geistige Betreuung der Truppe.

Gruppe III überwacht die militärische Zensur.

Gruppe IV bearbeitet und überwacht die eigene Kampfpropaganda und die Propaganda des Gegners und ist damit die Zentralstelle für psychologische Kampfführung.

Da die Kampfpropaganda in den Feind durch die Entwicklung der Kriegslage zwangsläufig an Bedeutung zunimmt, gewinnt die Gruppe IV, die für die Kampfpropaganda in den Gegner und die Abwehr der Feindpropaganda verantwortlich ist, immer mehr an Bedeutung.

OKW/WPr stellt Massen von Flugblättern her, die von der Reichsdruckerei, von kleineren privaten Druckereien und anderen Druckkapazitäten gedruckt und anschließend der PK zum Abwurf zur Verfügung gestellt werden. Diese produzieren ihrerseits mit den Druckmöglichkeiten im Armee- und Heeresgruppenbereich die taktischen Flugblätter für ihren Abschnitt. In enger Zusammenarbeit mit dem »Deutschen Propaganda Atelier« in Berlin-Lichterfelde werden spezielle Propagandageräte entwickelt und an die PK geliefert. Mit Beginn des Ostfeldzuges produziert OKW/WPr IV mit der Unterstützung einer Spezialabteilung für Ostpropaganda des Propagandaministeriums Flugblattmassen, die im Laufe des Krieges die Milliardengrenze weit überschreiten. Im ganzen werden von der deutschen Propagandatruppe während des Zweiten Weltkrieges mehrere Milliarden Flugblätter eingesetzt.

Ersatz- und Ausbildungswesen der PK

Die Reichspropaganda-Ämter erfassen listenmäßig das Fachpersonal für die PK, das je nach Bedarf auf Veranlassung von OKW/WPr den PK zugeführt wird.

Ende 1939 wird eine Propaganda-Ersatz-Kompanie in Potsdam aufgestellt, die die zunächst im Status eines Sonderführers diensttuenden PK-Angehörigen militärisch ausbildet. Bei der schnellen Vergrößerung der PK, die zu weiteren Neuaufstellungen von Propagandaeinheiten führt, wird die Propaganda-Ersatz-Kompanie in eine Propaganda-Ersatz-Abteilung (PEA) vergrößert. Mit ihren Ausbildungs- und Ersatzkompanien schult die PEA das gesamte Fachpersonal, das in den PK dient, und ist der große Sammel- und Umschlagplatz für Neuaufstellungen[11].

Umorganisation im Jahre 1943

Im Jahre 1943 erreicht die Personalstärke des deutschen Propaganda-Apparates mit 15 000 Mann ihren Höhepunkt. Die Propagandatruppen werden eine selbständige Waffengattung der Gesamtwehrmacht. Sie unterstehen mit den Propaganda-Abteilungen in den besetzten Gebieten[12], die die Propaganda in die Zivilbevölkerung mit einem umfangreichen Propagandaapparat übernehmen, dem Chef der Propagandatruppen. Die Abteilung WPr wird in eine Amtsgruppe vergrößert.

Die Stäbe der Heeresgruppen, Luftflotten und Marinegruppenkommandos erhalten Stabsoffiziere für Propagandaeinsatz (Stoprop). Die Stoprop, die dem Chef des Stabes der Heeresgruppe unterstehen, übernehmen Organisation und Leitung des gesamten Propaganda-Einsatzes in ihrem Bereich. Diese Umorganisation steht im Zeichen einer Kampfpropaganda, die erheblich intensiviert werden soll. Hierfür erhält der Stoprop zusätzliche Kampfpropaganda-Einrichtungen, von denen ein Eisenbahndruckereizug die Druckkapazität seines Bereiches erhöhen soll. Aus der Gliederung einer PK vom Januar 1944 läßt sich die Umorganisation deutlich ablesen:

Gliederung einer PK

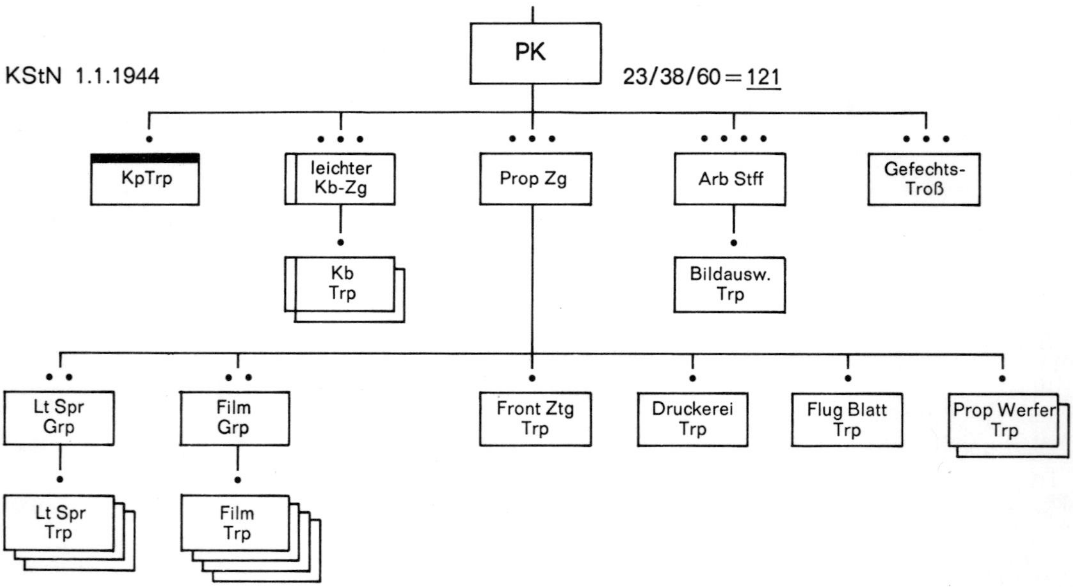

Der Propagandazug ist erheblich vergrößert worden. Die drei Kriegsberichterzüge sind auf einen leichten Kriegsberichterzug zusammengeschmolzen[13]. Die PK wird nun als ein Instrument der Kampfpropaganda schwerpunktmäßig eingesetzt und ist von der personellen und materiellen Ausstattung durchaus in der Lage, entsprechende Einsätze durchzuführen, die zentral vom Stoprop gesteuert werden.

Die SS-Standarte »Kurt Eggers«

Das Kommandoamt der Waffen-SS befiehlt im Januar 1940 die Aufstellung einer Kriegsberichterkompanie (KB-Kompanie) der Waffen-SS. Wort-, Bild-, Film- und Rundfunkberichter sind Freiwillige, die zunächst infanteristisch ausgebildet werden. Im Mai 1940 werden drei Kriegsberichterzüge aufgestellt und den drei SS-Divisionen zugeführt.

Mit der Aufstellung neuer Frontdivisionen der Waffen-SS kommen weitere KB-Züge in den Einsatz. Im August 1941 wird die KB-Kompanie zur Kriegsberichter-Abteilung umgebildet. Ein umfangreicher Abteilungsstab liegt in Berlin-Zehlendorf. Er verfügt über ein Wortreferat für alle europäischen Sprachen, über Funk-, Film- und Bildlabors, über eine Funkstation und Ersatzteillager. Die eingehenden Berichte werden weiterhin von OKW/WPr zensiert.

Im Sommer 1943 steht die KB-Abteilung mit 27 Feldeinheiten an der Front. Durch einen Erlaß Hitlers wird den KB-Einheiten der Waffen-SS der Name »Kurt Eggers« verliehen. Die Abteilung erhält den Status eines selbständigen Regimentsverbandes der Waffen-SS mit einem Ersatzbataillon und einem Regimentsstab in Berlin.

Ab 1944 übernimmt die SS-Standarte »Kurt Eggers« die Initiative in der deutschen Kampfpropaganda. Sie verfügt über eine Reihe von hervorragenden Spezialisten, die für eine Aktivierung der Kampfpropaganda besonders geeignet sind. Im Winter 1943/44 wird eine Spezialeinheit der Standarte in Bataillonsstärke an der Ostfront eingesetzt, die mit Teilen der Heeres-PK ein Kampfpropaganda-Unternehmen durchführt, das gegen die sowjetischen Verbände im Oranienbaumer Kessel westlich von Leningrad gerichtet ist. Das Unternehmen »Wintermärchen«, das mit allen Mitteln der Feindzersetzung arbeitet, soll als ein wichtiges Testunternehmen die Erfahrungen für spätere Kampfpropaganda-Unternehmen liefern.

Die überraschenden Ergebnisse dieses Unternehmens überzeugen die politische und militärische Führung, daß die Kampfpropaganda durchschlagende Erfolge liefern kann. Die Standarte »Kurt Eggers« erhält den Auftrag, im Rahmen der Heeresgruppe C beim Oberbefehlshaber Südwest in Italien das Kampfpropaganda-Unternehmen »Südstern« zu starten, das in seiner ersten Phase von einem Kampfsender unterstützt Zersetzungspropaganda in die polnischen Verbände des General Anders durchführt. In der zweiten Phase erfolgen die kampfpropagandistischen Einsätze im Bereich der 10. Armee in erster Linie in die gegenüberliegenden amerikanischen Verbände hinein (vgl. Abb. 115, 129, 130, 139–142, 152–154).

Im Mai 1944 wird der größte geschlossene Kampfpropagandaeinsatz des Zweiten Weltkrieges auf deutscher Seite im Bereich der Heeresgruppe Nordukraine durchgeführt. Für das Unternehmen »Skorpion-Ost« stellt die Standarte »Kurt Eggers« den Kommandeur, 32 Offiziere und über 500 Mannschaften, die von 60 Offizieren und fast 800 Unteroffizieren und Mannschaften der Wehrmacht PK verstärkt werden. Außerdem arbeitet »Skorpion-Ost« eng mit Offizieren aus dem Stabe des Generals Wlassow zusammen. Die Luftwaffe stellt Stukas und Transportmaschinen zur Verfügung. Durch die technische Ausstattung wird ein optimaler Einsatz aller Propagandamittel gewährleistet, der zu eindrucksvollen Teilerfolgen führt.

An der Westfront wird im Sommer 1944 das Unternehmen »Skorpion-West« aufgestellt, das Konsolidierungspropaganda in die eigene Truppe und Kampfpropaganda in die westalliierten Verbände durchführt.

Im April 1945 wird auf Vorschlag des Chefs der Propagandatruppen der Wehrmacht, Generalmajor von Wedel, der Kommandeur der SS-Standarte »Kurt Eggers«, Standartenführer Gunther d'Alquen, zum Chef der Propagandatruppen ernannt. Er gerät im Mai 1945 mit einem Reststab der Standarte im Bereich der »Alpenfestung« in englische Gefangenschaft[14].

Die Propaganda-Organe der Westalliierten[15]

Unter dem Eindruck der politischen Krise in Europa, die durch das Münchener Abkommen nicht entschärft werden kann, wird in England das »Department of Propaganda to Enemy and Enemy Controlled Countries« gegründet, das später in »Department for Enemy Propaganda« umgetauft wird. Diese Abteilung, die über einen umfangreichen Stab von Propagandaexperten aus den verschiedenen europäischen Ländern verfügt, soll die notwendigen Voraussetzungen für eine propagandistische Auseinandersetzung in einem künftigen Krieg mit dem Deutschen Reich schaffen und bereitstellen.

Zu diesem Zeitpunkt befassen sich noch zwei andere wichtige Institutionen mit Propaganda. Es sind dies:

1. Das »Political Intelligence Department« (PID) des englischen Außenministeriums (Foreign Office),
2. die British Broadcasting Corporation (BBC), die offizielle britische Rundfunkgesellschaft.

So gehen die englischen Propagandastellen nicht unvorbereitet in den Zweiten Weltkrieg. Sie verfügen zu Kriegsbeginn wie das Deutsche Reich über alle personellen und technischen Voraussetzungen für einen Propagandakrieg.

Um die Tätigkeit der drei britischen Propagandaeinrichtungen sinnvoll miteinander zu koordinieren, wird 1939 eine besondere Spitzenbehörde gebildet, die »Political Warfare Executive« (PWE). Sie steuert, organisiert und überwacht während des Zweiten Weltkrieges die gesamte psychologische Kampfführung gegen das feindliche Ausland. Ihr Leiter wird Sir Bruce Lockart, der stellvertretende Staatssekretär des Foreign Office.

Das Political Intelligence Department, das ganz besonders eng mit dem Department for Enemy Propaganda zusammenarbeitet, ist die wichtigste Teilinstanz des englischen Propaganda-Apparates[16]. PID verfügt als Informations- und Nachrichtenzentrale des Foreign Office über ein erstklassiges Nachrichtennetz und liefert mit einer Fülle von Informationen die notwendigen Voraussetzungen für eine erfolgreiche Propaganda. Das Foreign Office erhält durch PID und durch seinen Einfluß auf PWE die Möglichkeit, die britische Propaganda während des Krieges in ihrer Tendenz entscheidend zu bestimmen.

Die wichtigste amerikanische Propagandabehörde für die Kriegführung auf dem europäischen Kriegsschauplatz ist zunächst das »Office of War Information« (OWI), das am 13. Juni 1942 gegründet wird. Es richtet eine Außenstelle in London ein, produziert eigene Flugblattserien wie PWE, arbeitet aber auch mit PWE eng zusammen, indem z. B. gemeinsame Flugblätter herausgebracht werden (die PWE/OWI-Serien). Zentrale Informations- und Nachrichtenstelle der Amerikaner ist zu diesem Zeitpunkt das »Office of Strategic Services« (OSS).

Im großen Stil erfolgt eine anglo-amerikanische Zusammenarbeit auf dem Propagandasektor jedoch erst bei der propagandistischen Vorbereitung und Durchführung des Unternehmens »TORCH«, der amerikanischen Landung in Nordafrika im November 1942. Die Erfahrungen dieses erfolgreichen Einsatzes führen zu der Aufstellung einer großen militärischen Abteilung für psychologische Kampfführung im Stabe des alliierten Oberkommandos in Europa, zu der »Psychological Warfare Division/Supreme Headquarters Allied Expeditionary Forces« (PWD/SHAEF). Diese Abteilung kann von ihrer Gliederung und Aufgabenstellung her in etwa mit der Amtsgruppe für Wehrmachtspropaganda verglichen werden. Sie leitet verantwortlich unter dem amerikanischen Brigadegeneral McClure die psychologische Kriegführung von SHAEF und setzt dabei alle verfügbaren Propagandamedien ein. Allerdings werden weiterhin unabhängig von PWD/SHAEF auch von PWE und OWI Propagandaaktionen durchgeführt, die sich besonders in der Flugblattpropaganda niederschlagen.

Die sowjetischen Propaganda-Organe

Die Politorgane der Roten Armee sind verantwortlich für die psychologische Kriegführung gegen den Feind. An der Front fällt die ideologische Beeinflussung der Feindtruppen in den Aufgabenbereich der 7. Abteilung der Politabteilung im Armeebereich, die ihrerseits von der 7. Abteilung der Politverwaltung einer Front (= Heeresgruppe) propagandistisch unterstützt und kontrolliert wird. Oberste Instanz für die psychologische Kriegführung ist die 7. Abteilung der Politischen Hauptverwaltung der Roten Armee in Moskau, der alle Politabteilungen auf Armee- und Frontebene unterstehen.

Die Politabteilungen der Roten Armee sind mit stationären und mobilen Druckereien und Lautsprechern ausgerüstet, um vor allem durch eine Flugblattpropaganda, die sehr bald schon massiert eingesetzt wird, die deutschen Truppen in ihrer Kampfmoral zu zersetzen und politische Aufklärungstätigkeit zu leisten.

Durch die Frontorganisationen des Nationalkomitees »Freies Deutschland« gerät die sowjetische Propaganda in ein neues Stadium [17]. Rundfunk-, Flugblatt- und Lautsprecherpropaganda erreichen nun ihren Höhepunkt.

Die antifaschistische Propaganda der Politorgane der Roten Armee verfolgt folgende Ziele:

»1. den ungerechten Charakter des vom faschistischen deutschen Imperialismus angezettelten Krieges nachzuweisen;
2. den imperialistischen Charakter der Nazipartei sowie das volksfeindliche Wesen des Faschismus und der faschistischen Ideologie aufzudecken;
3. die praktische Tätigkeit der Nazipartei, die das deutsche Volk in den Abgrund des Zweiten Weltkrieges getrieben hat, zu entlarven;
4. die faschistischen Rädelsführer zu diskreditieren und die Widersprüche zwischen der regierenden Clique und dem deutschen Volk zu zeigen;
5. das Wachstum der antifaschistischen Bewegung in den von deutschen Truppen besetzten Ländern herauszustellen;
6. die Überzeugung vom unvermeidlichen Zusammenbruch des Faschismus und des faschistischen Staates zu entwickeln [18].«

Die politische Arbeit der Roten Armee an den Fronten wird ab 1943 im großen Stil durch die ideologische Bearbeitung der deutschen Kriegsgefangenen in der Sowjetunion ergänzt (»antifaschistische Umerziehung«).

Eine Zusammenarbeit zwischen den westalliierten und sowjetischen Propaganda-Organen während des Zweiten Weltkrieges findet aus ideologischen Gründen nicht statt [19].

Grundbegriffe und Erkenntnisse der Propagandaforschung

Diese Untersuchung hat sich die Aufgabe gestellt, an ausgewählten Beispielen Aussage, Einsatz und Wirkung von Flugblättern vor dem historischen Hintergrund des Zweiten Weltkrieges zu beleuchten. Dieses Ziel vom heutigen Standpunkt aus erreichen zu wollen, erscheint vermessen und nahezu aussichtslos. Um jedoch wenigstens eine – sicherlich mit Mängeln behaftete – qualitative Bewertung der hier vorgelegten Exemplare treffen zu können, ist die Kenntnis einiger Grundbegriffe und Ergebnisse der Propagandaforschung als Bestandteil der Kommunikationswissenschaft und Sozialpsychologie erforderlich.

Definition: Propaganda, Werbung, Erziehung

Bei Definitionsversuchen zum Begriff Propaganda werden in der Regel die Beziehungen und Abgrenzungen zu den Begriffen Werbung und Erziehung diskutiert. So unterscheidet Brückner z. B. danach, daß Werbung der Produktdifferenzierung und Propaganda der Ideendifferenzierung dient[20]. Hofstätter grenzt Propaganda gegenüber der Erziehung wie folgt ab: »Eine geformte Betrachtungsweise kann entweder Menschen vermittelt werden, deren Anschauung hinsichtlich dieses Punktes noch nicht in bestimmter Weise geformt wurde; sie kann aber auch Menschen vermittelt werden, deren Anschauungen bereits in anderer Weise geformt wurden. Im ersteren Fall sprechen wir von Erziehung, im zweiten von Propaganda[21].« Eine eklektische und umfassende Definition bringt J. M. Reithmann, der »Propaganda als den Versuch bezeichnet . . ., eine Ideendifferenzierung und eine daraus resultierende Verschiebung des Equilibriums von Ideen und Ideenkomplexen im Sinne des Propagandatreibenden zu bewerkstelligen[22].« Unter Berücksichtigung der Aufgaben, die eine Propaganda im Kriege hat, definiert Linebarger den Propagandabegriff in seiner militärischen Substanz: »Die militärische Propaganda besteht aus der geplanten Verwendung irgendeiner Form von Mitteilung, die dazu bestimmt ist, den Geist und das Gemüt eines gegebenen Feindes oder einer neutralen oder feindlich gesinnten ausländischen Gruppe für einen besonderen strategischen oder taktischen Zweck zu beeinflussen[23].«

Strategische und taktische Propaganda [24]

Die politischen Ziele bestimmen den Rahmen für die Strategie der psychologischen Kriegführung und geben die großen Richtlinien für die Propagandatätigkeit. Strategische Propaganda verfolgt die langfristige Absicht, den Kampfwillen und die Kriegsanstrengungen der Feindnation zu schwächen. Strategische Flugblätter wenden sich an die Bevölkerung oder an die Streitkräfte des Gegners, um ihr Vertrauen in die Regierung, in ihre politischen und militärischen Führer zu untergraben, die Produktionskapazitäten der Volkswirtschaft zu verringern und um Interessenkonflikte und Reibungsverluste in der Gesellschaft zu erzeugen.

Die taktische Propaganda hat im Rahmen der politischen Ziele und strategischen Richtlinien der psychologischen Kriegführung zu wirken. Sie ist auf kurze Sicht, d. h. auf unmittelbare Erfolge hin angelegt und unterstützt Maßnahmen, die auf eine aktuelle Lage getroffen werden und sich auf eine oder mehrere besondere, zumeist bekannte Zielgruppen richten.

Während eine strategische Flugblattpropaganda vorzugsweise das Flugzeug als Träger der Druckerzeugnisse benutzt, werden die taktischen Flugblätter in erster Linie mit besonders konstruierten Artillerie- und Mörsergeschossen verschossen, um rein örtliche Kampfhandlungen zu unterstützen: z. B. können kleinere abgeschnittene Truppenteile zur Übergabe aufgefordert oder die Zivilbevölkerung in einem bedrohten Ort gewarnt werden. Klassische Beispiele für taktische Propaganda sind autorisierte »Passierscheine«, die gegnerischen Soldaten, die sich ergeben, gute Behandlung und Verpflegung versprechen.

Das Flugblatt bietet in gewissen Lagen oft die einzige (kommunikative) Möglichkeit, der Kampftruppe des Gegners eine Mitteilung zu machen, sozusagen mit ihr »ins Gespräch« zu kommen. Darüber hinaus hat es den Vorteil, daß es die (nicht flüchtige) Aufzeichnung einer Mitteilung ist, auf die der Leser immer wieder zurückgreifen kann. Dasselbe Blatt kann mehrere Male und von vielen Personen gelesen werden.

Weiße, graue, schwarze Propaganda [25]

Kriegspropaganda läßt sich auch im Hinblick auf ihre Quelle klassifizieren.

Weiße Propaganda legt seine Quelle(n) offen. Sie nennt ausdrücklich den Auftraggeber oder das mit ihrer Durchführung beauftragte Organ.

Ein Flugblattbeispiel hierfür ist ein mit der Unterschrift eines Generals versehener Passierschein für feindliche Soldaten, denen für den Fall, daß sie sich ergeben, Sicherheit, ärztliche Versorgung, anständige Behandlung usw. offiziell garantiert wird.

Graue Propaganda verzeichnet in der Regel keinen Absender, ist also ihrer Herkunft nach ungewiß.

Ein Flugblatt z. B. informiert die feindliche Truppe objektiv über ihre Lage. Der Zielperson erscheint dies möglicherweise als eine wohlwollende Geste. Der Propagandist versucht damit in Wirklichkeit jedoch, ihre Kampfmoral zu untergraben, indem ihr quasi autonom überlassen wird, daraus ihre eigenen, entmutigenden Schlußfolgerungen zu ziehen.

Schwarze Propaganda gibt vor, einer anderen Quelle als der tatsächlichen zu entspringen, versucht also im Hinblick auf ihre Herkunft den Adressaten irrezuführen.

Ein gutes Beispiel hierfür ist ein Flugblatt, das – an den Gegner adressiert – den Anschein erweckt, es stamme aus seiner eigenen Quelle. Es kann verschiedene harmlos aussehende Meldungen enthalten, die aber so ausgewählt und plaziert sind, daß sie insgeheim zersetzend wirken.

Da die weiße Propaganda ihre Herkunft offen zugibt, muß sie der Gegner als offizielle Stimme – mit dem ganzen Gewicht und Prestige – der Nation ansehen, die diese Aktivität betreibt. Sie kann im gegnerischen Lager Probleme aufwerfen und Konflikte mobilisieren, indem sie Fragen anschneidet, die der Feind zu umgehen wünscht. Aufgrund ihres offiziellen Charakters ist weiße Propaganda ein Gegenmittel gegen feindliche Propaganda und in der Lage, falsche Behauptungen, Angaben und Erklärungen des Feindes wirksam zu bekämpfen.

Der Hauptnachteil der weißen Propaganda besteht darin, daß sie klar als »Stimme des Feindes« identifiziert wird und bereits dadurch diskreditiert sein kann. Sie muß schon von vornherein mit Zurückhaltung und Argwohn seitens der Zielgruppe rechnen und wird es schwer haben, Glaubwürdigkeit und Anhängerschaft zu gewinnen. Graue und schwarze Propaganda können diese Mißtrauensschwelle unterlaufen. Da die Quelle und zumeist auch das Verteilersystem weißer Propaganda bekannt sind, kann ihr der Feind gezielt entgegenwirken. Die getarnte bzw. falsch vorgegebene Herkunft grauer bzw. schwarzer Propaganda verzögert ihre Identifizierung und erschwert die Bekämpfung. Schwarze Propaganda fließt praktisch ungehemmt in das informelle Kommunikationssystem der Zielgruppe ein, verselbständigt sich und ist in seiner Ausbreitung kaum noch zu kontrollieren. Während weißer Propaganda als offizieller Verlautbarung einer Regierung oder Nation Grenzen in der Thematik und ihrer »Verpackung« gesetzt sind, können graue und schwarze Propaganda mehr oder weniger ungehindert »vom Leder ziehen«.

Zielgruppenorientierte Propaganda

Eine zentrale Frage, die bei einer Propagandaaktion – sei sie als Einzelmaßnahme oder als langfristig durchzuführendes Konzept gedacht – beantwortet werden muß, ist, welche Zielpersonen bzw. welche Zielgruppen durch die Propaganda angesprochen werden sollen. In der Praxis erweist es sich sehr oft als schwierig, stets die gewünschten Zielgruppen zu erreichen. Man sollte sich dennoch immer vor Augen halten, daß ein Propagandainhalt, der an eine diffuse Menge von potentiellen Propagandaempfängern gesandt wird, mindestens zweierlei negative Effekte haben kann:

a) Eine relativ große Fehlstreuung; das bedeutet, daß die aufgewandte Mühe umsonst ist.
b) Ein Bumerang-Effekt, in dem Zielpersonen etwas gesagt wird, was sie durchaus nicht zu hören bereit sind. Hierdurch stabilisiert man gegenteilige Auffassungen und Einstellungen, die nicht im Sinne des Propagandazieles liegen.

Die Bedeutung des Gruppenrahmens für die Beeinflussung eines Individuums [26]

Ziel der Propaganda ist in erster Linie Einstellungsänderung und in ihrer Folge Verhaltensänderung. Die Einstellungen einer Person hängen stark davon ab, in welcher Gruppe sich dieses Individuum befindet (Mitgliedsgruppe) bzw. zu welcher Gruppe es gerne gehören möchte (Bezugsgruppe) [27]. Es orientiert sich – zumeist unbewußt – in seinen Einstellungen und Handlungen an Normen und Werten der Gruppen, selbst wenn diese nicht gegenwärtig sind. Ob ein (neuer) Propagandainhalt von einzelnen wahrgenommen und akzeptiert wird oder nicht, entscheidet also das vom Individuum mehr oder weniger verinnerlichte soziale Normen- und Wertsystem. Entfernt das Individuum sich einmal zu weit von diesem System, wird es von den übrigen Gruppenmitgliedern lächerlich gemacht, isoliert und mit Sanktionen belegt bis hin zum Ausstoß aus der Gruppe. Die meisten Individuen bleiben deshalb dicht bei der Norm der Gruppe, zu der sie gehören oder gehören möchten. Je stärker dabei eine Person einer oder mehreren Gruppen verbunden ist, um so weniger wird sie von gruppenabweichenden Tendenzen in einer Propagandabotschaft beeinflußt [28].

Soll nun eine Einstellung oder Meinung von Zielpersonen, d. h. eine Gruppennorm, unter Vermeidung dramatischer Begleiterscheinungen geändert werden, so gibt es zwei Möglichkeiten hierzu:

a) Man vermeidet es, die Zielpersonen auf das Vorhandensein einer diesbezüglich geltenden Gruppennorm aufmerksam zu machen.
b) Man macht den Zielpersonen bewußt, daß die meisten oder prominentesten Mitglieder ihrer Gruppe die (empfohlene) Meinung, Einstellung usw. haben. Hierdurch wird den Zielpersonen suggeriert, gerade sie seien es noch, die sich mit ihrer aktuellen Meinung außerhalb der Gruppennorm befänden; so sollen sie zu einer beschleunigten Meinungsänderung in der vom Propagandisten gewünschten Richtung veranlaßt werden.

In der Regel werden die *formellen* Gruppen in einer Gesellschaft, die mit einer anderen sich im Kriegszustand befindet, mit den Normen einer Propaganda seitens des Feindes nicht übereinstimmen. Die Erfolgschancen einer Feindpropaganda sind deswegen auch daraufhin zu beurteilen, ob sie *informelle* Gruppen des Gegners anspricht, die eher mit den Aussagen der Feindpropaganda sympathisieren und über die ein Einfluß auf die Einstellungen der Individuen möglich ist.

Meinungen, die anderen mitgeteilt worden sind, sind grundsätzlich schwerer zu wandeln als solche, die heimlich unterhalten werden [29]. Hierbei muß jedoch davon ausgegangen werden, daß in politischen Systemen, in denen nur *eine* Meinung ausgesprochen werden kann, dieses Prinzip nicht ohne weiteres übertragen werden darf. Vielmehr ist zu differenzieren zwischen der offiziellen Meinung, die aus Überzeugung oder aus taktischen Gründen ausgesprochen wird, und der sozusagen privaten, aber ausgesprochenen Meinung, nämlich in informellen Gruppen (bei Gleichgesinnten). Letztere ist schwerer zu wandeln als die völlig unausgesprochene Meinung. Sollten also Einstellungen im Sinne des Propagandazieles bei solchen Individuen vorhanden sein, dann müßte eine wirksame Feindpropaganda diese dazu bringen, ihre Einstellungen gegenüber Gleichgesinnten zu äußern und zu diskutieren. Dadurch würde ein Einstellungssystem im Sinne des Propagandazieles stabilisiert.

Um Einstellungen und Verhaltensweisen einer Zielgruppe und ihrer Mitglieder beeinflussen zu können, muß eine Feindpropaganda auch auf die zentrale Stellung des Gatekeeper bzw. Opinion-Leader in der Gruppe achten[30].

Unter dem Gatekeeper wird *die* Rolle innerhalb einer Gruppe verstanden, die darüber entscheidet, welche Nachrichten von außen in die Gruppe hineinfließen oder nicht. Mit dieser Rolle ist ein höherer Grad an Informiertheit in bestimmten Sachbereichen verbunden, was in der Regel dazu führt, daß sich die übrigen Gruppenmitglieder von dieser Person mit Informationen versorgen lassen (= Rolle des Opinion-Leader). Die Rollen des Gatekeeper und Opinion-Leader sind oft, aber nicht notwendigerweise miteinander in einer Person verknüpft. Eine wirksame Feindpropaganda muß also Gatekeeper bzw. Opinion-Leader herausfinden, die in der Zielgruppe für die von ihr propagierten Sachverhalte kompetent sind. Dabei muß sie berücksichtigen, daß zumeist nur solche Propagandainhalte vom Gatekeeper bzw. Opinion-Leader ausgewählt und weitergeleitet werden, die nicht den von ihm vertretenen Gruppennormen und Einstellungen widersprechen.

Das Flugblatt: Gestaltung und Wirksamkeit

Das Flutblatt ist eine ein- oder zweiseitige Drucksache, zumeist im rechteckigen Format (DIN A 6 bis DIN A 4), die zum Abwurf aus der Luft oder zum Verstreuen im Gelände bestimmt ist[31]. Zu unterscheiden sind

- informative Flugblätter,
  die in kürzester Form Nachrichten und Informationen vermitteln;
- suggestive Flugblätter,
  die unter Umgehung der rationalen Persönlichkeitsanteile die Zielpersonen vor allem emotional ansprechen;
- instruktive Flugblätter,
  die Aufforderungen und/oder (Einzel-)Anweisungen zum Handeln enthalten.

Ausgangspunkt für den Entwurf eines Flugblattes sind Gesamtlage, Absicht der Führung, der Auftrag der zu unterstützenden Truppen, sowie die zeitlichen und technischen Möglichkeiten für Herstellung und Verbringung der Flugblätter. Wesentliche Einzelfragen sind dabei, an wen sich das Flugblatt wendet und mit welcher Zielsetzung eine bestimmte Aussage gemacht werden soll. Wichtig ist weiter, in welcher Gesamtlage, zu welcher Zeit, an welchem Ort und Gelände das Flugblatt wirken soll.

Grundlage der Flugblattgestaltung ist die Erarbeitung einer zentralen Idee. Die Idee muß nach den Bedürfnissen und Vorstellungen der Zielpersonen entwickelt werden. Dies geschieht in enger Zusammenarbeit zwischen der Lageauswertungsgruppe und der Entwurfsgruppe der Propagandainstitution oder -einheit.

Aus der Grundidee ergeben sich die zu verwendenden Ansatzpunkte und Appelle, die auf Einstellung und Verhalten der Zielpersonen einwirken sollen. Erst wenn diese Vorüberlegungen geleistet worden sind, beginnt die eigentliche gestalterische Arbeit.

Die Technik des Layouts [32]

Jede gestalterische Arbeit ist eine Ordnung von Harmonien und Kontrasten. Sie nutzt alle Möglichkeiten der Spannung und des Kontrastes, die im Wort, im Bild und in der Gegensätzlichkeit beider Elemente beschlossen liegen. Eine einzige, allgemein verbindliche Norm für ein Layout existiert nicht. Es gibt viele und immer wieder neue Wege, Bild und Text miteinander »aufzubauen«. Der Ausgangspunkt ist jedoch stets gleich. Der Entwurf ist gestaltende Arbeit sowohl im Wort als auch im Bild; das Zusammenspiel der beiden im Layout bestimmt die Güte des Flugblattes. Carl Hundhausen stellt an einen guten Aufriß folgende Forderungen[33]:

1. Das Layout hat die Aufmerksamkeit zu erregen und zu fesseln.
2. Das Layout hat die so gefesselte Aufmerksamkeit schnell und leicht zu führen.
3. Das Layout muß die Aufmerksamkeit in der vom Gestalter gewünschten Richtung und Reihenfolge führen.
4. Das Layout muß das Lesen des Inhalts erleichtern, um damit die Aufnahmebereitschaft zu fördern.
5. Das Layout soll die Aufnahmebereitschaft nachhaltig festigen, um die Voraussetzung für den Erfolg zu schaffen.

Diese Grundsätze lassen sich auch auf die Flugblattgestaltung anwenden. Das Flugblatt besteht im Layout aus den – zumindest teilweise vorhandenen – Komponenten

- Adresse,
- Schlagzeile oder Überschrift,
- Textblock,
- Bild oder Illustration,
- Absender,
- Einfassung.

Adresse, Schlagzeile, Absender und Einfassung

Adresse, Schlagzeile, Absender und Einfassung sind Rahmenelemente des Flugblatts.

Die Adresse nennt – zumeist im Kopf des Flugblatts – ausdrücklich die Empfänger, wenn bestimmte Zielpersonen oder Zielgruppen durch das Flugblatt angesprochen werden sollen. Die Adresse kann sehr oft Schlagzeilencharakter haben.

Zur Erregung der unwillkürlichen oder willkürlichen Aufmerksamkeit des Lesers ist die Schlagzeile oder Überschrift ein wesentlicher Wirkungsfaktor eines Flugblattes. Neben der Illustration oder dem Bild ist sie eines der stärksten Mittel, um Interesse zu wecken. Selbst optisch eindrucksvolle Bilder erscheinen selten ohne Schlagworte, obwohl Schlagworte ohne Bild durchaus erscheinen können.

Die Überschrift hat oft auch die zusätzliche Funktion, auf die Aussage des Flugblatts informativ oder assoziativ hinzuweisen und den Inhalt konzentriert wiederzugeben. Vielfach entscheidet die Schlagzeile über den Erfolg eines Flugblattes.

Der Absender nennt bei weißer Propaganda den tatsächlichen, bei schwarzer Propaganda den vorgegebenen Verfasser und/oder Auftraggeber des Flugblattes. Wenden sich Flugblätter mit Erklärungen, Warnungen oder Aufforderungen an Angehörige der gegnerischen Streitkräfte oder an Zivilpersonen im feindbeherrschten Gebiet, kann die Verbindlichkeit der Mitteilung durch Faksimile Unterschrift oder Amtssiegel im Absender bekräftigt werden. Solche schriftlichen Garantien geben dem Flugblatt dann oft das Aussehen eines amtlichen Dokuments.

Zu einer ungewöhnlichen Form des Entwurfs kann auch die Einfassung oder Borde eines Flugblattes führen. Sie bildet darüber hinaus bei Flugblattfolgen die Möglichkeit, den Seriencharakter hervorzuheben und der Zielgruppe auf den ersten Blick den Absender zu signalisieren.

Bild und Illustration [34]

Je nach seiner technischen und psychologischen Entsprechung zur Aussage kann das Bild entweder ein rational informierendes oder emotional suggestives Element sein.

Durch Größe, Form, Farbe und Aussage enthalten und vermitteln die Bilder starke Gefühlswerte. Sie appellieren an Wünsche, Ängste und Bedürfnisse der Zielpersonen und binden ihre unwillkürliche Aufmerksamkeit. Unbewußt rufen sie beim Betrachter seiner Eigenart entsprechende Assoziationen hervor und stimmen ihn auf das verbale Angebot des Propagandisten ein.

Bilder erscheinen in allen Stilarten der Graphik, Malerei und Photographie. Die Zweckmäßigkeit wird nicht durch den Stil bestimmt, sondern durch die Anpassung an die Verständnismöglichkeiten und Mentalität der angesprochenen Zielpersonen. Eindeutigkeit und sachliche Richtigkeit des Bildes sowie seine rationale und emotionale Bedeutung für die Angesprochenen sind die Kriterien seiner Wirksamkeit. Bilder können einer bestimmten Zielpersonengruppe gezielte Informationen vermitteln. Sie sind Verständnishilfen, Illustrationen, Dynamisierungen oder Kontraste zum Text, in Ausnahmefällen (bei Analphabeten) sogar der Ersatz für den Text. Unabhängig von seiner Funktion hat das Bild gestalterisch eine Synthese mit dem Text einzugehen, beide Komponenten können nicht voneinander getrennt werden ohne Schaden für die Wirkung des Flugblatts.

Text

Der Text eines Flugblatts ist das wichtigste Element zur effektiven Aussagegestaltung dieses Propagandamittels. Die Bemühungen des Textschreibers laufen darauf hinaus, verständliche und wirksame Worte, prägnante und plausible Sätze und Satzfolgen zu finden, die informieren, Meinungen bilden bzw. ändern und Entscheidungen herbeiführen.

Worte sind ein Teil der Umwelt des Menschen. Sie sind nicht nur begriffliche Zeichen, sondern werden auch als tatsächliche Objekte erlebt. Worte wie »Krieg«, »Freiheit«, »Demokratie« oder »Frieden« sind für die meisten Menschen Gefühlswerte. Man reagiert eher auf diese Gefühlsnuancen als auf den abstrakten Sinn der Worte. Die Propaganda nutzt dies aus. Durch (Um-)Etikettieren von Sachverhalten und Ereignissen, die auf eine besondere Weise mit dem Triebschicksal einer Zielperson oder Zielgruppe verknüpft sind, können positive oder negative Einstellungen erzeugt und letzten Endes gewünschte Handlungen ausgelöst werden.

Ein Satz ist mehr als die Summe von Wörtern, ein Text mehr als eine Anhäufung von Sätzen. Der Textblock eines Flugblatts ist eine Ganzheit, deren Wirksamkeit durch die Berücksichtigung folgender Kriterien günstig beeinflußt werden kann.

Lesbarkeit[35]

Die Wirkung des geschriebenen bzw. gedruckten Wortes hängt eng mit dem Lesevorgang zusammen. Lesen ist nicht einfach eine Angelegenheit des Auges, sondern in erster Linie eine Aktivität verschiedener Gehirnzentren. Die Schrift muß einmal als Lichtinformation von den Linien der Augen aufgenommen und der Netzhaut (Retina) im Hintergrund des menschlichen Auges zur weiteren Verarbeitung zugeführt werden. Für diese Phase ist eine vollständige, deutliche Schrift des Textes von großer Bedeutung.

Auf der Netzhaut werden die Lichtimpulse von den Schaltzellen (Ganglienzellen) in elektrische Impulse umgewandelt und über den Sehnerv dem Sehzentrum im Hinterhauptlappen des Gehirns zugeleitet. Sobald die Information das Sehzentrum erreicht hat, wird sie »gesehen«. Für diese Phase des Leseprozesses ist das Hell-Dunkel-Muster des Lesetextes bedeutsam. Da das Sehzentrum auf einem Dunkel-Hell-Kontrast programmiert ist, in dem sich die Schrift für gewöhnlich dunkel abhebt, gibt es bei einer Vertauschung des Musters merkliche Schwierigkeiten beim Lesen eines negativ gedruckten Textes.

Um das Gelesene verstehen zu können und nicht nur schwarze Zeichen auf hellem Grund zu erkennen, müssen die elektrischen Impulse vom Sehzentrum noch in das Lesezentrum (auch optisches Zentrum) weitergeleitet werden.

Das Lesezentrum des Gehirns vermag nur Schriften zu entziffern, nur Sätze in einer Sprache, in einem Satzgefüge zu »verstehen«, die von einem erlernten Sprach- und Leseprogramm erfaßt werden. Wenn in einem Flugblatt-Text z. B. die Wortfolge, das Satzgefüge gestört ist, wird eine erfolgreiche Leseanalyse des Geschriebenen durch die Zielpersonen sehr schwierig, wenn nicht sogar unmöglich. »Sobald eines der drei Kriterien, nämlich *Sprache, Schrift oder Satzgefüge,* nicht mehr unserem Leseverständnis entspricht, wird die von (den) Augen aufgenommene Lichtinformation vom Gehirn nicht mehr analysiert[36].«

Verständlichkeit

Damit eine Propagandaaussage überhaupt eine Wirkung hinterläßt, muß sie zunächst einmal für die Adressaten verständlich sein[37]. Will man den Angehörigen einer anderen Sprachgemeinschaft mittels eines Flugblattes eine propagandistische Mitteilung machen, muß man ihre Sprache kennen. Man muß darüber hinaus die Wörter im Text so verwenden, daß sie wirklich die Bedeutung haben, die man den Empfängern übermitteln will.

Sollen gezielt ganz bestimmte Gruppen und soziale Schichten propagandistisch erreicht werden, sind die erheblichen Variationen sprachlichen Verhaltens innerhalb einer Sprachgemeinschaft zu berücksichtigen.

Neben kognitiven Faktoren, wie die intellektuelle Leistungsfähigkeit der Zielpersonen, ihre linguistischen Fähigkeiten und Fertigkeiten und ihr Bildungsniveau, ist auch das Ausmaß der Vorinformation und Erfahrung wichtig, über die eine Zielperson oder eine Zielgruppe im Hinblick auf die ihr mitgeteilte Propagandaaussage verfügt. »Vorinformation bedeutet hierbei generell den Grad der Kenntnis des Realitätsbereiches oder des Vorstellungsbereiches, auf den sich eine Mitteilung bezieht ... Weiterhin gehört zur Vorinformation aber auch die Kenntnis spezifischer Bedeutungen, die an bestimmte Wörter geknüpft sind oder das Verfügen über spezifische Aussprachearten zur Bedeutungsnuancierung[38].« In einer anderen Gegend, unter anderen dialektalen oder soziolinguistischen Gruppen gesprochene Wörter können eine propagandistische Mitteilung scheitern lassen, wenn sich unter den veränderten Bedingungen auch die Bedeutungen dieser Wörter verändert haben.

Einen besonders starken Einfluß auf die Verständlichkeit von Sprache und Text haben die affektiv-emotionalen Faktoren, die Motivationen. Die Menschen suchen und verstehen Informationen, die mit ihren gewohnten Einstellungen und ihrer aktuellen Bedürfnislage übereinstimmen und ignorieren bzw. mißverstehen Informationen, die ihren Wünschen, Erwartungen und Interessen widersprechen. Wesentlich in diesem Zusammenhang ist auch das Maß an Anstrengungen, die den Zielpersonen beim Verstehen eines Propagandatextes abverlangt werden: Die Menschen verstehen das am besten, was sie am leichtesten aufnehmen können [39].

Diesem Hang zur »Bequemlichkeit« des Zielpublikums kommt am besten eine Propagandasprache entgegen, die folgende Arten von Wörtern bevorzugt:

»1. Häufig vorkommende Wörter, die daher allgemein sehr bekannt sind (dazu gehören besonders die Wörter, die ontogenetisch sehr früh gelernt werden),
2. Wörter der jeweiligen Muttersprache,
3. Wörter der Umgangssprache,
4. konkrete Wörter,
5. kurze Wörter[40].«

Zu vermeiden sind also abstrakte Wörter, Fachausdrücke und Fremdwörter, ohne jedoch den Fehler zu machen, nur leichte und abgegriffene Vokabeln zu verwenden.

In ähnlicher Weise gelten einige dieser Regeln auch für die grammatisch-syntaktische Struktur der im Propagandatext verwendeten Sätze. »Es wird meistens vorgeschlagen, kurze, einfache, klare Sätze zu benutzen. (Mitunter wird erwähnt, man soll präpositionale Wendungen oder zusammengesetzte Konstruktionen nur selten verwenden, dagegen häufiger aktive Tätigkeitswörter, Präsens und den Singular [41].«

Glaubwürdigkeit [42]

Im Hinblick auf das Ziel des Propagandisten, eine Aussage möglichst überzeugend wirksam werden zu lassen, ist vor allem die Glaubwürdigkeit und das Prestige des Propagandisten aus der Sicht des Publikums von Bedeutung. Dabei dürften für die Zielpersonen folgende Fragen auftauchen:

a) Ist der Propagandist grundsätzlich als gültige und zuverlässige Quelle für den vermittelten Sachverhalt anzusehen?
b) Welches Maß an Vertrauen kann der Absicht des Propagandisten (und seines Auftraggebers) entgegengebracht werden?

Ein Propagandist, der diesen Ansprüchen der Zielpersonen genügt, besitzt Glaubwürdigkeit und wird mit seiner Botschaft eher einen Gesinnungswandel herbeiführen, als eine unglaubwürdige Quelle. Es ist also eine außerordentlich wichtige Aufgabe, den Propagandisten glaubwürdig zu machen bzw. glaubwürdig zu erhalten. Dabei darf nicht übersehen werden, daß im Zeitablauf die Bedeutung des Aspektes »Glaubwürdigkeit« für die Propagandawirkung geringer wird (Sleeper-Effekt) [43]. Der Sleeper-Effekt beruht darauf, daß man den Propagandisten und damit auch seine (Un-)Glaubwürdigkeit schneller vergißt als die von ihm vermittelte Botschaft.

Die Motive, die Zielpersonen dem Propagandisten unterstellen, beeinflussen seinen Propagandaerfolg [44]. Er wird also versuchen, Motive anzugeben bzw. glaubwürdig zu machen, die vom potentiellen Propagandaempfänger akzeptiert werden können. Werden die Motive des Propagandisten nicht anerkannt, so muß damit gerechnet werden, daß auch der Propagandainhalt abgewertet oder abgelehnt wird.

Umgekehrt können auch vom Empfänger zurückgewiesene Aussagen einen Bumerang-Effekt auf den Sender zur Folge haben: Die Ablehnung überträgt sich auch auf Personen oder Institutionen des Propagandisten selbst und macht ihn für weitere Propagandaaktionen bis zu einem gewissen Grad unbrauchbar.

Ein generell vom Publikum abgelehntes Motiv ist die beim Sender erkannte oder nur vermutete Absicht, seine Zielpersonen – etwa durch selektive, einseitige oder falsche Informationen – überreden zu wollen. Nach den Untersuchungen von Hovland u. a. verringert die wahrgenommene Beeinflussungsabsicht des Senders seine Glaubwürdigkeit und damit seinen Überzeugungseffekt [45].

Der Sender muß statt dessen so wirken, als habe er bestimmte Werte, Interessen und Bedürfnisse mit den Empfängern gemeinsam, als gehöre er quasi ihrer Gruppe an. Um seine Erfolgschancen zu erhöhen, äußert der Propagandist nicht selten einige Ansichten, die er mit den Empfängern teilt oder zu teilen vorgibt. Wenn er einmal einige Ideen zum Ausdruck gebracht hat, die mit denen der Propagandaempfänger übereinstimmen, so findet er eher ein offenes Ohr auch für andere unter Umständen umstrittene Aussagen. Die Ironie ist ein solches Mittel, mit dem sich der Propagandist scheinbar auf den Standpunkt der Zielpersonen stellt, jedoch ein neues Moment einführt, so daß diese zu dem von ihm gewünschten Schluß kommen. Die schwarze Propaganda arbeitet nach der gleichen Methode: Sie erklärt sich solidarisch mit ihrer Zuhörerschaft, läßt aber diejenigen Gesichtspunkte zu Ereignissen oder Meinungsgegenständen mitsprechen, die die beabsichtigten Folgerungen nahelegen sollen. Auf diese Weise lassen sich Zielpersonen also eher zu einem Gesinnungswandel veranlassen, als wenn man unmittelbar mit dem Angriff auf die anvisierte Einstellung beginnt.

Argumentation

Im Hinblick auf die Gestaltung von Propagandatexten sind die von O. W. Haseloff in der deutschen Anzeigenwerbung ermittelten Argumentationstypen und ihre spezifischen Wirkungsgrade aufschlußreich[46]:

1. Plausibilitätsargumentation
Sie ist der geläufigste Argumentationstyp und erfolgt durch Sprachmuster, die auf subjektive Erfahrungsgewißheit und unreflektierte Selbstverständlichkeiten zurückgreifen: Argumentation mit Tradition und »gesundem Menschenverstand«, Hinweis auf allgemeine menschliche und »typische« Erfahrungen, Verwendung von Majoritätsmeinungen, Verallgemeinerungen, Pauschalurteilen.

2. Rationale Argumentation
Sie besteht in der Verwendung von logischer (Ableitung aus Vordersätzen) und empirischer Beweisführung (Zahlenangaben, Statistiken, Gesetze, Vorschriften) sowie in der Aufdekkung und rationalen Bewertung von Alternativen.

3. Moralisch-ethische Argumentation
Sie besteht in der Verpflichtung auf anerkannte Verhaltensmodelle und überzeitliche Werte, denen sich der Adressat nicht entziehen kann, ohne in Konflikt mit moralisch-ethischen Grundhaltungen zu kommen: Hinweis auf ethisch vorbildliche und sozial anerkannte Persönlichkeiten, auf das Gerechtigkeitsprinzip, Friedensliebe, »Anständigkeit«, soziales Verhalten.

In ihrer Wirksamkeit erscheint die rationale Argumentation als die stärkste Form, vor allem hinsichtlich ihrer Stabilität gegenüber Gegenpropaganda. »Dennoch wird vielfach gerade auf die ›schwächere‹ Plausibilitätsargumentation zurückzugreifen sein, die sich vielfach nur dadurch empfiehlt, daß sie stets einem großen Menschenkreis einleuchtet. Die moralische Argumentation . . . hat meist einen besonders hohen (nachhaltigen) Wirkungsgrad, jedoch fast immer einen nur kleineren Wirkungskreis[47].«

In Flugblättern können Aussagen verwendet werden mit einseitiger Argumentation, die ausschließlich die Position des Propagandisten stützt. Es können aber auch zweiseitige Argumente, d. h. zusätzlich Gegenargumente, angeführt werden, um sie dann zu entkräften. Auf die Frage, welche dieser Argumentationsweisen wirkungsvoller ist, gibt die Propagandaforschung bestimmte Bedingungen an[48]:

Geht die Zielgruppe bereits mit einem Propagandaargument in ihren Ansichten konform, dann sollte man bei dieser Zielgruppe lediglich einseitig argumentieren.

Vertritt dagegen die potentielle Zielgruppe eine von der Propagandaaussage abweichende Auffassung oder ist damit zu rechnen, daß sie später einer Gegenpropaganda ausgesetzt ist, ist zweiseitige Argumentation wirkungsvoller. Zweiseitige Argumentation wird auch bei Zielpersonen mit höherer Schulbildung und Intelligenz effektiver angesehen.

Für den Propagandisten stellt sich sehr oft auch folgende Alternative: Wann soll er die Schlußfolgerungen aus seinen Argumenten ausdrücklich selbst ziehen (= explizite Argumentation), wann soll er dies seinem Publikum überlassen (= implizite Argumentation)?

Grundsätzlich sollte man es den Propagandaempfängern nicht zu schwierig machen: Ein Meinungswechsel läßt sich im allgemeinen eher erreichen, wenn die Schlußfolgerungen den Argumenten gleich mitgeliefert werden. Bei einer überdurchschnittlich intelligenten, informierten und sachkundigen Zielgruppe ist es jedoch besser, sie eigene Schlußfolgerungen ziehen zu lassen. Das gleiche gilt für kritisch oder mißtrauisch eingestellte Adressaten.

Zur optimalen Reihenfolge in der Darbietung von Argumenten gilt das von F. H. Lund schon früh aufgestellte »law of primacy« als gültige Faustregel für die Propaganda[49]: Argumente, die in einer Folge von Einzelaussagen zuerst vorgebracht werden, üben größeren Einfluß auf die Empfänger aus als diejenigen Argumente, die später kommen.

Wenn Propaganda langfristig erfolgreich sein soll, muß sie ihren Wirkungsschwund in der Zeit berücksichtigen. Wichtige Propagandainhalte sollten deswegen wiederholt dargeboten werden.

Zur Sicherung des Propagandaeffektes darf der Propagandist nicht nur die anvisierte Verhaltensweise oder Einstellung in Betracht ziehen. Er muß ebenfalls auf die Gründe eingehen, die der Einstellung bzw. Verhaltensweise als Basis dienen, d. h., er wird mit dem Anstoß zu einer Verhaltens- oder Einstellungsänderung auch die Gründe liefern, die der Empfänger zur Rationalisierung oder Rechtfertigung eines Wandels vor sich und seiner sozialen Umwelt braucht. Eine Aufforderung zum Überlaufen[50] z. B. muß dem Feindsoldaten die Gelegenheit geben, sich aus seiner Treueverpflichtung mit plausiblen Argumenten herauszulösen, wie sinngemäß: »Wahre Loyalität setzt voraus, daß Du überlebst, und macht daher erforderlich, daß Du Deinen ehrenhaften, wenn auch nutzlosen Widerstand aufgibst.« Zu vermeiden sind bereits einzelne (Tabu-)Begriffe, wie »überlaufen« oder »sich ergeben«, da sie frontal gegen die Wertauffassungen des Soldaten verstoßen und zumeist eine ablehnende Haltung bei ihm hervorrufen.

Das Überlaufen ist jedoch nicht nur ein Loyalitätsproblem. Es kann einmal eine höchst ungewisse Angelegenheit sein, wenn sich bei der Weite des Gefechtsfeldes niemand findet, zu dem man überlaufen kann. Vor allem ist es aber eine höchst gefährliche Handlung für den Soldaten, da er von beiden Seiten der Front niedergeschossen oder bei Mißlingen seiner freiwilligen Flucht vor ein Kriegsgericht gestellt werden kann. Auch diesen Folgen hat ein Passierschein Rechnung zu tragen und dem potentiellen Überläufer konkrete Ratschläge und Tips zu geben, wie er sich bei seiner Flucht nach vorn zu verhalten hat.

Diese Hinweise und Beispiele machen die Schwierigkeiten und Grenzen propagandistischer Beeinflussung deutlich. Klapper weist nach, daß Kommunikationsmaßnahmen – und deren eine stellt die Propaganda ja dar – gewöhnlich nur zur Verfestigung bisheriger Einstellungen dienen[51]. Hofstätter schreibt in diesem Zusammenhang: »Die vorliegenden Erfahrungen sprechen dafür, daß die meisten Individuen im Kreuzfeuer einander widerstreitender Propagandainstanzen ihre bisherige Position versteifen. Den Gegner überzeugen hieße ja, ihn zunächst einmal auf ein neutrales Niveau mit niedrigerer Überzeugungsstärke zu führen[52].« Auch Festinger[53], Jamis und Katz z. B. weisen entschieden auf diese Umstände hin. Mit Maletzke wird man weiter sagen können, »wenn beim Rezipienten bestimmte Wirkungen zu beachten sind, so beruhen diese keineswegs nur auf der Aussage als dem unmittelbar einwirkenden Faktor[54].«

Wenn man sich vergegenwärtigt, daß der Mensch fast ständig irgendwelcher Propaganda ausgesetzt ist, so kann sich die Möglichkeit des »Umkrempelns« allenfalls auf extreme Ausnahmesituationen beschränken. Besondere Bedeutung kommt dabei der Struktur der sozialen Situation zu, in der die Propaganda auf die Urteilsbildung wirkt, wobei nach Irle »die soziale Lage nicht direkt zur mehr oder minder starken Aufnahmebereitschaft von Informationen aus Medien der Massenkommunikation führt, sondern sie fördert . . . das Entstehen einer Interessenlage, aus der heraus Chancen zur Information häufiger ergriffen werden[55]«. Diese soziale und psychologische Lage kann sogar dergestalt sein, daß – wie Hofstätter feststellt – ein ausgesprochenes Bedürfnis nach Propaganda entstehen kann. Dieses Bedürfnis wird besonders stark dort entwickelt sein, wo das politische System nur unzulängliche Informationen über die Lage zuläßt bzw. wo – wie an der Front – die Versorgung des Soldaten mit Nachrichten über wesentliche Ereignisse sehr oft verknappt ist.

Allgemein kann man mit Hofstätter festhalten, daß ein psychologischer Spannungs- bzw. Streßzustand die Voraussetzung für die Wirksamkeit der Propaganda darstellt[56]. Deshalb wird der unvorbereitete Einsatz von Kapitulationsflugblättern z. B. bei einer siegreichen, gut geführten und versorgten feindlichen Truppe wohl kaum Erfolg haben. Flugblätter, die zum Überlaufen auffordern, werden erst dann Wirkung erzielen können, wenn die Gesamtlage für den Gegner aussichtslos geworden ist und/oder örtliche Kampfhandlungen der Streitkräfte ihm bereits entscheidende Verluste zugefügt und seine Moral beeinträchtigt haben. Passierscheine – als »Infanterie des Propagandisten[57]« – haben »das letzte Wort«: Sie vollenden das, was militärische Operationen und propagandistische Aktionen langfristig bereits an Zersetzungsarbeit geleistet haben.

Die Verbreitungsmittel

Die wichtigsten technischen Hilfsmittel für die Propaganda im Zweiten Weltkrieg sind Druckerzeugnisse, Rundfunk und Film. Während im Ersten Weltkrieg Presse und Flugblatt die einzigen Propagandamittel von größerer Bedeutung waren, ergibt sich zu Beginn des Zweiten Weltkrieges eine völlig neue Situation. In fast beliebigem Maße kann nun mit Hilfe des Rundfunks auf ein Massenpublikum im Inland, auf der Feindseite und in den übrigen Staaten eingewirkt werden, soweit der einzelne Hörer mit seinem Empfangsgerät bestimmte Sender zu wählen bereit und in der Lage ist. Eine Zensur kann diesen Prozeß nirgendwo unterbinden, auch das deutsche Abhörverbot von ausländischen Rundfunksendungen ist kein ernsthaftes Hindernis. Allerdings hat der Rundfunk in Kapazität und Reichweite seine Grenzen. Die Methode, durch Störsender den Empfang von Feindsendungen zu behindern, macht Fortschritte. So bleibt das Flugblatt auch im Zweiten Weltkrieg noch ein häufig verwendetes Publikationsmittel, um Streitkräfte und Zivilbevölkerung des Gegners mit dem gedruckten Wort zu erreichen.

Einsatz durch Flugzeuge

Von allen kriegführenden Mächten werden Flugblätter in der Masse von Flugzeugen aus abgeworfen.

Bei Kriegsbeginn werden die Flugblätter zunächst in Bündeln von der Besatzung mit der Hand abgeworfen. Das erweist sich jedoch als ein Verfahren, das umständlich, zeitraubend und ungenau ist. Ein großer Teil dieser Flugblätter erreicht das Zielgebiet nicht und geht verloren. Außerdem kommt es dabei immer wieder zu Beschädigungen am Leitwerk der Maschinen. Alle Beteiligten beginnen mit der Entwicklung spezieller Abwurfvorrichtungen für Flugblätter, die diese Mängel beseitigen sollen.

Abwurfstangen

Das »Deutsche Propaganda-Atelier« in Berlin-Lichterfelde entwickelt in seiner Versuchsanstalt Rüdersdorf Abwurfstangen für Flugblätter, die mit speziellen Lufthüllen ausgestattet sind und als Prop-Bomben nunmehr ohne technische Schwierigkeiten von den Flugzeugen abgeworfen werden können. Durch einen Zünder kann die Bombe je nach Bedarf in unterschiedlicher Höhe aufgesprengt werden, um eine breitflächige Flugblattverstreuung zu gewährleisten.

Die »Monroe-Bombe« [58]

Die amerikanische Luftwaffe ist bei der Entwicklung von Flugblatt- oder Prop-Bomben, die mit hoher Zielgenauigkeit große Flugblattmengen verstreuen, besonders erfolgreich. Captain James L. Monroe entwickelt im Sommer 1944 die nach ihm benannte »Monroe-Bombe« (Modell T 1), die von B-17 und B-24 Superfestungen abgeworfen werden kann. Zum ersten Mal können nun von den Alliierten Flugblattmassen in jeder gewünschten Höhe über ein Zielgebiet verstreut werden. Die neue »Monroe-Bombe« faßt etwa 80 000 Flugblätter. Während eines einzigen Einsatzes kann ein Bomber mehr als 2 Millionen Flugblätter oder Zeitungen über dem Zielgebiet abwerfen. Für einen massierten Flugblatt-

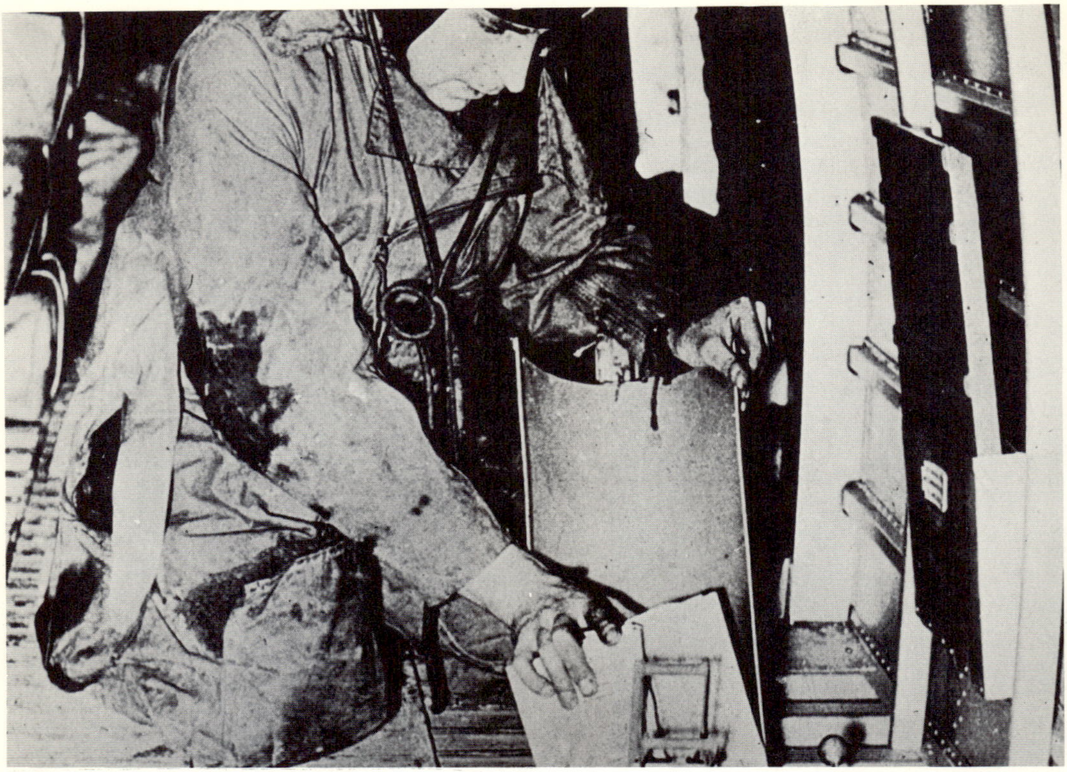

Abwurf von Flugblattbündeln durch den
Abwurfzylinder vom Flugzeug aus

Monroe-Flugblattbomben werden verladen

einsatz wird PWD/SHAEF eine Staffel der 8. amerikanischen Luftflotte zur Verfügung gestellt, die als 422. Flugblattstaffel (422nd Special Leaflet Squadron) nur Flugblatteinsätze fliegt.

Bis zum Kriegsende gelangen etwa 90 Prozent der alliierten Flugblätter durch die »Monroe-Bombe« zum Abwurf. Ab Mai 1944 werden von der 422. Staffel über 1,5 Milliarden Flugblätter und von den Bombern der 8. Luftflotte über 1 Milliarde Flugblätter über ihren Zielgebieten abgeworfen.

Bereits vor der Invasion werden die »Monroe-Bomben« von einer Spezialeinheit der 8. amerikanischen Luftflotte serienmäßig hergestellt. Bei einer monatlichen Produktion von 2000 Stück stehen am Tag der Invasion für eine Propaganda-Großaktion 4497 Flugblattbomben zur Verfügung. Bis Kriegsende produziert die amerikanische Luftwaffe etwa 75 000 »Monroe-Bomben«.

Abwurf durch Ballons [59]

Nach Ausbruch des Krieges setzen die Engländer als erste Ballons ein, die große Strekken zurücklegen und Flugblätter in die Zielgebiete verstreuen. Eine spezielle Ballon-Kompanie »M« läßt ihre Ballons von der Kanalküste aus steigen. Sie setzt nach der Invasion von Frankreich aus Produkte der schwarzen Flugblattpropaganda ein.

Im Jahre 1940 beschließt auch OKW/WPr, Ballons als Transportträger von Flugblättern zu verwenden und diese zunächst gegen England einzusetzen. Beuteballons werden in Frankreich sichergestellt. Ab August 1940 werden Hunderte von Ballons aus Zeppelin-Gaszellenstoff hergestellt. Im Oktober 1940 starten die PK 501 und PK 612 von der Kanalküste aus die ersten Balloneinsätze gegen England (vgl. Kommentar Abb. 37/38).

Ein 50 km entferntes Ziel kann von den Ballons, die mit Wasserstoffgas gefüllt sind, relativ genau mit Flugblättern bestreut werden. Der Abwurfbehälter faßt ca. 10 000 Flugblätter in der Größe DIN A 5. Er ist mit einem Uhrwerk und einem Sprengsatz ausgestattet. In Abständen von fünf Sekunden werden die Flugblätter über dem Zielgebiet ausgestreut, damit eine tiefe Streuwirkung erreicht wird. Die Auslösung der Flugblätter kann auch durch Lunten erfolgen. Nach dem Abwurf der Flugblätter zündet ein Sprengsatz, der den Ballon mit dem Abwurfbehälter zerstört.

Schwerpunkteinsätze mit Ballons erfolgen von den PK an der Ostfront vor allem durch inzwischen aufgestellte Ballontrupps. Im Nordabschnitt wirkt besonders der Ballontrupp der PK 621 im Bereich des AOK 18 in das belagerte Leningrad hinein.

Bodengebundene Einsatzmittel

Die größte Genauigkeit beim Einsatz von Flugblättern wird erreicht, wenn diese durch bodengebundene Einsatzmittel verschossen werden. Seit Beginn des Krieges werden deutsche Flugblätter mit speziellen Artilleriegranaten, den sogenannten »Rot-Weiß-Geschossen« in den Gegner abgefeuert. Das »Deutsche Propaganda Atelier« stellt die Füllungen für die »Rot-Weiß-Geschosse« her, die von der Propagandatruppe mit Flugblättern für den Verschuß durch die 10,5 cm Haubitze laboriert werden.

Ab 1944 können bei der erdrückenden Luftüberlegenheit der Alliierten kaum noch größere Flugblattmengen durch die Luftwaffe abgeworfen werden. Mit großem Erfolg kommen nun spezielle Flugblattraketen in den Einsatz [60], die in den letzten Kriegsmonaten die wichtigsten Transportträger von deutschen Flugblättern an der Front sind. Mit einer Reichweite von 3000 Metern garantieren sie eine absolute Zielgenauigkeit.

Die Alliierten verwenden ebenfalls Flugblattgranaten, die von der britischen 94 mm Feldhaubitze und von der amerikanischen 105 mm Haubitze verschossen werden [61]. Jede Granate faßt 500 bis 700 Flugblätter und kann bei einer Detonationshöhe von 100 Metern ein elf Kilometer entferntes Ziel treffen. Am genauesten können britische 94 mm Nebelgranaten gegen Ziele eingesetzt werden, die 400 Flugblätter pro Granate verstreuen.

Flugblatteinsatz aus dem Raum Calais am 16. 10. 1940 durch Ballontrupps der PK 501

Aufsteigen der Ballons in Richtung Südenglands

Verpacken der Churchill-Flugblätter in den Abwurfbehälter

Das Uhrwerk des Sprengsatzes wird eingestellt

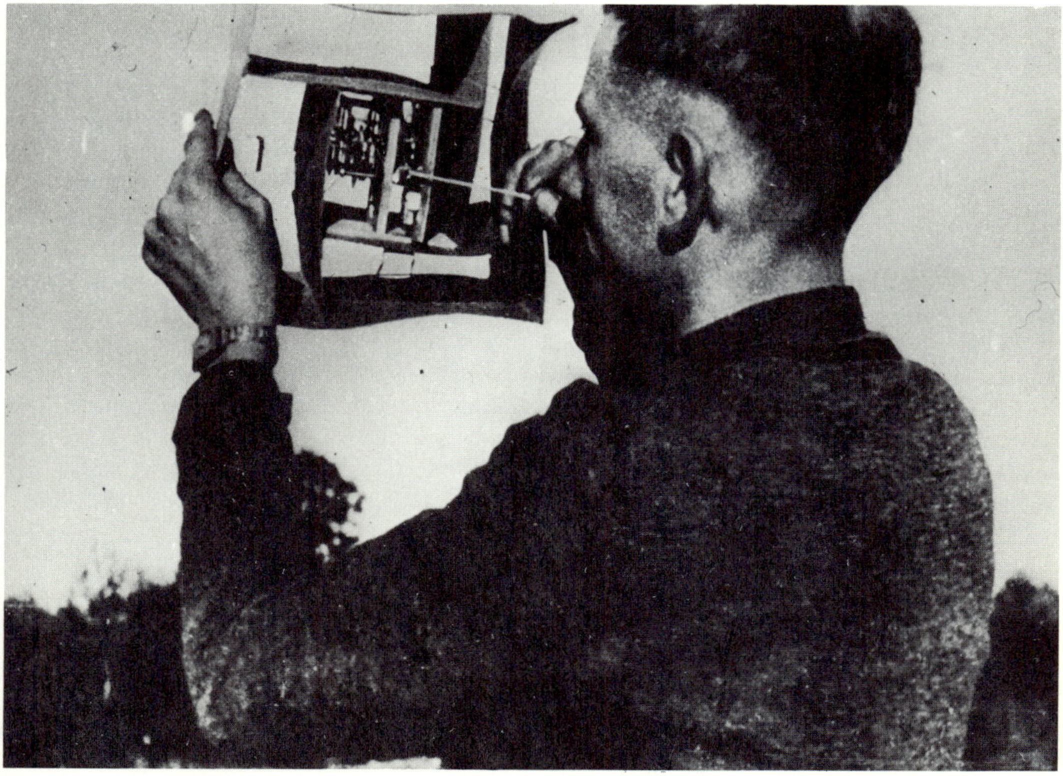

Theorie und Praxis der deutschen Kampfpropaganda

Propaganda-Erkundung

Für die psychologische Kriegführung oder Kampfpropaganda ist die große Unbekannte der Feind oder die feindliche Zielpersonengruppe. Die Geschichte der psychologischen Kriegführung ist durch eine Folge von Täuschungen über Kampfmoral und Widerstandskraft des Feindes und durch das Bemühen gekennzeichnet, solche Täuschungen zu vermeiden.

So hat auch die Kampfpropaganda eine Strategie und Taktik entwickelt, sich durch Aufklärung und Nachrichtengewinnung, durch das Auswerten aller verfügbaren Informationen über die feindliche Zielpersonengruppe ein Bild über diese Zielpersonengruppe zu machen. Die systematisch-statistische Erfassung der Zielpersonengruppe ist die notwendige Voraussetzung für eine Kampfpropaganda, die erfolgreich sein will. Ihre Methodik und Didaktik muß durch eine strenge Objektivität bestimmt sein, die nicht durch Vorurteile oder Haß dem Gegner gegenüber und durch die Parteinahme für die eigene Sache beeinflußt werden darf.

Die richtige Kenntnis des Feindes und seiner Stärken und Schwächen (das »Wissen um den Feind«) bestimmt die taktischen und operativen Maßnahmen des militärischen Führers. Ebenso sind die psychologischen Operationen der Kampfpropaganda von einem möglichst umfangreichen Wissen vom Feind in ihrer Entschlußfassung abhängig. Mentalität, moralische Stärke und Schwäche, Wertvorstellungen und Dynamik der feindlichen Zielpersonengruppe müssen bekannt sein und bei den kampfpropagandistischen Einsätzen entsprechend berücksichtigt werden.

Aus der Summe von Einzelnachrichten und Erkundungsergebnissen gewinnt die Kampfpropaganda nach einer kritischen Sichtung ihr »Feindbild«, das Bild der feindlichen Zielpersonengruppe. Auch hier wird eine »Feindlagenkarte« geführt, die laufend eine genaue und plastische Vorstellung über die Zielpersonengruppe liefern sollte und dauernd ergänzt und auf dem neuesten Stand gehalten werden muß. Das Bild der Zielpersonengruppe (die sogenannte »Propaganda-Erkundung«) wird aus den Mosaiksteinchen des Nachrichtenmaterials zusammengesetzt, das die Kampfpropaganda erhält. Ihre Informationen (Nachrichtengewinnung) stammen aus der Befragung von Gefangenen und Überläufern, aus den Abhörberichten des gegnerischen Funkverkehrs, aus den Meldungen von Agenten und Informanten (V-Leute), die im Gebiet des Gegners arbeiten, aus der systematischen Analyse der Feindpresse, aus Beuteunterlagen und aus vielen anderen Details. Logik und Scharfsinn des Kampfpropagandisten bei der Auswertung dieses Materials sind die Voraussetzungen für eine erfolgreiche Arbeit:

»Propaganda-Erkundung ist die Voraussetzung für gute Propaganda. Die Propaganda-Erkundung hat die Schwächen des Feindes festzustellen und zu ergründen, welche Blößen des Feindes propagandistisch ausgenutzt werden können. Dazu ist es notwendig, daß möglichst viele ... unter zweckentsprechenden Gesichtspunkten befragt werden ... Eine brauchbare Propaganda-Erkundung ist unmöglich, wenn der Befragte merkt, welche Antwort erwartet wird oder gar gewünscht wäre. Der Vernehmende darf nicht darauf ausgehen, Beweismaterial für die Richtigkeit seiner eigenen Auffassung zu sammeln. Er muß sich die Verhältnisse beim Feind beschreiben lassen, wie sie tatsächlich sind[62].«

Einsatzgrundsätze

Die von OKW/WPr erlassenen »Richtlinien für Kampfpropagandisten Nr. 3« vom April 1944 wollen Arbeitsgrundlagen für eine wirkungsvolle Kampfpropaganda erstellen. Der methodisch-didaktische Teil der »Richtlinien« enthält die Grundsätze der deutschen Kampfpropaganda, die durch die Erfahrungen einer mehrjährigen Kriegspraxis bestimmt sind. Voraussetzung für die deutsche Kampfpropaganda sind propagandistische Vorüberlegungen: »Am Anfang der Lösung jedes Propagandaproblems steht die Beantwortung der sechs großen W:

Wem habe ich Wann, Wo, Was, Wie, Womit zu sagen?
Also:

- Genaue Festlegüng und Analyse des Kreises, der angesprochen werden soll,
- Ermittlung des günstigen Zeitpunktes für den Einsatz,
- Ermittlung oder Festlegung des Ortes oder der Zonen,
- genaue Festlegung des propagandistischen Zieles und
- Formen der These,
- Umwandlung der These in die verschiedenen propagandistischen Formen,
- Festlegung der einzusetzenden Propagandamittel und -hilfsmittel.«

Im Anschluß daran werden Konstanten der Kampfpropaganda genannt, die allgemeingültige Bedeutung besitzen und die zum geistigen Rüstzeug eines jeden Kampfpropagandisten gehören:

»1. In der Kampfpropaganda ist alles Komplizierte, mühsam Konstruierte und Gekünstelte vom Übel. Je einfacher, klarer, natürlicher, je primitiver Inhalt und Anlage sind, um so sicherer ist die Wirkung.

2. Der Mensch ist am stärksten seinen Gefühlen unterworfen. Fast ausnahmslos ist es daher erfolgversprechender, an das Gefühl zu appellieren als an den Verstand. Auch bei den sogenannten Gebildeten setzen der Verstand und die Logik aus, wenn das Gefühl genügend zum Schwingen gebracht ist. Propagandatexte müssen logisch erdacht, aber durchaus nicht logisch im Wortlaut sein.

3. Das Zauberwort der Propaganda heißt nicht Wechsel, sondern Wiederholung. An einer als wirksam erwiesenen Propagandathese muß eisern festgehalten werden, bis sich die sachlichen Voraussetzungen ändern.

4. Der größte Lehrmeister der Kampfpropaganda heißt: Erfahrung. Der Schlüssel zur Auswertung heißt: Erkennen der Unterschiede. Eine Wirkungsanalyse ist daher in jedem Einzelfall unerläßlich. Dabei ist die Feststellung der Fehlerquellen und der Ursachen des Mißerfolges mit schärfster Selbstkritik an die erste Stelle der Untersuchung zu setzen [63].«

Gerade weil die »Richtlinien für die Kampfpropagandisten Nr. 3« die vielfältigen Erfahrungen enthalten, die die deutsche psychologische Kriegführung in den vorhergehenden fünf Kriegsjahren gemacht hat, sind sie für die Geschichte der deutschen Kampfpropaganda eine wertvolle Quelle. Sie wollen aber nicht nur theoretischer Exkurs, sondern Anleitung zum Handeln sein, Grundlagenmaterial für die Kampfpropaganda anbieten, das auf dem Gefechtsfeld benutzt werden kann.

Zielpersonengruppen-Analyse

Die psychologische Lagebeurteilung von amerikanischen Truppen, die im Westen und an der Italienfront eingesetzt sind, stützt sich auf einen umfangreichen Fragenkatalog, der die unterschiedlichsten Informationen auswerten kann. Zur Verdeutlichung dieses Verfahrens sei die Frageliste der SS-Standarte »Kurt Eggers« [64] für den Komplex »Feindseite – Militärisch« in einem kleinen Auszug angeführt. Der Kampfpropagandist benötigt Material über:

- alles, was über bekannte Militärs kursiert: Lebenslauf, Gepflogenheiten, Fehler, Kritiken, gegenseitige Diskriminierungen;
- Spitznamen der Kommandeure, Offiziere und deren Angehörige;
- Plaudereien und Klatsch über Offiziere und deren Eigenarten;
- Berichte aus deutscher Gefangenschaft Entflohener;
- Fotokopien von Dienstplänen, Anweisungen, Erlassen usw., Dienstvorschriften jeder Art;
- Fotos und Listen der Dienstgrade, Rangabzeichen, Auszeichnungen usw.;
- Zustand im Heer des Feindes;
- Stimmung in der Truppe;
- Kriegsmüdigkeit (Homesick);
- Unruhen und ihre Ursachen;

- Echomeldungen über eigene und feindliche Frontzeitungen; Besprechung von Beutematerial;
- neue Fachausdrücke, Schlagworte, Slang-Ausdrücke; Namen von Organisationen und Behörden sowie deren Abkürzung;
- feindlicher Terror gegen Zivil – stets Namen, Ort, Datum angeben.

Die »Feindseite – Allgemeines« sucht Angaben über

- Gedichte mit besonderer Betonung der sentimentalen Note;
- Witze, Karikaturen und short stories;
- die besten Cartoons und comic stripes;
- Schlagworte, Aphorismen und Parolen;
- Kreuzworträtsel, Puzzles, Quizze.

Die gesuchten Informationen sind nur dann wertvoll, wenn sie ihren aktuellen Charakter behalten. Nachdem sie sorgfältig geprüft und ausgewertet worden sind, wird eine Beurteilung der Zielpersonengruppe erstellt. Diese Beurteilung ist die Grundlage der zum Einsatz kommenden Propagandamedien, wie Flugblatt, Rundfunk (Kampfsender) und Lautsprecher, die nach einem bestimmten Propagandaplan eingesetzt werden, der die psychologische Lagebeurteilung widerspiegelt.

Psycho-Struktur der USA-Truppe

Die »Richtlinien für Kampfpropagandisten Nr. 3« beurteilen den amerikanischen Soldaten der West- und Italienfront[65] wie folgt:

Psycho-Struktur der USA-Truppe
Der amerikanische Durchschnittssoldat ist in seinem Denken und Fühlen ausgesprochen primitiv. Gewöhnlich ist er politisch nicht geschult und auch völlig uninteressiert. Auch das amerikanische Offizierkorps ist zu einem großen Teil für Politik wenig aufgeschlossen und seiner äußeren Haltung nach mit britischen Offizieren nicht zu vergleichen. Die Propaganda in die amerikanische Truppe muß daher mit den einfachsten Mitteln arbeiten und darf keine besonders hohen Anforderungen in Bezug auf Bildung stellen.

Den meisten amerikanischen Soldaten liegen die Fragen des persönlichen Wohlergehens am meisten am Herzen. Bei den seit längerem im Einsatz befindlichen Truppen bewegt den Soldaten am meisten die Frage, wie er am schnellsten wieder nach Hause kommt... Auf die Frage, wofür die USA in Europa kämpfen, kann kaum ein Kriegsgefangener eine Antwort geben.

Das Kriegsende wird im allgemeinen stets in drei bis sechs Monaten erwartet. Hieraus ergibt sich die auffallende Erscheinung, daß viele amerikanische Soldaten nicht gewillt sind, ihr Leben zu riskieren. Keiner möchte kurz vor Toresschluß noch fallen.

Die meisten amerikanischen Soldaten besitzen eine ausgeprägte Familienanhänglichkeit. Sie sind, wenn sie in Gefangenschaft geraten, dankbar für jede Möglichkeit, ihre Angehörigen bald über ihr Schicksal zu verständigen. Da es bei der amerikanischen Truppe nur in größeren Zeitabständen Urlaub gibt, spielen die Sorgen um die Treue der Braut oder Frau eine große Rolle.

Flugblatteinsatz gegen Amerikaner

Diese Zielpersonengruppenanalyse oder psychologische Lagebeurteilung der amerikanischen Truppe, die nur in einem kleinen Auszug zitiert werden kann, bildet die Grundlage für die deutsche Flugblattpropaganda an der West- und Italienfront, die schwerpunktmäßig von den Kampfpropaganda-Unternehmen der SS-Standarte »Kurt Eggers«, »Skorpion West« und »Südstern« durchgeführt werden. Nach dem zur Verfügung stehenden Material werden die Flugblätter der deutschen Propagandaeinheiten in diesem Bereich nach dem Grundsatz hergestellt:

Einfachste sprachliche Aussage: klarer, verständlicher Text, viel Bilder, die sehr suggestiv in ihrer Wirkung sein müssen.

Nach der Zielpersonengruppenanalyse werden folgende Themen vorrangig in den Flugblattserien behandelt:

1. *Angst vor dem Tode* (»... Keiner möchte kurz vor Toresschluß fallen.«)

Die Angst vor dem Tode wird durch eine eindrucksvolle Bildgestaltung das Leitmotiv der deutschen Flugblattpropaganda gegen amerikanische Truppen. Es wird in den unterschiedlichsten Variationen immer wieder behandelt (vgl. Abb. 129–132; 139, 140).

2. *Verwendung von Sex* in der Flugblattpropaganda. Auch die Darstellung von Sex muß sich dem Leitmotiv Tod unterordnen, um ihm dadurch besonderen Ausdruck zu verleihen (vgl. Abb. 135–138).
3. *Weckung von Ressentiments gegen Aggressionsobjekte:*
   - gegen den Vorgesetzten (Offizier), der in der Etappe praßt und schlemmt, während der einfache Soldat an der Front fällt (vgl. Abb. 152, 153),
   - gegen potentielle Nebenbuhler in der Heimat, die die Braut oder Frau verführen (vgl. Abb. 154).
4. *Nostalgie- oder Sentimentalpropaganda* (»... ausgeprägte Familienanhänglichkeit«).

Die Flugblattmuster dieser Kategorie zeigen mit Vorliebe Kinderbilder (»Wann kommt Papi zurück«?) in den verschiedensten Motiven.

Diese Flugblattpropaganda wird durch die Rundfunksendungen von Kampfsendern an der West- und Italienfront unterstützt.

Flugblätter mit politischem Inhalt werden nur in ganz geringer Zahl gegen amerikanische Verbände eingesetzt. Das ändert sich jedoch ab Februar 1945. Die Zielpersonengruppenanalyse zeigt immer wieder, daß der amerikanische und englische Soldat den Bolschewismus nicht als eine Gefahr für ihre eigenen Länder empfinden, sondern einen schnellen Sieg der Russen wünschen (»... hoffentlich schaffen es die Russen bald, dann haben wir mit dem ganzen Krieg nichts mehr zu tun, dann kommen wir aus den Uniformen heraus, und dann hört der V-Beschuß auf.«). So wird nun eine »Aufklärungsaktion über den Verbündeten der Alliierten, über die möglichen Folgen eines bolschewistischen Erfolges und über die verheerende Wirkung auf die wirtschaftlichen und kulturellen Möglichkeiten der angelsächsischen Welt« in der deutschen Flugblattpropaganda eingeleitet, die zunächst zu 60 Prozent und später zu 80 Prozent auf diese Thematik festgelegt werden soll [66].

Wirkungsanalyse

Deutsche Soldaten

Westfront

Zur Feststellung der Propagandawirkung gibt es erst wenige Ansätze, wobei man sich im wesentlichen zweier Methoden bedient: der Befragung im Feld und der Inhaltsanalyse [67]. Eine umfassende Wirkungsanalyse über die Propaganda im Zweiten Weltkrieg ist jedoch bisher noch nicht erschienen. Es fehlt das notwendige empirische Material, auf das sich eine solche Untersuchung stützen könnte. Da während des Zweiten Weltkrieges das Abhören von Feindsendern im deutschen Bereich streng bestraft wird und feindliches Propagandamaterial abgegeben werden muß, fehlen statistische Erhebungen offizieller deutscher Stellen über die Auswirkung der alliierten Propaganda auf die Zivilbevölkerung. Die Untersuchungen, die die amerikanische Luftwaffe nach dem Krieg über diesen Bereich durchführt, lassen keine Aussagen zu, die zuverlässig sind [68].

Die amerikanische Armee versucht, durch Befragung von deutschen Kriegsgefangenen herauszufinden, wie groß der Einfluß der amerikanischen Flugblattpropaganda auf die deutschen Soldaten ist. Sie kommt dabei zu einem überraschenden Ergebnis:

Eine Befragung von deutschen Kriegsgefangenen im Oktober 1944 an der Westfront ergibt, daß 65 Prozent der befragten Gefangenen die amerikanische Flugblattpropaganda kennt und an ihre Aussagen glaubt. Aber gerade diese Zielpersonengruppe hatte einen besonders hartnäckigen Widerstand geleistet, bevor sie sich ergibt. Überläufer befinden sich unter diesen Soldaten nicht.

Drei Prozent behaupten, daß die Flugblattpropaganda ihre Bereitschaft verstärkt, sich zu ergeben. Die übrigen betonen, daß sie zwar an die Flugblattpropaganda glauben, sie als »wahr« akzeptieren, aber nicht an eine Kapitulation denken. Aus »moralischen Erwägungen« heraus lehnen sie ein Überlaufen ab.

Die deutschen Soldaten lesen zwar eifrig die alliierte Flugblattpropaganda, sind sogar von ihrer Glaubwürdigkeit überzeugt, aber nicht bereit, die Konsequenzen zu ziehen, die die Flugblattpropaganda von ihnen verlangt.

Das bedeutet für die Kämpfe an der Westfront, daß nach den Erfahrungen der amerikanischen Propagandisten 90 Prozent der in Gefangenschaft geratenen deutschen Soldaten trotz intensiver Flugblattpropaganda ein Überlaufen »aus innerer Überzeugung« ablehnen und besonders verbissen kämpfen. Allerdings ist die Angst vor der amerikanischen Gefangenschaft nach aussichtslosem Widerstand gering. Hier zeigt sich ohne Zweifel ein Erfolg der Informationen, die die amerikanische Flugblattpropaganda (Passierscheine etc.) liefert [69].

Ostfront

Die Angst des deutschen Soldaten, in russische Kriegsgefangenschaft zu geraten, ist an der Ostfront von Kriegsbeginn bis Kriegsende besonders groß. Allen Anstrengungen einer intensiven sowjetischen Propaganda bleibt in den ersten Kriegsjahren schon deshalb jeder Erfolg versagt, weil die Versprechungen der sowjetischen Propagandisten unglaubwürdig erscheinen. Außerdem erweist sich die sowjetische Flugblattpropaganda in den ersten Kriegsmonaten als so primitiv (vgl. bes. Abb. 148–151) und instinktlos, daß sie völlig wirkungslos ist und belächelt wird.

Oberst I. A. Seleznew nennt in seinem Buch über psychologische Kampfführung die Gründe für die mangelnde Qualität der Sowjetpropaganda in dieser Kriegsphase:

»Die Sowjetpropaganda, die an die deutschen Truppen gerichtet war, hatte besonders in der ersten Phase des Krieges verschiedene Mängel ... Die Veränderungen in der Psychologie des deutschen Volkes wurden von den Organen der sowjetischen Propaganda nicht genügend berücksichtigt. Einen negativen

Deutsche Soldaten kapitulieren

Einfluß hatte auch der Personenkult Stalins. Vor dem Krieg hatten wir keine klaren Vorstellungen über die innere Lage Deutschlands, über die Stimmung in Bevölkerung und Wehrmacht. Aus dem Grunde hatte unsere Propaganda in der ersten Kriegsphase einen zu allgemeinen und gekünstelten Charakter. Einige Argumente wurden künstlich aus unserer eigenen Lage und nicht aus der Lebensweise des Gegners abgeleitet[70].«

Obwohl eine Reihe von bekannten deutschen Exilkommunisten bei der Gestaltung der sowjetischen Flugblattpropaganda mitwirken, ist deren Wirkung bei den angesprochenen Mängeln bedeutungslos. Gerade an diesem Beispiel zeigt sich, wie wichtig eine »objektive« Zielpersonengruppenanalyse ist, wenn sie nicht ein Opfer ihrer eigenen ideologischen Befangenheit werden will.

Die Ursache für die starke Hemmungsbarriere des deutschen Soldaten, in sowjetische Kriegsgefangenschaft zu geraten, sind vor allem eigene Erfahrungen (Sibirienkomplex) und eine deutsche Gegenpropaganda, die in ihrer Wirkung nicht unterschätzt werden sollte. Konstantin Selesnjow ist der Ansicht, daß die geringe Wirkung der alliierten Propaganda auf den deutschen Soldaten in der »außerordentlich starken ideologischen Beeinflussung der Menschen in Deutschland durch die Faschisten« bestände. Obwohl die deutsche Gegenpropaganda keine »vollkommene Immunität von außen« erreicht habe, sei die »Verbreitung rassistischen und anderen faschistischen Gedankengutes mit dem raffinierten System des Spitzel- und Denunziantentums sowie des Terrors« durchaus nicht wirkungslos gewesen[71].

Mit der Winterkrise der deutschen Truppen 1941/1942 an der Ostfront erreicht die sowjetische Flugblattpropaganda einen neuen Aufschwung. Die primitiven Anfangsfehler werden vermieden, die sowjetischen Flugblätter werden in Text und graphischer Gestaltung erheblich besser und in ihrer Aussage wirkungsvoller (vgl. Abb. 1–18).

Wie ernst die deutsche Führung die sowjetische Flugblattpropaganda nimmt, geht aus offiziellen Verlautbarungen hervor, die sich immer häufiger mit ihr beschäftigen. Sie wird als »erfinderisch und vielseitig«, als »äußerst wendig, zielbewußt und intensiv«, als »wahr und daher wirksam« geschildert, der »von deutscher Seite nichts oder fast nichts« gegenüberstände [72], und sie besitze »eine bewundernswerte Realistik [73]«.

Selbst in dieser kritischen Phase bleibt die Wirkung einer nunmehr geschickten sowjetischen Propaganda auf die deutsche Truppe bedeutungslos. Je mehr aber die Rote Armee an der Ostfront zum Vormarsch übergehen kann und je schwieriger die Lage für die deutschen Truppen wird, desto spürbarer wird die Wirkung der Propaganda der sowjetischen Politorgane. Diese stützen sich nicht mehr auf die Frontpropaganda allein, sondern gehen nach der Kesselschlacht von Stalingrad gleichzeitig zum ideologischen Kampf auf die in Gefangenschaft geratenen deutschen Soldaten über. Ihr erster Erfolg ist die Gründung des »Nationalkomitees Freies Deutschland« am 12. und 13. 7. 1943 in Krasnogorsk bei Moskau. Die Politorgane der Roten Armee werden nun durch die Arbeit der Frontorganisationen des NKFD in ihrer propagandistischen Arbeit erheblich unterstützt [74]. So laufen bei den schweren und verlustreichen Rückzugskämpfen im Jahre 1944 und 1945 an der Ostfront immer wieder deutsche Soldaten über, die in ihrer Kampfmoral erschüttert, labil oder kommunistisch eingestellt sind.

Die drastischen Bestimmungen der politischen und militärischen Führung gegen »Zersetzung der Wehrkraft [75]« vom 1. November 1944, die »Maßnahmen gegen Überläufer [76]« vom 19. 11. 1944 und die »Maßnahmen gegen Wehrmachtsangehörige, die in der Kriegsgefangenschaft Landesverrat begehen« vom 5. 2. 1945 sprechen eine deutliche Sprache [77]. Trotz der Auflösungserscheinungen, die bei der deutschen Truppe auftreten, läßt sich feststellen, daß das Überlaufen von deutschen Soldaten an der Ostfront auch hier eine Ausnahme bleibt.

Hitlers Dank . . .

Im Sommer 1941 werfen die Russen ein Flugblatt über den deutschen Linien ab, das die Überschrift »Hitlers Dank« trägt. Das Flugblatt berichtet von der Leidensgeschichte des Gefreiten Ernst-Albert Wulff aus Hamburg, der sich vergeblich um eine Unterhaltszahlung für seine verwitwete Mutter bei dem Landrat des Kreises Waren/Müritz in Mecklenburg bemüht hat. Die Russen, die unter den Papieren des gefallenen Wulff den Briefwechsel mit dem Landrat finden, drucken in ihrem Flugblatt den Vorgang ab. Den ablehnenden Bescheid des Landrates werten sie geschickt propagandistisch aus. Das Flugblatt prangert die Unmenschlichkeit des NS-Regimes an, eines Regimes, dessen Beamte sich um Alte und Kranke nicht kümmern. Für ein solches Regime kämpfe der einfache Landser an der Front und finde in der Heimat kein Verständnis:

»Ist das der Dank des Vaterlandes? Ernst-Albert Wulff ist tot. Aber Du, deutscher Soldat, Du lebst noch. Denk Du nach: Ist das der Dank Hitlers, wie Du ihn Dir vorgestellt hast? Willst Du dafür Dein junges Leben opfern [78]?«

Es ist durchaus nichts Ungewöhnliches, daß die Russen Schriftstücke und Briefe, die sie bei gefallenen deutschen Soldaten finden, propagandistisch für ihre Flugblätter auswerten. Gerade hier arbeiten sie besonders geschickt mit raffinierten Fälschungen [79]. Die Geschichte des Gefreiten Wulff und sein Schicksal, von dem das russische Flugblatt berichtet, beschäftigt daher deutsche Abwehrstellen ganz besonders. Nachdem diese feststellen, daß der im Flugblatt geschilderte Vorgang keineswegs vom Feind verfälscht ist, sondern den Tatsachen entspricht, wird die Abteilung Wehrmachtpropaganda im OKW informiert. OKW/WPr erkennt, wie gefährlich die Tendenz gerade dieses Flugblatts ist, und veranlaßt, daß der Fall Wulff, der Fall des einfachen Landsers, der vergeblich mit verständnislosen Reichsstellen kämpft und an der Front fällt, dem Landrat des Kreises Waren/Müritz erneut zur Prüfung vorgelegt wird. Inzwischen interessieren sich höchste Reichsstellen für den Fall Wulff. Der Landrat, der plötzlich in eine psychologische Zwangslage geraten ist, genehmigt der Mutter des Gefreiten »auf Grund einer erneuten Prüfung des Falles« und »auf Grund der inzwischen ergangenen Ergänzungsbestimmungen« den Familienunterhalt, für den ihr Sohn sich vergeblich bemüht hat.

Lesen und weitergeben!

Hitlers Dank...

Deutscher Soldat!

Auf Hitlers Befehl bist Du in den Krieg gezogen, gibst Deine letzte Kraft hin, riskierst jeden Augenblick Dein Leben. Dabei quält Dich ständig der Gedanke: „Wie mag es wohl meinen Angehörigen daheim gehen?" Vielleicht hast Du eine alte gebrechliche Mutter zu Hause. Sie ist Witwe, ist hilfsbedürftig. **Wer sorgt für sie! Der Nazistaat!**

Da kann es Dir so ergehen wie dem **Gefreiten Ernst-Albert Wulff** aus Hamburg, Feldpostnummer 18756. Er arbeitete bei der Firma Fritz Schieble, Gartenbau, Hamburg, Kl. Borstel, Ladenkamp 43. Am 6. 5. 1940 wurde er in die Armee eingezogen. Das Unglück wollte es, daß gleich darauf, am 18. 6. 1940, sein Vater in Mecklenburg starb und seine alte Mutter allein zurückblieb. Der Soldat wandte sich an den Landrat des Kreises Waren-Müritz um Gewährung des Unterhalts für seine verwitwete Mutter, bekam aber in einem Schreiben vom 17. 2. 1941 **abschlägigen Bescheid.**

Der treue Sohn Ernst-Albert legt Berufung ein, schickt die geforderten Angaben über seine und seiner Mutter Familienverhältnisse.

Die Angelegenheit zieht sich in die Länge. Ernst-Albert Wulff schreibt wieder:

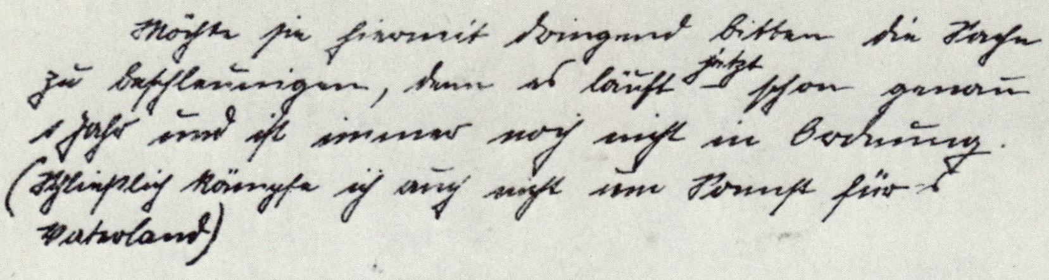
Möchte Sie hiermit dringend bitten die Sache zu beschleunigen, denn es läuft jetzt schon genau 1 Jahr und ist immer noch nicht in Ordnung. (Schließlich kämpfe ich auch nicht umsonst für's Vaterland)

„Möchte Sie hiermit dringend bitten, die Sache zu beschleunigen, denn **es läuft schon genau ein Jahr** und ist immer noch nicht in Ordnung. (Schließlich kämpfe ich nicht umsonst fürs Vaterland.)"

Alles hilft nichts. In einem Schreiben vom 21. 6. 1941 teilt der Landrat dem Soldaten Ernst-Albert Wulff endgültig mit, daß man der alten Frau **„Familienunterhalt nicht gewähren"** wird. Und warum? Im amtlichen Schreiben an den Sohn heißt es wörtlich:

„Es läßt sich zur Zeit nicht feststellen, ob Sie jemals der Ernährer Ihrer Mutter geworden wären."

Dem Sohn Ernst-Albert will diese Antwort einfach nicht in den Kopf. Wie kann man denn überhaupt daran zweifeln, daß er, der einzige Sohn, der Ernährer seiner verwitweten Mutter geworden wäre, wenn dieser verdammte Krieg ihn nicht an die Front geworfen hätte! Hatte er ja schon an den Landrat geschrieben:

„Da ich als einzigster Sohn nur in Frage komme, meine Mutter zu unterstützen ..."

Aber was geht den Nazibeamten die Not der alten Frau, der Mutter eines Frontsoldaten, an!

Als der Soldat Ernst-Albert Wulff die endgültige Absage des Landrats erhielt, war er schon an der Ostfront. Hier soll der Soldat Ernst-Albert Wulff gegen Sowjetrußland kämpfen. Wozu? Wem zuliebe? 15 Monate lang als Soldat an den Fronten und jetzt dieser Brief! Ist **das** der Dank des Vaterlands?! Dem Soldaten Ernst-Albert Wulff ist plötzlich der ganze Krieg verleidet, verleidet die ganze Hitlerei. Was tun? Aber der Soldat Ernst-Albert Wulff hat nicht mehr viel Zeit, über diese Frage nachzudenken, denn Anfang Juli ist er bereits eine Leiche. GEFALLEN!

Ernst-Albert Wulff ist tot. Aber Du, deutscher Soldat, Du lebst noch. Denk Du nach: Ist **das** der Dank Hitlers, wie Du ihn Dir vorgestellt hast? Willst Du **dafür** Dein junges Leben opfern?

Rette Dein Leben! Geh über auf die Seite der Roten Armee!

GEHT MIT DIESEM PASSIERSCHEIN DURCH DIE FRONT

Deutsche Soldaten! Allen, die auf die Seite der Roten Armee übergehen, wird garantiert: das Leben, gute Behandlung und die Heimkehr nach Kriegsende.

ПЕРЕХОДИТЕ С ЭТИМ ПРОПУСКОМ ЧЕРЕЗ ФРОНТ

Немецкие солдаты! Всем, кто перейдет на сторону Красной Армии, обеспечена жизнь, хорошее обращение и возвращение на родину после войны.

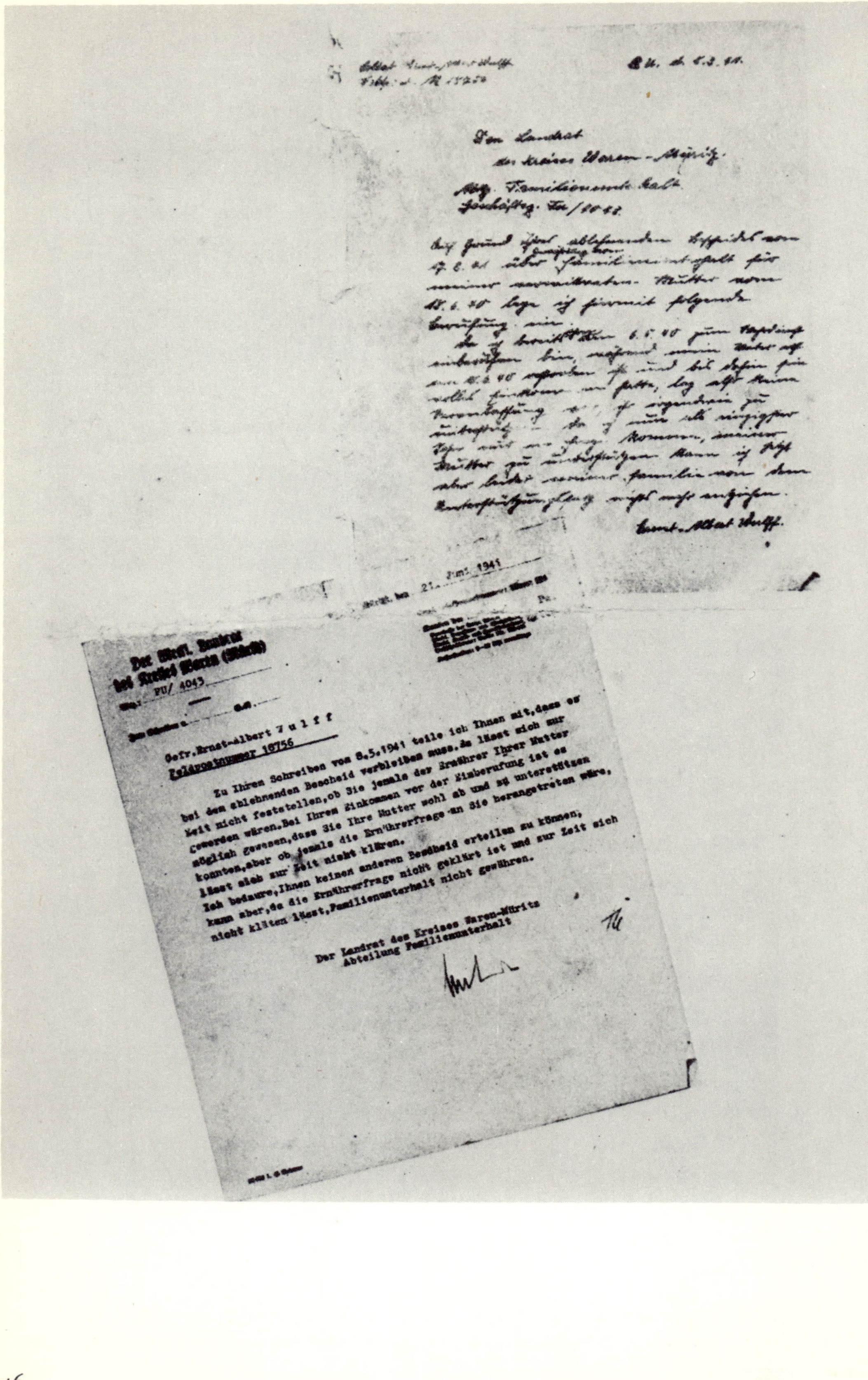

Der Landrat des Kreises Waren (Müritz)

FU/ 4043

21. Juni 1941

Gefr. Ernst-Albert W u l f f

Feldpostnummer 18756

Zu Ihrem Schreiben vom 8.5.1941 teile ich Ihnen mit, dass es bei dem ablehnenden Bescheid verbleiben muss. Es lässt sich zur Zeit nicht feststellen, ob Sie jemals der Ernährer Ihrer Mutter geworden wären. Bei Ihrem Einkommen vor der Einberufung ist es möglich gewesen, dass Sie Ihre Mutter wohl ab und zu unterstützen konnten, aber ob jemals die Ernährerfrage an Sie herangetreten wäre, lässt sich zur Zeit nicht klären.

Ich bedaure, Ihnen keinen anderen Bescheid erteilen zu können, kann aber, da die Ernährerfrage nicht geklärt ist und zur Zeit sich nicht klären lässt, Familienunterhalt nicht gewähren.

Der Landrat des Kreises Waren-Müritz
Abteilung Familienunterhalt

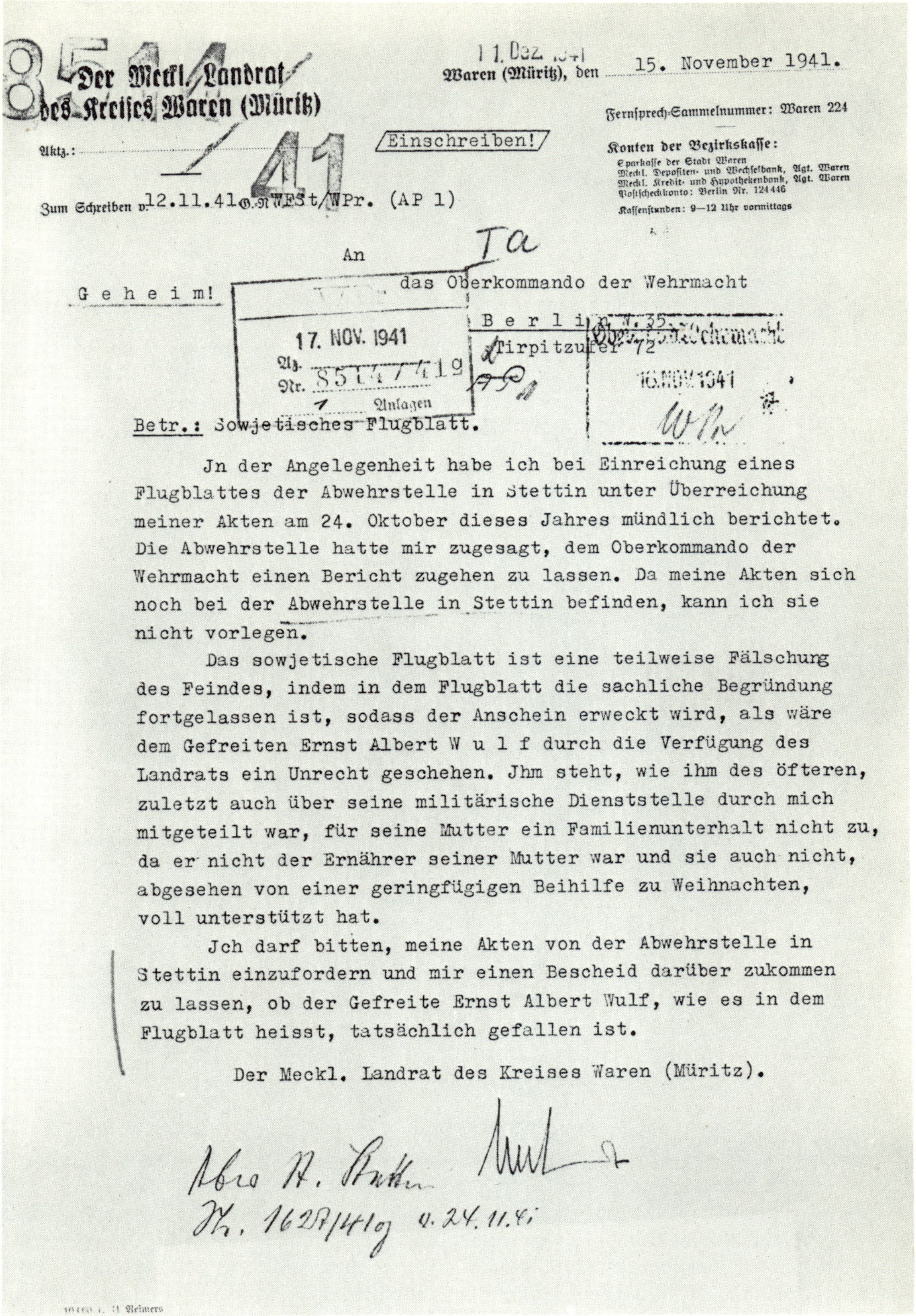

8514/41

11. Dez. 1941

Der Meckl. Landrat des Kreises Waren (Müritz)

Waren (Müritz), den 15. November 1941.

Fernsprech-Sammelnummer: Waren 224

Konten der Bezirkskasse:
Sparkasse der Stadt Waren
Meckl. Depositen- und Wechselbank, Agt. Waren
Meckl. Kredit- und Hypothekenbank, Agt. Waren
Postscheckkonto: Berlin Nr. 124446
Kassenstunden: 9—12 Uhr vormittags

Aktz.:

Einschreiben!

Zum Schreiben v. 12.11.41 O.K.W. WFSt/WPr. (AP 1)

An

Ia

Geheim!

das Oberkommando der Wehrmacht

Berlin W 35

Tirpitzufer 72

17. NOV. 1941
Az.
Nr. 8514/41g
1 Anlagen

Oberkommando der Wehrmacht
16. NOV. 1941

Betr.: Sowjetisches Flugblatt.

Jn der Angelegenheit habe ich bei Einreichung eines Flugblattes der Abwehrstelle in Stettin unter Überreichung meiner Akten am 24. Oktober dieses Jahres mündlich berichtet. Die Abwehrstelle hatte mir zugesagt, dem Oberkommando der Wehrmacht einen Bericht zugehen zu lassen. Da meine Akten sich noch bei der Abwehrstelle in Stettin befinden, kann ich sie nicht vorlegen.

Das sowjetische Flugblatt ist eine teilweise Fälschung des Feindes, indem in dem Flugblatt die sachliche Begründung fortgelassen ist, sodass der Anschein erweckt wird, als wäre dem Gefreiten Ernst Albert W u l f durch die Verfügung des Landrats ein Unrecht geschehen. Jhm steht, wie ihm des öfteren, zuletzt auch über seine militärische Dienststelle durch mich mitgeteilt war, für seine Mutter ein Familienunterhalt nicht zu, da er nicht der Ernährer seiner Mutter war und sie auch nicht, abgesehen von einer geringfügigen Beihilfe zu Weihnachten, voll unterstützt hat.

Jch darf bitten, meine Akten von der Abwehrstelle in Stettin einzufordern und mir einen Bescheid darüber zukommen zu lassen, ob der Gefreite Ernst Albert Wulf, wie es in dem Flugblatt heisst, tatsächlich gefallen ist.

Der Meckl. Landrat des Kreises Waren (Müritz).

In einem Schreiben an den Reichsstatthalter in Mecklenburg, der sich in die Angelegenheit einschaltet, spiegelt sich die Verärgerung des Landrates wider, der nur unter dem Druck

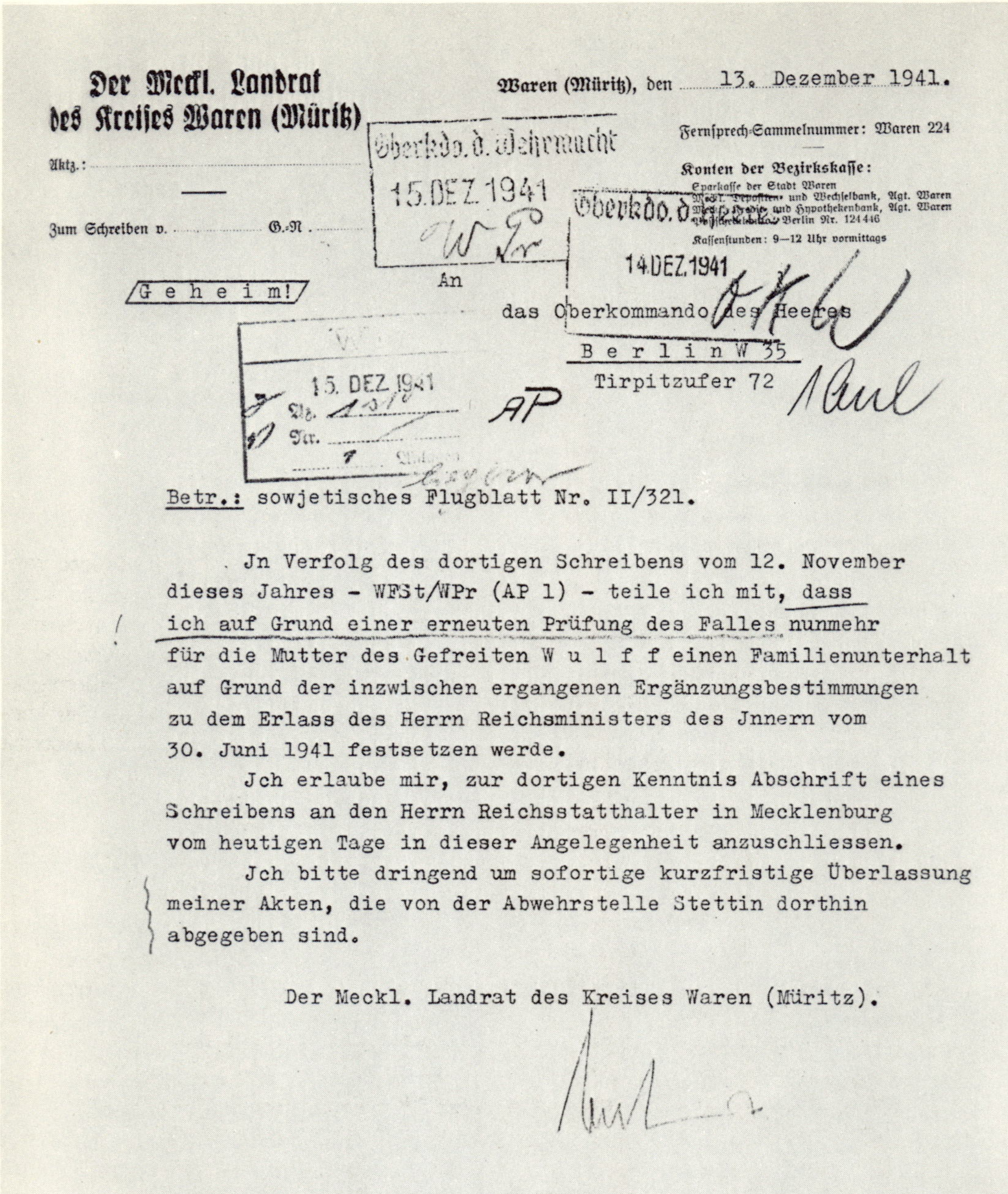

Der Meckl. Landrat des Kreises Waren (Müritz)

Aktz.:

Zum Schreiben v. .... G.-N. ....

Waren (Müritz), den 13. Dezember 1941.

Fernsprech-Sammelnummer: Waren 224

Konten der Bezirkskasse:
Sparkasse der Stadt Waren
Meckl. Depositen- und Wechselbank, Agt. Waren
Meckl. Kredit- und Hypothekenbank, Agt. Waren
Postscheckkonto: Berlin Nr. 124446
Kassenstunden: 9—12 Uhr vormittags

Oberkdo. d. Wehrmacht 15.DEZ.1941 W Pr

Oberkdo. d. ... 14 DEZ.1941

Geheim!

15. DEZ 1941

AP

An

das Oberkommando des Heeres

B e r l i n W 35

Tirpitzufer 72

Betr.: sowjetisches Flugblatt Nr. II/321.

Jn Verfolg des dortigen Schreibens vom 12. November dieses Jahres - WFSt/WPr (AP 1) - teile ich mit, dass ich auf Grund einer erneuten Prüfung des Falles nunmehr für die Mutter des Gefreiten W u l f f einen Familienunterhalt auf Grund der inzwischen ergangenen Ergänzungsbestimmungen zu dem Erlass des Herrn Reichsministers des Jnnern vom 30. Juni 1941 festsetzen werde.

Jch erlaube mir, zur dortigen Kenntnis Abschrift eines Schreibens an den Herrn Reichsstatthalter in Mecklenburg vom heutigen Tage in dieser Angelegenheit anzuschliessen.

Jch bitte dringend um sofortige kurzfristige Überlassung meiner Akten, die von der Abwehrstelle Stettin dorthin abgegeben sind.

Der Meckl. Landrat des Kreises Waren (Müritz).

der Ereignisse seine erste Entscheidung ändert:

»Ich kann vorerst noch nicht über die Tatsache hinwegkommen, wie es möglich gewesen ist, daß die Vorgänge in die Hand der Bolschewisten gefallen sind. Ist es nur einem unglücklichen Zufall zu verdanken, daß infolge Verlustes der Papiere diese in die Hand der Bolschewisten gekommen sind?«

Ganz besonders verbittert es den Landrat, daß »eine Abänderung der früheren Entscheidung« durch ein bolschewistisches Flugblatt »ausgelöst« worden ist.

Für die Geschichte der psychologischen Kampfführung ist der Fall des Gefreiten Wulffs einmalig. Bisher ist kein weiterer Vorgang bekannt geworden, der davon berichtet, daß ein Feindflugblatt eine Reichsbehörde zwingt, den bereits abgelehnten Antrag eines Soldaten posthum doch noch zu bewilligen.

Französische Soldaten

Die deutsche Kampfpropaganda erreicht ihren ersten und erfolgreichsten Höhepunkt während des Frankreichsfeldzuges. In den ruhigen Monaten vor dem deutschen Angriff im Mai 1940 (»drôle de guerre«) läuft die deutsche Propagandamaschine auf ihrer höchsten Tourenzahl. Es beginnt ein totaler Krieg über Ätherwellen gegen die französische Bevölkerung und Truppe. Das Reichsministerium für Volksaufklärung und Propaganda steuert diesen Rundfunkkrieg gegen Frankreich. Schwarz- oder Geheimsender[80] werden eingesetzt, die dem Propagandaministerium mit dem »Büro Concordia« unterstehen und damit das Sprachrohr der Goebbelschen Propaganda sind. Die Geheimsender sind als französische Rundfunksender getarnt. Sie verbreiten Gerüchte, üben heftige Kritik an der Regierung und sollen die französischen Hörer verunsichern[81]. Goebbels beurteilt ihre Funktion als das wichtigste Instrument der psychologischen Kriegführung.

Die deutsche Wehrmachtspropaganda, die durch die Rundfunkpropaganda der Geheimsender intensiv unterstützt wird, wirkt schwerpunktmäßig durch ihre Flugblattpropaganda in die französische Bevölkerung und Truppe. Die Flugblätter werden in der Masse zentral von OKW/WPr in enger Zusammenarbeit mit dem Propagandaministerium und dem Auswärtigen Amt in Berlin gedruckt[82]. Vor Beginn des Westfeldzuges sind die psychologischen Voraussetzungen bei der französischen Truppe für eine propagandistische Beeinflussung besonders günstig. Die französische Kampfmoral ist bereits so angeschlagen, daß sie für Zersetzungspropaganda besonders anfällig ist. Am 27. 2. 1940 beurteilt OKW/WPr die psychologische Lage der französischen Verbände und kommt zu folgendem Ergebnis:

»Häusliche Sorgen, Witterungsunbill, Besoldungsverhältnisse, das Verhalten der Engländer und ähnliche Momente ließen in letzter Zeit in der französischen Wehrmacht Verdrossenheit, Unlust und Zweifel an der Notwendigkeit des Krieges aufkommen ... Mit dem Zweck, den Kampfwillen des französischen Heeres zu zermürben, wird daher in nächster Zeit eine Intensivierung der Insurgierungspropaganda erfolgen[83].«

Millionen von deutschen Flugblättern, die von der Luftwaffe abgeworfen werden, sind die Produkte dieser Insurgierungs- oder Zersetzungspropaganda und üben einen erheblichen Einfluß auf die französischen Truppen aus[84]. In dieser Kriegsphase werden Flugblattmuster eingesetzt, die in Text und Graphik originell gestaltet sind (vgl. Abb. 143). Die Transparentpostkarten der Serie II a–f, die im April 1940 abgeworfen werden, sind beliebte Sammelstücke des Poilu und finden einen »reißenden Absatz« (vgl. Abb. 144–147).

Der schnelle militärische und moralische Zusammenbruch Frankreichs wird durch die deutsche Rundfunk- und Kampfpropaganda unterstützt. Hier verbucht sie Erfolge, die sie in den weiteren Kriegsjahren nicht mehr erringen wird.

Sowjetische Soldaten

Die deutsche Kampfpropaganda gegen die Rote Armee setzt schlagartig am 22. Juni 1941 um 3.05 Uhr mit dem Angriff auf die Sowjetunion ein. Im Morgengrauen dieses Tages werfen deutsche Flugzeuge Millionen von Flugblättern über den sowjetischen Truppen ab. Diese Flugblätter werden bereits ab April 1941 von einer Spezialabteilung des Propagandaministeriums hergestellt, die in strenger Abgeschlossenheit diese Flugblattmuster in den verschiedenen Ostsprachen textet. Die Reichsdruckerei in Berlin druckt die ersten Flugblattserien, die für die Rote Armee bestimmt sind und der Luftwaffe zum Abwurf bereitgestellt werden.

Die Erfolge der deutschen Kampfpropaganda drücken sich plastisch in den Überläuferzahlen aus. Ihren ersten Höhepunkt erreicht die deutsche Propaganda im Sommer 1941 mit Tausenden von Überläufern. Schwerpunkte liegen im Bereich der Heeresgruppe Nord und Mitte, wo die zahlreichen Lautsprechereinsätze der PK 621 und PK 612 besonders erfolgreich sind.

Der freundliche Empfang deutscher Truppen im Baltikum und in der Ukraine durch die dortige Bevölkerung schafft günstige Voraussetzungen für die deutsche Propaganda. In dieser erfolgreichen Anfangsphase erscheint sie überzeugend und glaubwürdig.

Die verbrecherische und kurzsichtige Ostpolitik der politischen Führung [85], die ihre Vorstellungen rücksichtslos in den Ostgebieten durchsetzt, führt in kurzer Zeit zu einem völligen Stimmungsumschwung bei den Betroffenen [86]. Katastrophal wirkt sich die Tatsache für die deutsche Propaganda aus, daß ein großer Teil der sowjetischen Kriegsgefangenen in den Gefangenenlagern verhungert. Das bedrückende Schicksal dieser Massen, die zum Teil mit großen Erwartungen zu den Deutschen überlaufen, gehört zu den düstersten Kapiteln des Feldzuges im Osten. Die organisierte Unmenschlichkeit den sowjetischen Kriegsgefangenen gegenüber, die heftige Proteste bei der Truppe auslöst, macht die Aussagen der deutschen Propaganda unglaubwürdig. Es ist erstaunlich, daß nach diesem schweren Rückschlag im Jahre 1942 ein zweiter Erfolgshöhepunkt von der Kampfpropaganda erreicht wird. Von Mai bis Dezember 1942 laufen 79 319 Rotarmisten über. Die monatlichen Überläuferzahlen, die von OKW/WPr registriert werden und zuverlässig sind, enthalten grundsätzlich nur solche Rotarmisten, Kommandeure und Politarbeiter, die »einwandfrei als Überläufer« festgestellt werden. Sie betragen für die

Monate:		
Mai	10 962	
Juni	9 136	
Juli	5 453	(ohne Heeresgruppe Süd)
August	15 345	
September	15 011	
Oktober	13 299	
November	4 837	
Dezember	5 276	

Leider ist diesen Angaben [87] nicht zu entnehmen, wie diese Überläufer ethnisch zusammengesetzt sind. Die militärischen Erfolge der deutschen Truppen nach der Winterkrise im Jahre 1942 und eine intensive Kampfpropaganda in die sowjetischen Verbände werden die Ursache für diese Ergebnisse sein.

Nach dem Fall von Stalingrad und den nun einsetzenden Rückschlägen an der Ostfront gehen die Überläuferzahlen merklich zurück. Sie erreichen zwar während des Propaganda-Unternehmens »Silberstreif« der Wehrmacht einen letzten Höhepunkt im Sommer 1943, der jedoch mit den Erfolgen des Jahres 1942 nicht verglichen werden kann.

Mit dem Scheitern der letzten deutschen Offensive im Osten, dem Unternehmen «Zitadelle« im Juli 1943, verliert auch die deutsche Kampfpropaganda die Initiative und geht zur Defensive über. Das letzte große deutsche Kampfpropaganda-Unternehmen im Osten wird von der SS-Standarte »Kurt Eggers« im Bereich der Heeresgruppe Nordukraine ab Sommer 1944 durchgeführt. Es ist das Kampfpropaganda-Unternehmen »Skorpion-Ost«, das beachtliche Teilerfolge erzielt, die jedoch nicht kriegsentscheidend sein können.

Amerikanisch-englische Soldaten

Nach der Invasion in der Normandie und nach der Räumung Siziliens geraten amerikanische und englische Verbände in den Wirkungsbereich der deutschen Kampfpropaganda an der Westfront und auf dem Kriegsschauplatz in Italien. An der Westfront übernimmt das Kampfpropaganda-Unternehmen »Skorpion West« die psychologische Kriegführung gegen die alliierten Truppen, in Italien im Bereich der 10. Armee bei der Heeresgruppe C (Kesselring) das Unternehmen »Südstern«. So liegen die Schwerpunkte der Kampfpropaganda in dieser Kriegsphase bei der SS-Standarte »Kurt Eggers«, die von Einheiten der Heeres-PK unterstützt wird.

Beide Kampfpropaganda-Unternehmen setzen massiert Flugblätter gegen den alliierten Gegner ein, die durch Flugblattraketen verschossen werden. Die Flugblattmuster von »Skorpion West« und »Südstern« sind zum Teil kleine Meisterwerke graphischer und textlicher Gestaltung und zählen zu den eindrucksvollsten Flugblättern des Zweiten Weltkrieges (vgl. Abb. 129–134, 139–142). Der deutschen Kampfpropaganda muß jedoch der durchschlagende Erfolg versagt bleiben, da der Krieg zu diesem Zeitpunkt für Deutschland verloren ist. Der Gegner ist von seinem sicheren Sieg überzeugt und unaufhaltsam im Vormarsch. Trotzdem gelingt es der deutschen

Kampfpropaganda, in bestimmten Phasen die Stimmung der alliierten Soldaten negativ zu beeinflussen und einzelne zum Überlaufen anzuregen. Die Überläuferzahlen sind jedoch äußerst gering und damit bedeutungslos.

Für die Lage, in der sich die deutsche Kampfpropaganda zu diesem Zeitpunkt befindet, ist der Tenor eines Schreibens der SS-Standarte »Kurt Eggers« aufschlußreich, in dem es heißt: ». . . ich halte es für notwendig, jede Überlaufaufforderung in Zukunft zu vermeiden, wenn es sich nicht um eingeschlossene Verbände handelt, bei denen sich das Überlaufen aus der taktischen Situation ergibt. Das Überlaufen ist – abgesehen davon, daß wir, wie die bisher vorliegenden Zahlen im Westen zeigen, eine nur verschwindende Anzahl von Überläufern gewinnen, daß es sich kaum lohnt, darauf hinzuweisen – eine Folgerung, die sich aus der Zersetzung der Truppe ergibt. Die vereinzelten Überläufer, die für den Ic-Dienst von so großer Wichtigkeit sind, werden sich zweifellos auch einfinden, ohne daß sie ausdrücklich zum Überlaufen angesprochen werden.« (BA-MA RS 4/46)

Mit dem Eingeständnis der eigenen Niederlage geht die deutsche Kampfpropaganda mit der kämpfenden Truppe ihrem Ende entgegen (vgl. Abb. 155, 156). Aber gerade dieses Eingeständnis soll den Gegner dazu bringen, in der Erwartung des sicheren Sieges jedes Risiko zu vermeiden und entsprechend vorsichtig zu kämpfen. Mit einer solchen Methodik verliert die deutsche Kampfpropaganda jedoch jede Wirkungsmöglichkeit.

Der Nervenkrieg zwischen den Schlachten

Die englische Zivilbevölkerung

Die Wirkung der deutschen Propaganda auf die englische Zivilbevölkerung während des Zweiten Weltkrieges ist enttäuschend gering für die deutschen Propagandisten. Das trifft besonders für die deutsche Flugblattpropaganda zu. Goebbels ist der Ansicht, daß »die dafür aufgewandte Mühe in keinem Verhältnis zum Erfolg stehe. Die Massen in England seien viel einfacher durch Rundfunk zu erreichen. Im übrigen wirke das gesprochene Wort magnetischer als das geschriebene[88]«.

Wegen des anhaltenden Mißerfolges der deutschen Propaganda gegen die englische Bevölkerung, deren Widerstandsfähigkeit für Goebbels vor allem im Sommer 1940 unbegreiflich ist, erscheint eine Reihe von psychologischen Gutachten, die eine Erklärung für dieses Phänomen suchen.

So bemüht sich eine Studie über »Die inneren Kräfte des britischen Weltreiches« vom 25. 4. 1941, die Hintergründe für den hartnäckigen Widerstand, den das gesamte englische Volk leistet, herauszufinden. Der Autor kommt zu dem Ergebnis, daß folgende Charaktereigenschaften besonders in Krisenzeiten für die Moral des englischen Volkes kennzeichnend seien:

»1. Dogged Resolution: Grimmige Entschlossenheit, Zähigkeit, Sturheit.
2. Muddling Through: Taktik der Improvisation; Einstellung auf Rückschläge als seelischer Stoßdämpfer.
3. To make the best of a bad thing: Zweckoptimismus; Dünkirchen und die Bombardierung englischer Städte als ›verkappte Wohltat‹.
4. Sense of humour: d. i. in einer Lage, wo der normale Mensch heult oder flucht, lacht oder lächelt er wenigstens als seelisches Sicherheitsventil.
5. A Nation of Grumblers: Öffentliche Kritik an der Regierung auch im Kriege, Ablehnung amtlicher Schönfärberei, Gewohnheit, fremde Meinung zu hören, erzeugt Immunität gegen fremdseitige Beeinflussung.
6. This Sacred Isle: Insulares Bewußtsein, nationaler Stolz, Traditionsgefühl, Patriotismus.
7. The English Privilege: Sendungsbewußtsein und Cant, beides in der puritanischen Erfolgsethik wurzelnd; göttlicher Kreuzzugsauftrag; Freiheitsideologie.«

Die Studie folgert, daß sich durch diese Charaktereigenschaften eine »Reihe von seelischen Bastionen« ergäbe, die aus »psychologischen und ideologischen Hauptkampflinien« beständen. Nach dieser Diagnose englischer Widerstandskraft empfiehlt der Gutachter, diese »Bastionen« mit allen verfügbaren militärischen und propagandistischen Mitteln zu erschüttern[89]. Das jedoch ist der deutschen Propaganda zu keinem Zeitpunkt des Zweiten Weltkrieges gelungen.

Die deutsche Zivilbevölkerung

Die Propaganda der Alliierten durch Rundfunk und Flugblatt führt im Jahre 1943 zu einer erheblichen Unruhe unter der deutschen Zivilbevölkerung. Goebbels notiert am 22. Mai 1943 in sein Tagebuch[90]:

»Aus dem Reichsgebiet liegen neue Stimmungsberichte vor. Diese sind wenig erfreulich. Sowohl die Reichspropagandaämter als auch die anderen stimmungsmessenden Instanzen sprechen übereinstimmend von einem Stimmungseinbruch, der augenblicklich in Deutschland stattfinde ... Infolge der gespannten inneren Situation wird natürlich die Lebensweise der sogenannten Prominenten vom Volke scharf im Auge behalten. Leider kümmern sich nicht alle Prominenten darum; sie leben zum Teil ein Leben, das in keiner Weise als mit der gegenwärtigen Sachlage übereinstimmend angesehen werden kann.«

Goebbels führt den Stimmungseinbruch besonders auf die ungünstige Kriegslage (Verschärfung des Luftkrieges, Tunesien, U-Boot-Verluste, Lebensmittelrationierungen) zurück. Gerade diese Themen werden von einer intensiven weißen und schwarzen Propaganda der Alliierten in unendlichen Variationen eindrucksvoll behandelt. Nun erlaubt es die allgemeine schlechte Lage nicht mehr, daß auf Anordnung des Propagandaministers Feindflugblätter in der Presse veröffentlicht werden, um durch entsprechende Kommentare in ihrer Wirkung entschärft zu werden (vgl. Anmerkung Abb. 69).

Für die Stimmung der deutschen Zivilbevölkerung in dieser Zeit ist ein Bericht des Armee-Oberkommandos 2 vom 18. 6. 1943 ganz besonders aufschlußreich. Dieser Bericht wertet die zahlreichen Meldungen von Heimaturlaubern aus, die zum Teil deprimiert an die Front zurückkehren. Die Soldaten sind »über die in der Heimat in allen Bevölkerungskreisen herrschende defaitistische Stimmung, die sich auf allen Gebieten äußert«, verbittert. Besonders stark seien die »Kritik und Hetze gegen führende Persönlichkeiten« und die »Hetze und Kritik am Führer« verbreitet. Der Bericht nennt für die schlechte Stimmung im Reich folgende Gründe:

1. Das ständige Abhören von Feindsendern durch einen bedauerlich großen Teil der Bevölkerung und eine Weiterverbreitung dieser Nachrichten durch bewußt die Zersetzung der Wehrmacht betreibende Verbrecher und durch Wichtigmacher, Angeber und Dummköpfe.
2. Teilweise ungeschickte Anordnungen von untergeordneten Stellen. Fehler der Partei, die nicht immer die richtigen Kräfte einsetzt. Empfindlichkeit der Bevölkerung gegen Übergriffe.

Bei einer solchen Entwicklung müsse aus der Sicht des Frontsoldaten die Frage gestellt werden: »Ist denn die Heimat überhaupt noch wert, daß ich mich für sie einsetze? Läßt sie mich denn nicht im Stich?« Der zweite Teil des Berichtes schwächt die Kritik der Beurteilung etwas ab. Die »Heimat als moralischer Kraftquell des Soldaten« zeige zwar die »Wirkung des feindlichen Nervenkrieges«, sei aber weit widerstandsfähiger als es den Eindruck habe. In diesem »Nervenkrieg zwischen den Schlachten« müsse die Kraft und das Vertrauen der Front der Heimat helfen[91].

Die Stimmungskrise des Jahres 1943 führt jedoch nicht zu einem moralischen Zusammenbruch des Reichsgebietes. Im November scheint die Krise überwunden zu sein. Am 17. November enthält das Tagebuch von Goebbels folgende Notiz:

»Jedenfalls glaube ich, daß wir von der moralischen Haltung des deutschen Volkes keine Schwierigkeiten zu erwarten brauchen. Unser Volk befindet sich heute in einer ausgezeichneten Verfassung. Das ist auf unsere gute Propaganda, zum Teil aber auch auf die harten Maßnahmen zurückzuführen, die wir gegen Defaitisten treffen[92].«

Der totale Bombenkrieg gegen das Reichsgebiet und die psychologisch so verhängnisvolle Doktrin der »bedingungslosen Kapitulation« der Alliierten bilden in ihren Auswirkungen bei der betroffenen Bevölkerung die wesentlichen Voraussetzungen für eine Moral und Widerstandskraft, die der englischen des Jahres 1940 ähnelt und nicht entscheidend geschwächt und erschüttert werden kann. Die NS-Propaganda findet genügend Themen, durch eine geschickte Gegenpropaganda wirksam zu werden.

Nach der Ansicht von Experten[93] ist die Flugblatt- und Rundfunkpropaganda der Alliierten während des Krieges zu keiner Phase kriegsentscheidend gewesen. Sie kann die Widerstandsfähigkeit der deutschen Bevölkerung damit nicht entscheidend schwächen.

Bilddokumentation und Kommentar

Feldpostkarten

Die Postkarte – zumeist als graues Instrument der Kampfpropaganda eingesetzt – eignet sich dazu, die erste Schwelle der Ablehnung gegen Feindpropaganda zu unterlaufen. Einem Druckerzeugnis dieser Art haftet ein gewisses Image der Autorisierung an, so daß man zunächst keine propagandistische Aussage des Gegners von ihm erwartet. Ihre Vorderseite mit den Führungslinien und Leerflächen für Anschrift und Text ist völlig unverdächtig und läßt den Soldaten spontan nach einem solchen »Fund« greifen, ehe er auf der Rückseite vielleicht die eigentliche Propagandabotschaft entdeckt. Die vordergründige Funktion der Karte als postalisches Mittel gibt dem Soldaten darüber hinaus auch ein Alibi in die Hand, sollte man zufälligerweise bei ihm ein solches Objekt entdecken: »Ich habe gedacht, es wäre eine Feldpostkarte.« Ihr handliches Format hat auch den Vorteil, daß man sie schnell und ohne größeren Aufwand an sich nehmen und in die Tasche stecken kann. Verborgen in der Brieftasche wird die Karte zum ständigen Begleiter und kann »bei reiner Luft« den Kameraden vertraulich vorgezeigt werden. In der Regel wird die gefälschte Feldpostkarte als Kuriosität oder Souvenir im Brief nach Hause geschickt oder im Urlaub mitgenommen. In der Heimat tritt sie dann einen weiteren Wirkungskreis an.

Deutsche Abwehrstellen melden immer wieder an OKW/WPr, daß von der Ostfront zurückkommende Verwundete und Urlauber »in erheblichen Umfang« sowjetisches Propagandamaterial mitbringen. Außerdem wird ständig Propagandamaterial in Feldpostsendungen an die Angehörigen der Soldaten verschickt (Schreiben OKW/WPr an OKH, OKM, ObdL vom 9. 10. 1941 und Verfügung des OKW betr. »Feindpropaganda« vom 10. 11. 1941 in BA-MA RW 4/v. 253).

»Des Führers Weihnachtsbescherung«

Eine wirksame Flugblattpropaganda muß nach den Bedürfnissen und Vorstellungen der Leser entwickelt werden. Hat sie sich das Ziel gesetzt, den Widerstandswillen einer Zielgruppe zu brechen, ist dazu die beste Gelegenheit, wenn die Zielpersonen gefühlsmäßig aufgewühlt sind oder elementare Bedürfnisse nicht befriedigen können.

Vor dem Hintergrund der Winterkrise 1941/42 setzen die Sowjets eine Postkartenserie ein, die auf die Stimmungslage der deutschen Truppen am Weihnachtstag Bezug nimmt. Unter dem doppeldeutigen Begriff der »Weihnachtsbescherung« werden weitere Reizworte wie »Tannenbaum«, »Heimkehr«, »Brot« usw. angeboten, deren Gefühlswert für den deutschen Soldaten in der entbehrungsreichen Lage des Winterkrieges besonders hoch sein muß. In eindrucksvoll-makaberer Zeichnung werden die angesprochenen Wunschvorstellungen der Landser mit der Wirklichkeit und ihren fürchterlichen Folgen konfrontiert. Die Verantwortung für diese »Bescherung« wird dem Führer angelastet, Adolf Hitler somit zum Aggressionsobjekt für die entbehrten Freuden und erduldeten Leiden gemacht. Von der berühmten sowjetischen Postkartenserie »Des Führers Weihnachtsbescherung« sind bisher die abgebildeten fünf Postkarten bekannt. Wegen der gefälschten Hindenburgmarke zählen sie zu philatelistischen Kostbarkeiten und gehören zu den Raritäten der Flugblattsammler[1].

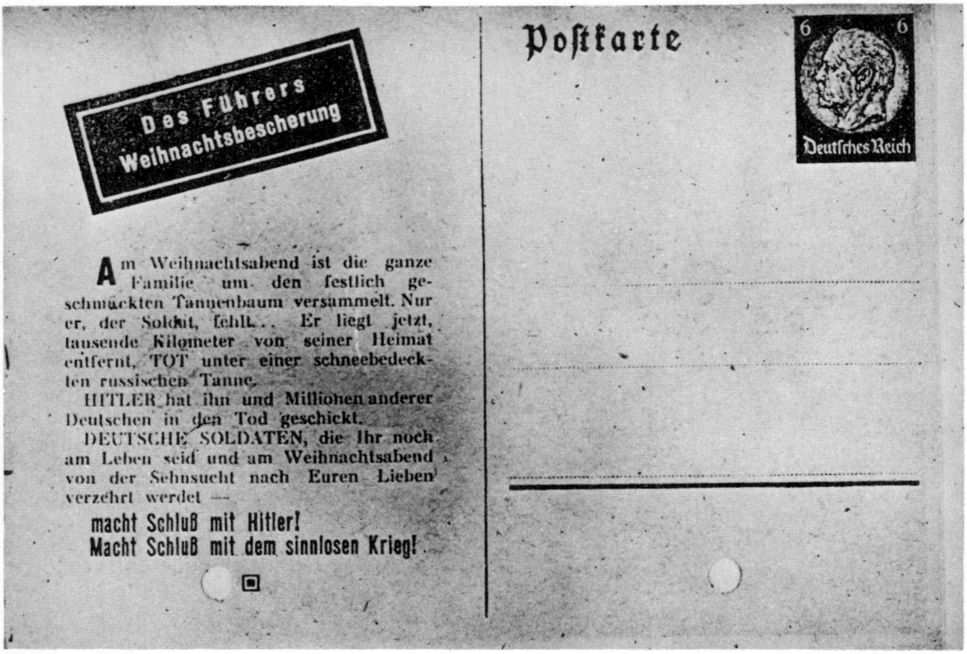

Des Führers Weihnachtsbescherung

Am Weihnachtsabend ist die ganze Familie um den festlich geschmückten Tannenbaum versammelt. Nur er, der Soldat, fehlt... Er liegt jetzt, tausende Kilometer von seiner Heimat entfernt, TOT unter einer schneebedeckten russischen Tanne.

HITLER hat ihn und Millionen anderer Deutschen in den Tod geschickt.

DEUTSCHE SOLDATEN, die Ihr noch am Leben seid und am Weihnachtsabend von der Sehnsucht nach Euren Lieben verzehrt werdet —

macht Schluß mit Hitler!
Macht Schluß mit dem sinnlosen Krieg!

Postkarte

Deutsches Reich

1, 2
Sowjetische Propaganda
im Winter 1941/42 im gesamten
Bereich der Ostfront

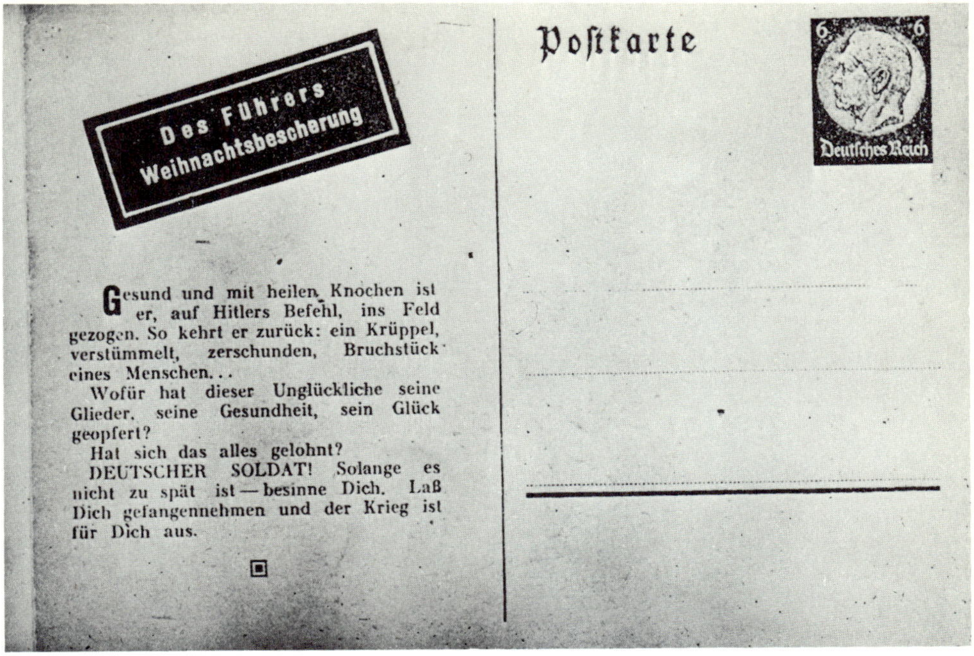

Des Führers Weihnachtsbescherung

Gesund und mit heilen Knochen ist er, auf Hitlers Befehl, ins Feld gezogen. So kehrt er zurück: ein Krüppel, verstümmelt, zerschunden, Bruchstück eines Menschen...

Wofür hat dieser Unglückliche seine Glieder, seine Gesundheit, sein Glück geopfert?

Hat sich das alles gelohnt?

DEUTSCHER SOLDAT! Solange es nicht zu spät ist — besinne Dich. Laß Dich gefangennehmen und der Krieg ist für Dich aus.

Postkarte

Deutsches Reich

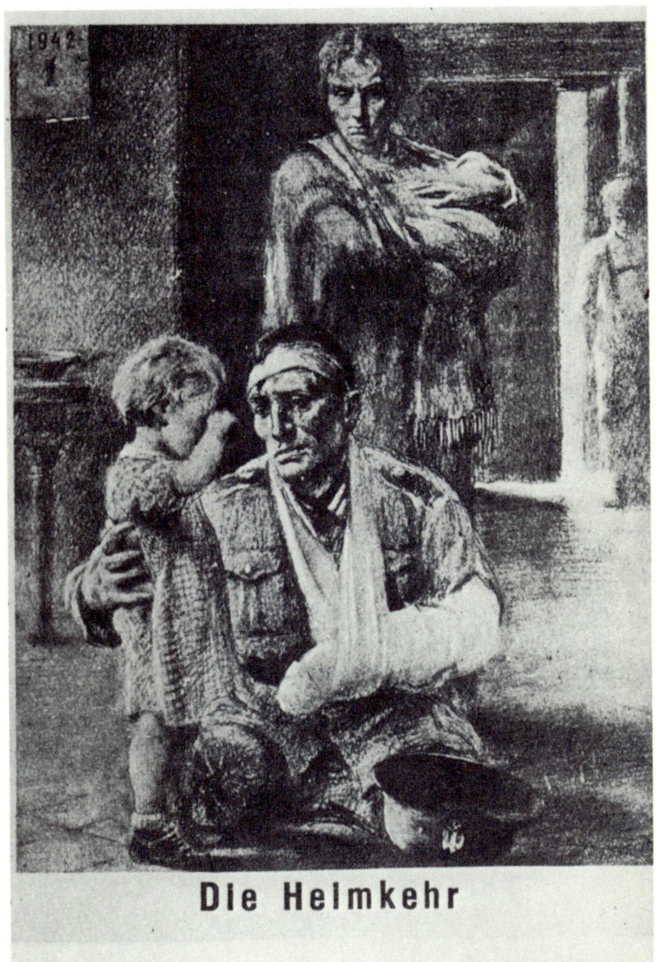

3, 4
Invalidität (Verlust der Gliedmaßen) im Osten ist die Bescherung des Führers (Appell an das Unversehrtheitsgefühl – Schock beim Betrachter)

Des Führers Weihnachtsbescherung

Millionen Opfer sanken dahin. Immer neue und neue deutsche Soldaten treibt Hitler in den Tod.

In Tausenden von Briefen flehen deutsche Frauen die überlebenden Kameraden ihrer gefallenen Angehörigen an, ihnen den Ort zu bezeichnen, wo der ihnen so teure Tote seine letzte Ruhestätte gefunden hat.

Die deutschen Truppen haben keine Zeit mehr, den Gefallenen Gräber zu schaufeln. Leichen über Leichen deutscher Soldaten bedecken die Schneefelder Rußlands. Sie erstarren im Frost. Wer wird einst wissen, unter welchem Hügel die Überreste von Hans Schröder, Fritz Müller, Ernst Krause und wie sie alle heißen, begraben liegen?!

DEUTSCHER SOLDAT! Wenn Du nicht willst, daß auch Deine Frau verzweifelt nach Deinem Grabe forscht, MACH SCHLUSS MIT HITLERS KRIEG, GIB DICH GEFANGEN!

Postkarte

Deutsches Reich

5, 6
Verlust des Lebens – Einsamkeit und Hilflosigkeit

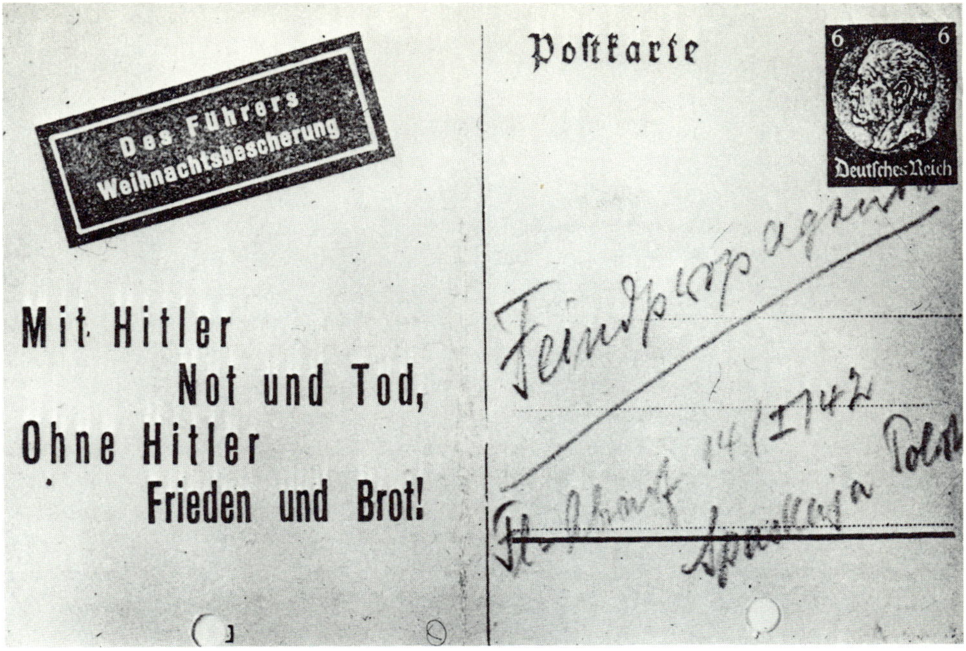

7, 8
Kriegsnot – Hungersnot!

Des Führers Weihnachtsbescherung

Das ist der „Lebensraum“, den die deutschen Soldaten an der Ostfront gefunden haben: 2 Meter unter der Erde und ein Birkenkreuz auf der Erde.

Fern von der Heimat gestorben, verdorben...

Wie in ein Leichentuch hüllt die Schneedecke die Gefallenen. Der Wind pfeift. Die Krähen krächzen:

„K-r-r-r! Betr-r-rug! Betr-r-rug!“

Hitler hat Euch betrogen, deutsche Soldaten! Er hat Euch die Einnahme von Moskau versprochen, hat Euch aber Tod und Verkrüppelung beschert. Am Weihnachtsabend beweinen die deutschen Frauen Hitlers Opfer.

Ihr aber, die Ihr am Leben seid, macht Schluß mit Hitler!

Macht Schl. mit dem Krieg!

Postkarte

6 6

Deutsches Reich

9, 10
»Lebensraum im Osten«

»Weißt Du, wer das ist?«

Die »Winterkrise« der deutschen Wehrmacht im Osten weitet sich zu einer »Führungskrise« aus. Die Oberbefehlshaber der Heeresgruppen und Armeen, die Kommandierenden Generale von mindestens sechs Armee- und Panzerkorps werden von Hitler ihres Amtes enthoben oder treten zurück. Der Oberbefehlshaber des Heeres, Generalfeldmarschall v. Brauchitsch, legt den Oberbefehl über das Heer nieder, den Hitler am 19. 12. 1941 selbst übernimmt.

Es treten zurück bzw. werden abgelöst:
Generalfeldmarschall v. Rundstedt (Heeresgruppe Süd) 1./3. 12. 1941

Generalfeldmarschall v. Bock (Heeresgruppe Mitte) am 22. 12. 1941
Generalfeldmarschall v. Leeb (Heeresgruppe Nord) am 16. 1. 1942
Generaloberst Guderian (Panzergruppe 2) am 25./26. 12. 1941
Generaloberst Höpner (4. Panzerarmee) am 8./12. 1. 1942
Generaloberst Strauß (9. Armee) am 15. 1. 1942
General der Gebirgstruppen Kübler (4. Armee) am 20. 1. 1942
General Wagner (Kdr. Gen. XXVII.AK) am 9. 12. 1941
Generalleutnant Graf v. Sponeck (Kdr. Gen. XXXXII.AK) am 29. 12. 1941
General der Pioniere Förster (Kdr. Gen. VI. AK) am 30. 12. 1941
General Felber (Kdr. Gen. XIII.AK) am 3. 1. 1942
Generalleutnant Frhr. v. Gablenz (Kdr. Gen. XXVII.AK) am 12. 1. 1942
General Geyer (Kdr. Gen. IX.AK) im Winter 1941/42

Die kritische Frontlage im Osten führt immer wieder bei den verantwortlichen Militärs zu der Forderung, einzelne Frontabschnitte zurückzunehmen, um sinnlose Verluste bei der Truppe zu vermeiden, die für einen Wintereinsatz völlig unzureichend ausgerüstet ist. Diese Forderungen führen bei dem starren Verlangen Hitlers, unbedingt zu halten und keinen Meter Boden preiszugeben, zu unüberbrückbaren Differenzen bei der Generalität, die ihrerseits selbst die Konsequenzen zieht oder abgelöst wird.

Vgl. zur Führungskrise im Osten 1941/42 Günther Bribbohm, Wehrmachtjustiz zwischen Hitler und Heer – Verfahren und Maßnahmen gegen Generale des Heeres im Winter 1941/42, Deutsche Richterzeitung, Mai 1972, S. 157–161.

Beurteilung der Abb. 11–18:
Sinnlosigkeit der Fortsetzung des Krieges, Rückzug der Truppen: *der Führer selbst ist im Angesicht der Katastrophe seiner Führer beraubt.* Information über die Hintergründe der Führungskrise, Solidarisierungseffekt mit den zurückgetretenen Generalen, *Intensivierung der Gerüchte* im Sinne des Gegners durch die Widersprüchlichkeit der Information.

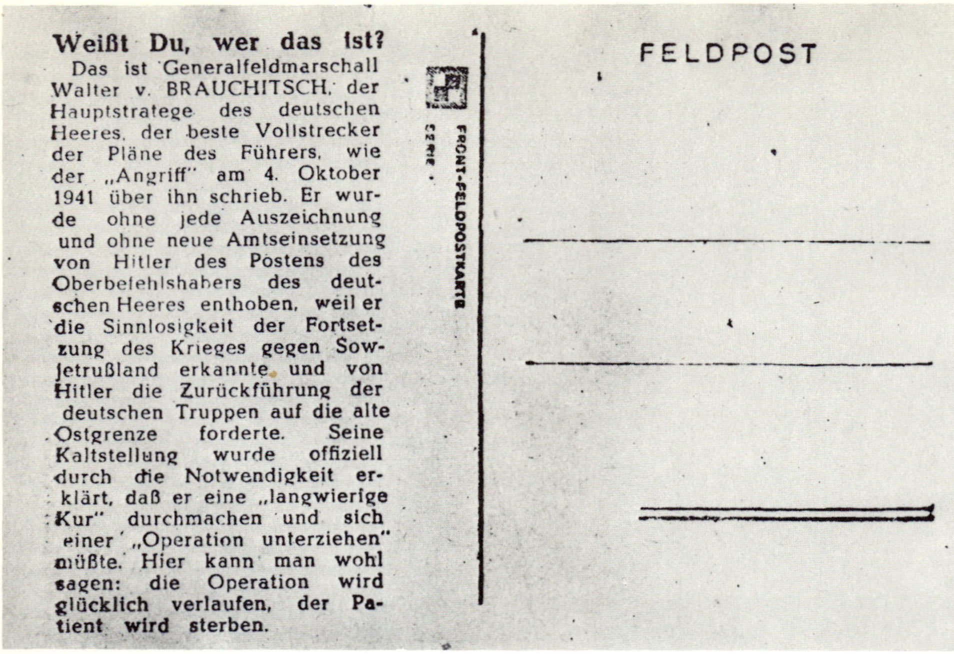

Weißt Du, wer das ist?

Das ist Generalfeldmarschall Walter v. BRAUCHITSCH, der Hauptstratege des deutschen Heeres, der beste Vollstrecker der Pläne des Führers, wie der „Angriff" am 4. Oktober 1941 über ihn schrieb. Er wurde ohne jede Auszeichnung und ohne neue Amtseinsetzung von Hitler des Postens des Oberbefehlshabers des deutschen Heeres enthoben, weil er die Sinnlosigkeit der Fortsetzung des Krieges gegen Sowjetrußland erkannte und von Hitler die Zurückführung der deutschen Truppen auf die alte Ostgrenze forderte. Seine Kaltstellung wurde offiziell durch die Notwendigkeit erklärt, daß er eine „langwierige Kur" durchmachen und sich einer „Operation unterziehen" müßte. Hier kann man wohl sagen: die Operation wird glücklich verlaufen, der Patient wird sterben.

FRONT-FELDPOSTKARTE

FELDPOST

11, 12
Generalfeldmarschall
Walter v. Brauchitsch

Weißt Du, wer das ist?

Das ist Generalfeldmarschall v. BOCK. In einem anonymen Artikel über die Perspektiven des Krieges gegen Rußland prophezeite er, daß die Niederlage der deutschen Armee in Rußland unvermeidlich sei. Ebenso wie die Generalfeldmarschälle v. Brauchitsch und List forderte er die Zurückführung der deutschen Truppen auf die alte Ostgrenze. Nachdem Hitler bei Moskau eine Niederlage erlitten hatte, machte er den Generalfeldmarschall v. Bock zum Sündenbock und enthob ihn des Postens des Kommandierenden der Ostfront.

Jedoch in Anbetracht der katastrophalen Lage der deutschen Armee sah sich Hitler gezwungen, v. Bock den Posten des nunmehr ermordeten Generalfeldmarschalls v. Reichenau zu übertragen.

FRONT-FELDPOSTKARTE
SERIE

FELDPOST

13, 14
Generalfeldmarschall v. Bock

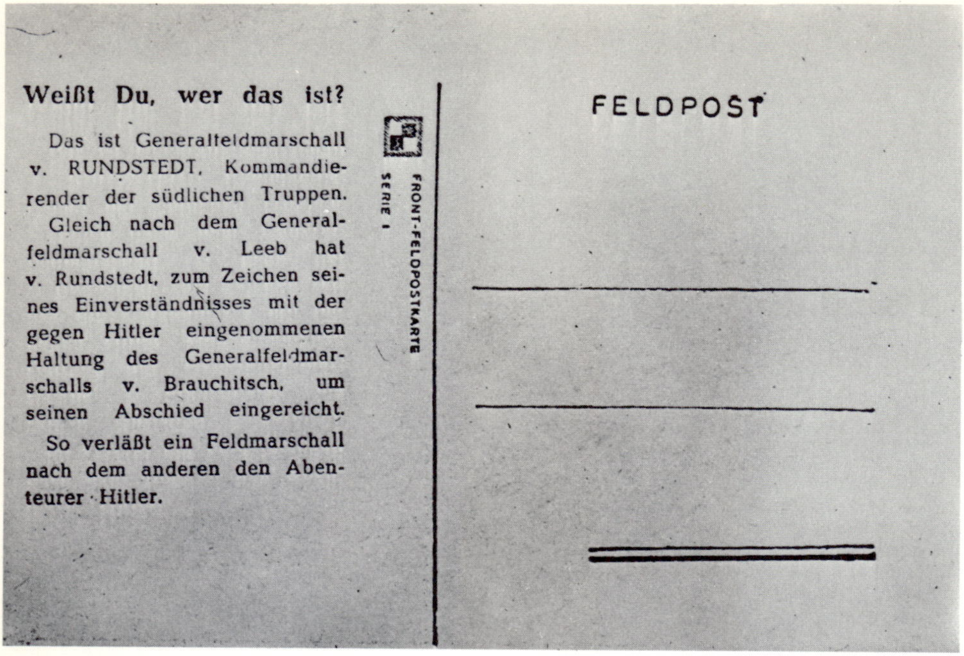

Weißt Du, wer das ist?

Das ist Generalfeldmarschall v. RUNDSTEDT, Kommandierender der südlichen Truppen.

Gleich nach dem Generalfeldmarschall v. Leeb hat v. Rundstedt, zum Zeichen seines Einverständnisses mit der gegen Hitler eingenommenen Haltung des Generalfeldmarschalls v. Brauchitsch, um seinen Abschied eingereicht.

So verläßt ein Feldmarschall nach dem anderen den Abenteurer Hitler.

FRONT-FELDPOSTKARTE
SERIE 1

FELDPOST

15, 16
Generalfeldmarschall
v. Rundstedt

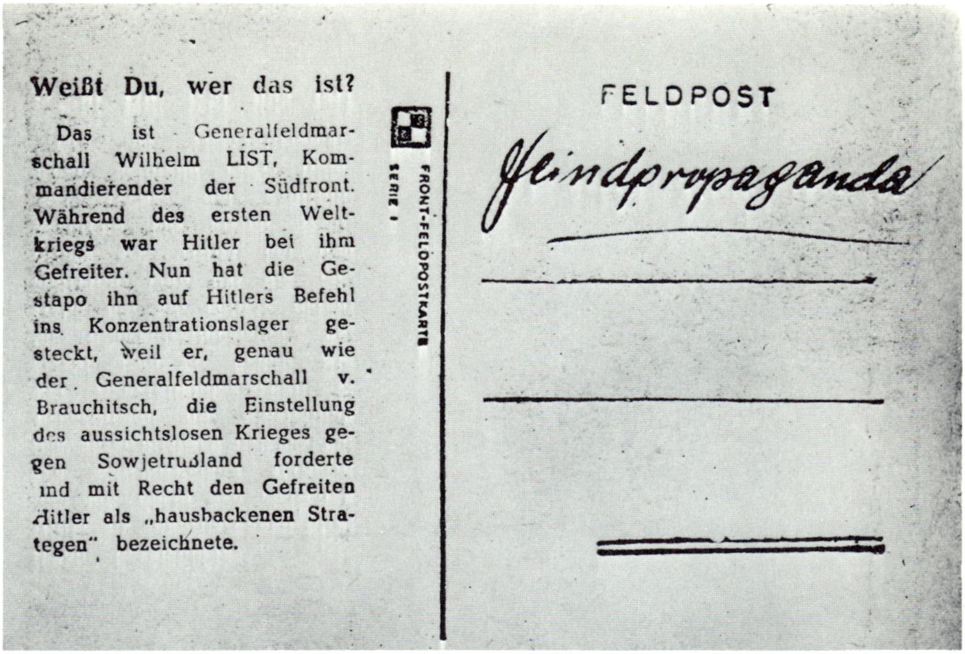

Weißt Du, wer das ist?

Das ist Generalfeldmarschall Wilhelm LIST, Kommandierender der Südfront. Während des ersten Weltkriegs war Hitler bei ihm Gefreiter. Nun hat die Gestapo ihn auf Hitlers Befehl ins Konzentrationslager gesteckt, weil er, genau wie der Generalfeldmarschall v. Brauchitsch, die Einstellung des aussichtslosen Krieges gegen Sowjetrußland forderte und mit Recht den Gefreiten Hitler als „hausbackenen Strategen" bezeichnete.

FRONT-FELDPOSTKARTE
SERIE 1

FELDPOST

Feindpropaganda

17, 18
Generalfeldmarschall List

»Heil Beil!«
Diffamierung Adolf Hitlers durch die Karikatur

Die Abbildungen auf diesen Postkarten sind Karikaturen. »Die Bezeichnung Karikatur ist zu einem Sammelbegriff geworden für alle Zeichnungen, die durch pointierten Inhalt oder überspitzte Form belustigen, angreifen oder kommentieren wollen [2].«

Das erste Merkmal der Karikatur ist die *Übertreibung*. Die in der Karikatur dargestellte Persönlichkeit wird mit ihren charakteristischen Attributen versehen. Dabei bedient sich die Karikatur folgender Gestaltungsmittel:

1. Sie *verzerrt* vorhandene Eigenschaften und verbindet damit verschiedene Vorstellungsreihen, die bei dem Betrachter bereits latent vorhanden sein können.
2. Sie *übertreibt* Eigenschaften und Erscheinungsformen, die in Wirklichkeit nicht vorhanden sind.
3. Sie *konzentriert* sich durch das Weglassen von Nebensächlichkeiten in ihrer Darstellung auf *eine Aussage*, die dem Betrachter *schlagartig* bewußt wird.

Im Kriege ist das Kampfbild ein besonderes Wesensmerkmal der Karikatur. Ihr Ziel ist die moralische Vernichtung des karikierten Gegners. Dabei werden die tatsächlichen oder propagierten Schwächen einer Person oder Personengruppe so gesteigert, daß sie in symbolische Verkörperungen der bekämpften Ideen verändert werden.

Bei den vorliegenden Exemplaren handelt es sich um diese aggressive Art der Karikatur, die eine Verteufelung, Vertierung oder Verzerrung der Person Adolf Hitlers vornimmt und diese formale und/oder inhaltliche Verketzerung als objektiv erscheinen lassen möchte. In dynamisch-expressiver Manier wird die Gestalt des »Führers« zum unheilvollen Anti-Typus verzerrt, auf den der Betrachter alles Böse projizieren kann.

Schmäh- und Kampfbilder haben ihre besten Wirkungsmöglichkeiten in Zeiten von Lebensgefahr, materieller Not und geistigen Krisen. Aus diesem Grund ist der Termin zur Diffamierung Hitlers nicht ungünstig gewählt:

Der deutsche Soldat hat – vor allem im Osten – schwerste Entbehrungen und katastrophale Ereignisse kennengelernt. Trotzdem bleibt die Wirkung der Karikaturen umstritten [3]: Sie werden zwar bei solchen Betrachtern Beifall gefunden haben, die bereits gegen den satirisch Angegriffenen (Adolf Hitler) und für den Angreifer (den Zeichner) bzw. für seine Bezugsgruppe eingestellt sind. In diesem Fall müssen die Empfänger die Schärfe der Karikatur als »Schützenhilfe« für ihre Position empfinden. Sind jedoch die Betrachter von vornherein für den Angegriffenen und gegen den Zeichner eingenommen, muß sich ihre Empörung um so eher gegen den Zeichner (und nicht gegen den Diffamierten) wenden, d. h. ein Bumerang-Effekt eintreten. Auch Neutrale werden eher durch die makabere Aggressivität der Schmähbilder abgestoßen als angeworben.

Es bleibt also ein Wagnis, wenn der Kampfpropagandist die Schranken der selektiven Wahrnehmung [4] durch die ätzende Schärfe der diffamierenden Karikatur zu überwinden sucht.

Die Postkarte »Heil Beil!« ist eine der vielen eindrucksvollen Karikaturen von Kukryniksy während des Zweiten Weltkrieges. Hinter diesem Namen verbirgt sich das Pseudonym von drei sowjetischen Kunstmalern und Graphikern:

1. Kuprijanow, Michail Wassilijewitsch (geb. 1903)
2. Krylow, Porfirij Nikititsch (geb. 1902)
3. Sokolow, Nikolaj Alexandrowitsch (geb. 1903)

Das Pseudonym stellt eine Abkürzung dieser Namen dar, es besteht aus Teilen der Vor- und Nachnamen der drei Künstler.

Seit den zwanziger Jahren arbeiten die Kukryniksy auf dem Gebiet der Karikatur, des Plakats, der Illustration und der Malerei zusammen. Die drei Künstler schaffen jedoch nicht nur als Team, sondern auch einzeln. Sie selbst schreiben darüber: »Unser Kollektiv besteht, wenn man so will, aus vier Künstlern: aus Kuprijanow, Krylow, Sokolow und den Kukryniksy . . . Das, was vom Kollektiv geschaffen wurde, hätte von keinem von uns im Alleingang geschaffen werden können.«

Im Jahre 1933 sind sie ständige Mitarbeiter in der »Prawda«, in der Karikaturen über internationale und innenpolitische Themen von ihnen erscheinen. Einen der Höhepunkte ihres Schaffens erreichen sie mit ihren Karikaturen während des Krieges. Bereits am zweiten Tage nach dem deutschen Angriff auf die Sowjetunion erscheint im Juni 1941 das Plakat »Erbarmungslos werden wir den Feind vernichten!«

»Angestrengt arbeiten sie auf dem Gebiet der politischen Satire in der Presse, auf Plakaten und in den ›TASS-Fenstern‹. Sie gingen auf alle wichtigen Kriegsgeschehnisse ein, indem sie das tierische Wesen des Faschismus und seinen unumgänglichen Untergang entlarvten. In den satirischen Werken wird der Humor der Kukryniksy zur wahrhaft fürchterlichen Waffe im Kampf gegen den Faschismus in seiner ganzen abstoßenden Art und ruft gleichzeitig Haß und erbarmungsloses Gelächter beim Betrachter der Werke hervor. Ihre Arbeiten zeigen die feige Unverfrorenheit und die entartete Phantasmagorie der Faschisten, die das menschliche Antlitz verloren haben und auf die Stufe wilder Tiere zurückgefallen sind [5].«

Beurteilung der Abb. 19–28:
Eine solche mit den angesprochenen Details angereicherte Persönlichkeitsdiffamierung Hitlers muß zu diesem Zeitpunkt auf die Masse der deutschen Soldaten abstoßend wirken und damit die propagandistische Absicht vereiteln (vgl. »Churchillflugblatt« Abb. 37): *falsche Beurteilung der Zielgruppe durch den Gegner.*

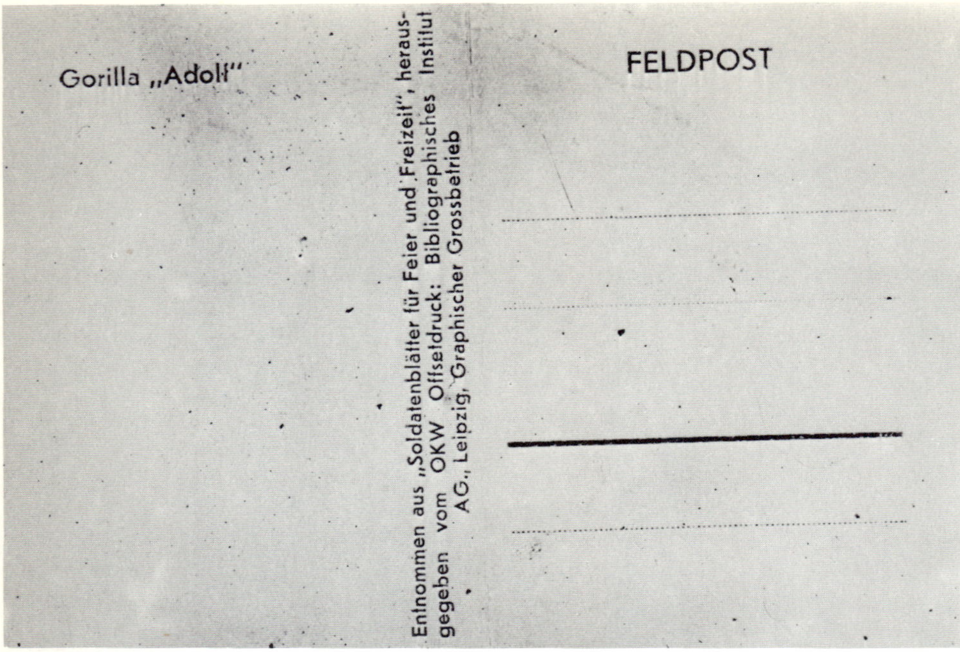

19, 20
Gorilla »Adolf«

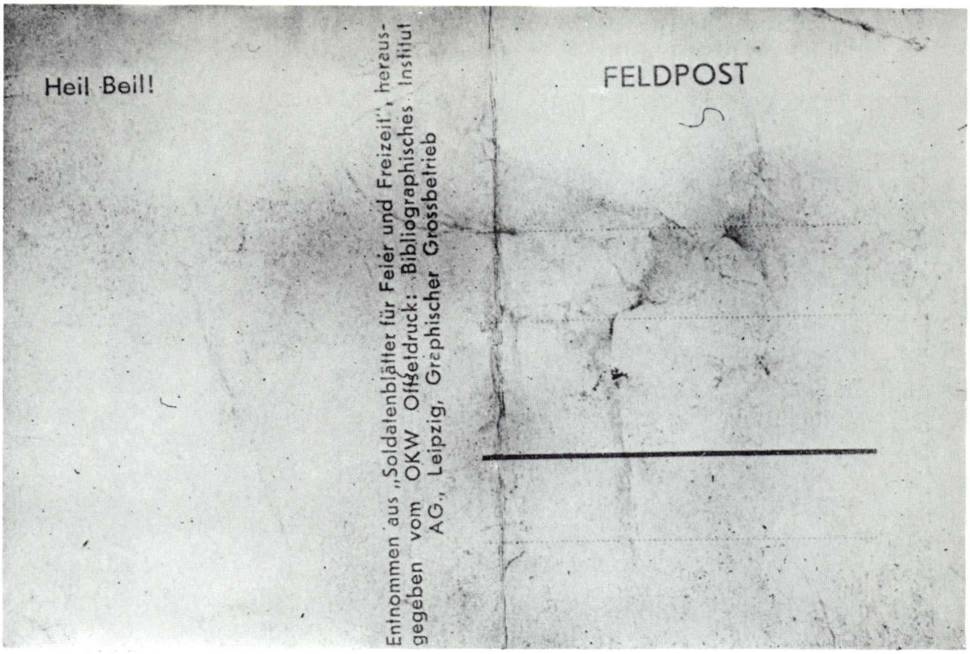

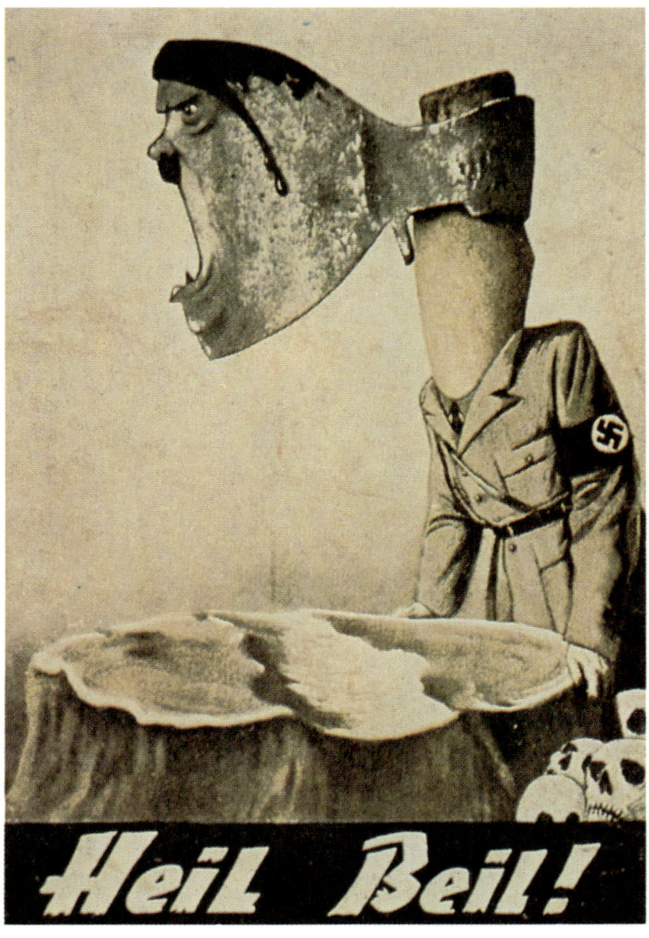

21, 22
Heil Beil!

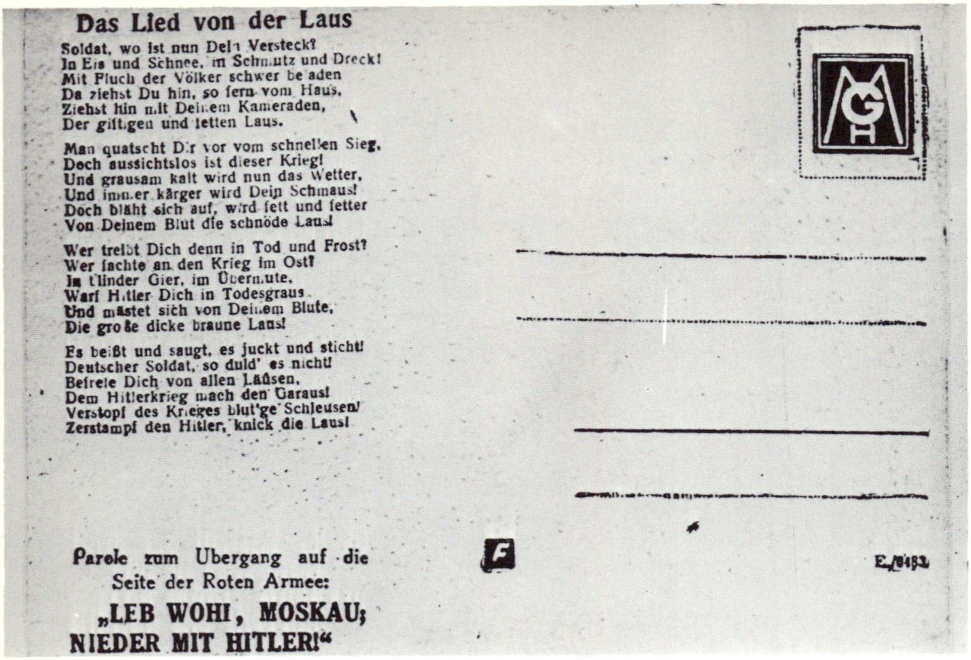

Das Lied von der Laus

Soldat, wo ist nun Dein Versteck?
In Eis und Schnee, im Schmutz und Dreck!
Mit Fluch der Völker schwer beladen
Da ziehst Du hin, so fern vom Haus,
Ziehst hin mit Deinem Kameraden,
Der giftigen und fetten Laus.

Man quatscht Dir vor vom schnellen Sieg,
Doch aussichtslos ist dieser Krieg!
Und grausam kalt wird nun das Wetter,
Und immer kärger wird Dein Schmaus!
Doch bläht sich auf, wird fett und fetter
Von Deinem Blut die schnöde Laus!

Wer treibt Dich denn in Tod und Frost?
Wer fachte an den Krieg im Ost?
In blinder Gier, im Übermute,
Warf Hitler Dich in Todesgraus
Und mästet sich von Deinem Blute,
Die große dicke braune Laus!

Es beißt und saugt, es juckt und sticht!
Deutscher Soldat, so duld' es nicht!
Befreie Dich von allen Läusen,
Dem Hitlerkrieg mach den Garaus!
Verstopf des Krieges blut'ge Schleusen!
Zerstampf den Hitler, knick die Laus!

Parole zum Ubergang auf die Seite der Roten Armee:

„LEB WOHL, MOSKAU; NIEDER MIT HITLER!“

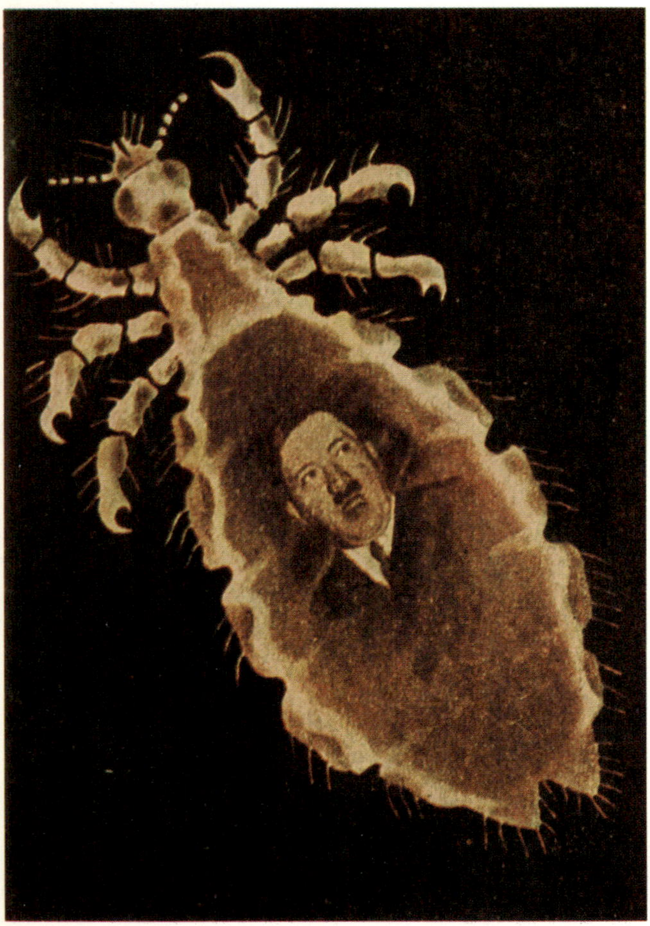

23, 24
Das Lied von der Laus

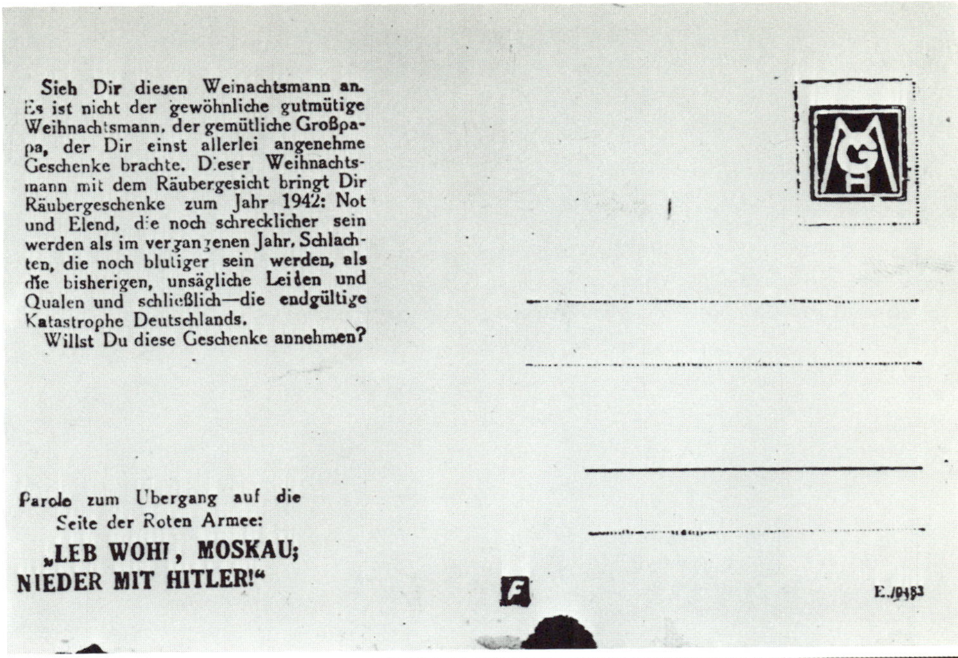

Sieh Dir diesen Weinachtsmann an. Es ist nicht der gewöhnliche gutmütige Weihnachtsmann, der gemütliche Großpapa, der Dir einst allerlei angenehme Geschenke brachte. Dieser Weihnachtsmann mit dem Räubergesicht bringt Dir Räubergeschenke zum Jahr 1942: Not und Elend, die noch schrecklicher sein werden als im vergangenen Jahr. Schlachten, die noch blutiger sein werden, als die bisherigen, unsägliche Leiden und Qualen und schließlich—die endgültige Katastrophe Deutschlands.
Willst Du diese Geschenke annehmen?

Parole zum Übergang auf die Seite der Roten Armee:
„LEB WOHI, MOSKAU; NIEDER MIT HITLER!“

E.J0483

25, 26
Weihnachtsmann-Ersatz

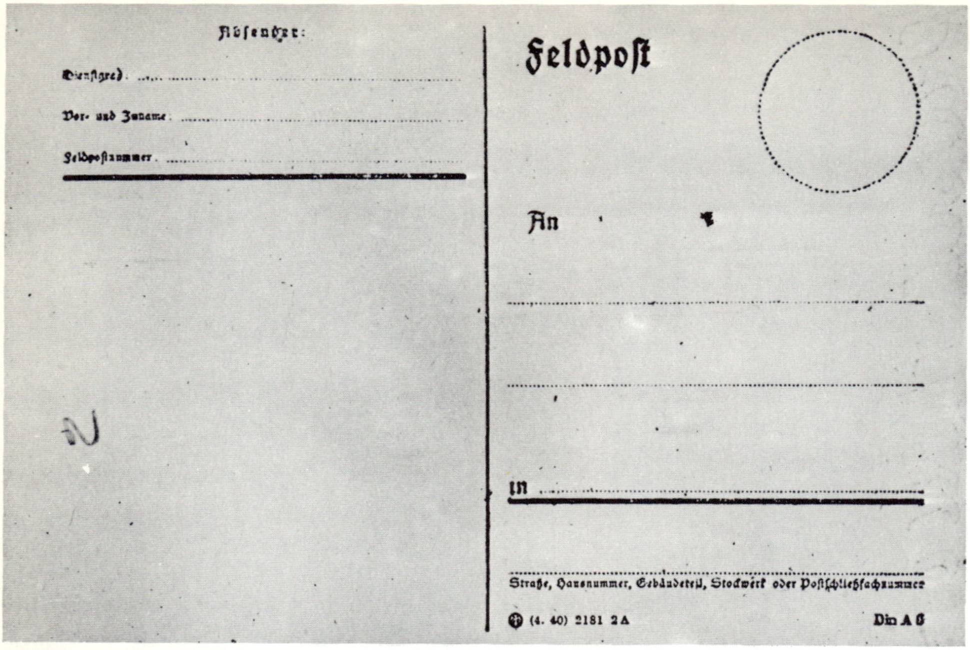

Absender:

Dienstgrad ....

Vor- und Zuname ....

Feldpostnummer ....

Feldpost

An

....

....

in ....

....

Straße, Hausnummer, Gebäudeteil, Stockwerk oder Postschließfachnummer

(4. 40) 2181 2A

Din A 6

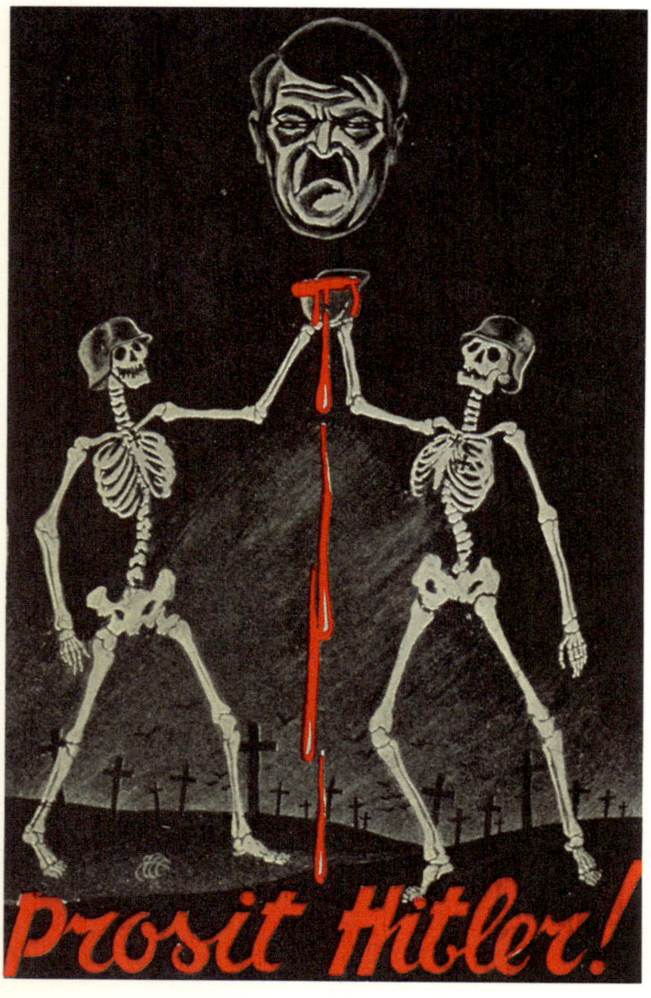

27, 28
Prosit Hitler!

Briefe

Eine beliebte Form der Täuschungspropaganda ist die sogenannte Briefpropaganda. Es werden Privatbriefe und dienstliche Schreiben gefälscht. Bei den Privatbriefen wird u. a. nach folgenden Sterotypien verfahren:

Der Briefschreiber ist in Gefangenschaft, d. h. in Sicherheit; er berichtet über die durchgestandenen Gefahren auf dem Gefechtsfeld und die gute Behandlung als Kriegsgefangener. Der Schreiber, der grundsätzlich mit der Feder schreibt, läßt sich durch Stil und Inhalt als der »einfache Soldat« erkennen, der die gleichen Ängste, Sorgen, Nöte, Hoffnungen und Erwartungen mit den Zielpersonen teilt. Mit diesem Vorgehen wird mit der Aussage eine erhöhte Glaubwürdigkeit erzielt, werden günstige Identifikationsmöglichkeiten geboten. Die offiziellen Dienstschreiben, die in der Regel mit »offiziellen Briefköpfen« (fiktive oder echte) ausgestattet sind, täuschen Autorität vor und versuchen durch falsche Informationen oder versteckte Kritik an der politischen und militärischen Führung Gerüchte zu entfachen bzw. zu verstärken.

29

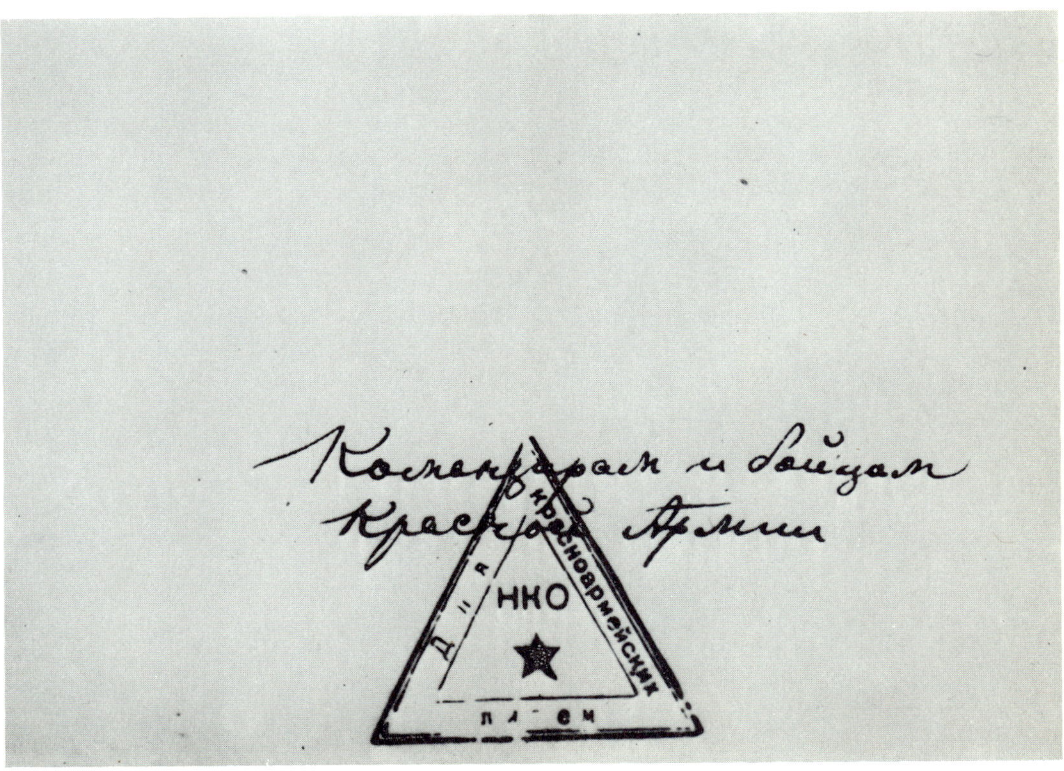

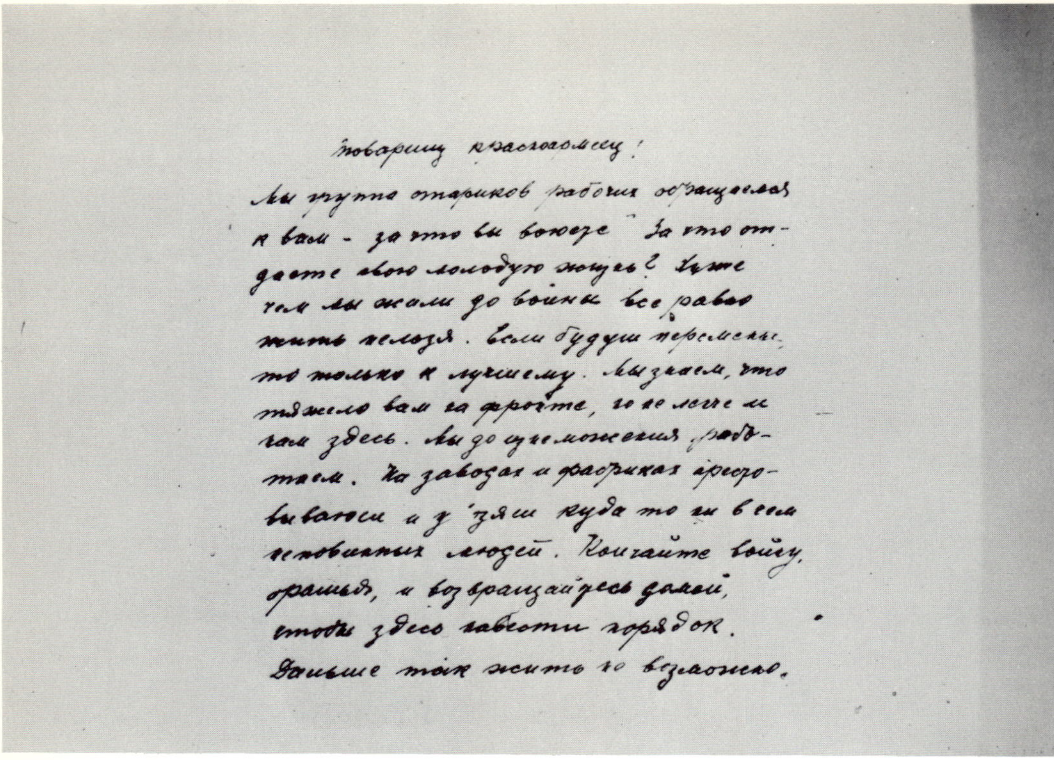

Товарищ красноармеец!
Мы группа стариков рабочих обращаемся
к вам - за что вы воюете? За что от-
даете свою молодую жизнь? Хуже
чем мы жили до войны все равно
жить нельзя. Если будут перемены,
то только к лучшему. Мы знаем, что
тяжело вам на фронте, но не легче и
нам здесь. Мы до изнеможения работ-
таем. На заводах и фабриках аресто-
вывают и увозят куда то и в сем
невиновных людей. Кончайте войну,
братья, и возвращайтесь домой,
чтобы здесь навести порядок.
Дальше так жить невозможно.

29, 30
Sowjetischer Feldpostbrief
Deutsche Prop für Rotarmisten an der Ostfront »OKW/WPr«: Flugblatt 185 RA, Oktober/November 1941 (Zersetzungspropaganda)

Übersetzung des Flugblattes 185 RA
(Abb. 29, 30)
An die Kommandeure und Soldaten der Roten Armee (Poststempel dreieckig: »HKO = Volkskommissariat für Verteidigung«, »für Briefe der Roten Armee«)

Genosse Rotarmist!
Wir sind eine Gruppe alter Arbeiter und wenden uns an Euch mit der Frage: Wofür kämpft Ihr? Wofür gebt Ihr Euer junges Leben her? Schlechter als wir vor dem Kriege lebten, kann man sowieso nicht mehr leben. Wenn es Veränderungen geben wird, dann nur zum Besseren. Wir wissen, daß Ihr es schwer habt an der Front, doch auch wir haben es hier nicht leichter. Wir arbeiten bis zur Erschöpfung. In den Fabriken verhaftet man unschuldige Menschen und verschleppt sie mit unbekanntem Ziel. Beendet den Krieg, Brüder, und kommt nach Hause, um hier die Ordnung wiederherzustellen. Es ist unmöglich, so weiterzuleben.

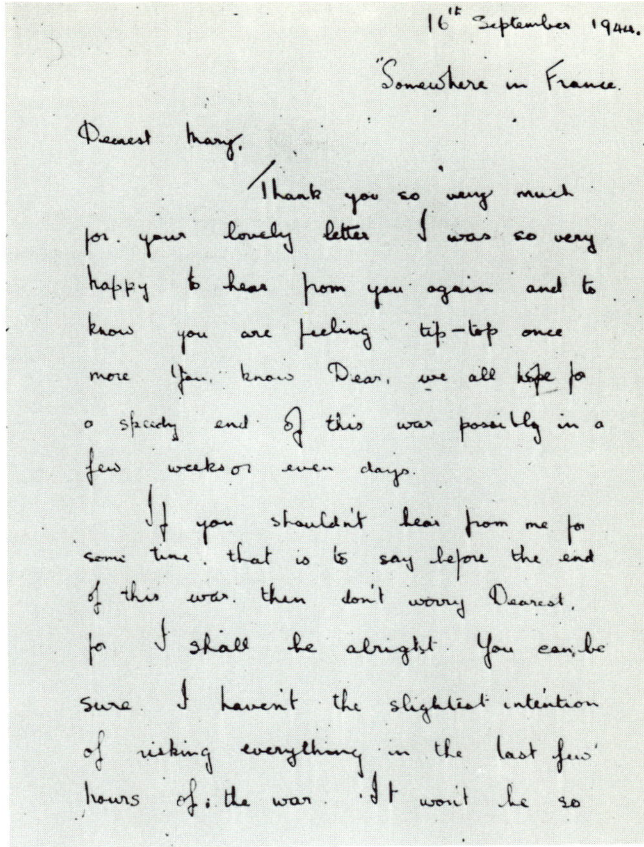

16th September 1944.

"Somewhere in France.

Dearest Mary,

Thank you so very much for your lovely letter I was so very happy to hear from you again and to know you are feeling tip-top once more. You know Dear, we all hope for a speedy end of this war possibly in a few weeks or even days.

If you shouldn't hear from me for some time. that is to say before the end of this war. then don't worry Dearest. for I shall be alright. You can be sure. I haven't the slightest intention of risking everything in the last few hours of the war. It won't be so

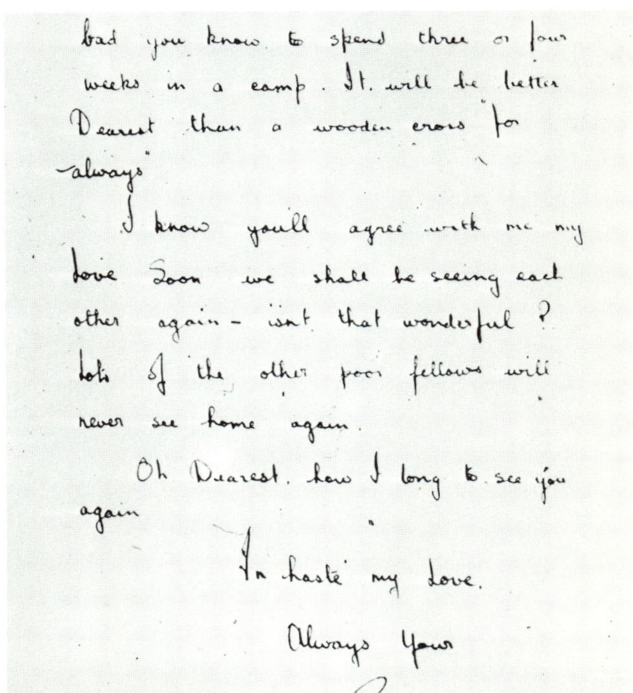

bad you know to spend three or four weeks in a camp. It will be better Dearest than a wooden cross for always"

I know you'll agree with me my love Soon we shall be seeing each other again – isn't that wonderful? Lots of the other poor fellows will never see home again.

Oh Dearest, how I long to see you again

In haste my Love.

Always Your

Bob.

31, 32
Deutsche Prop für Westalliierte an der Westfront »Skorpion West«: September 1944, gefälschter Kriegsgefangenenbrief (Überläufer-Propaganda)

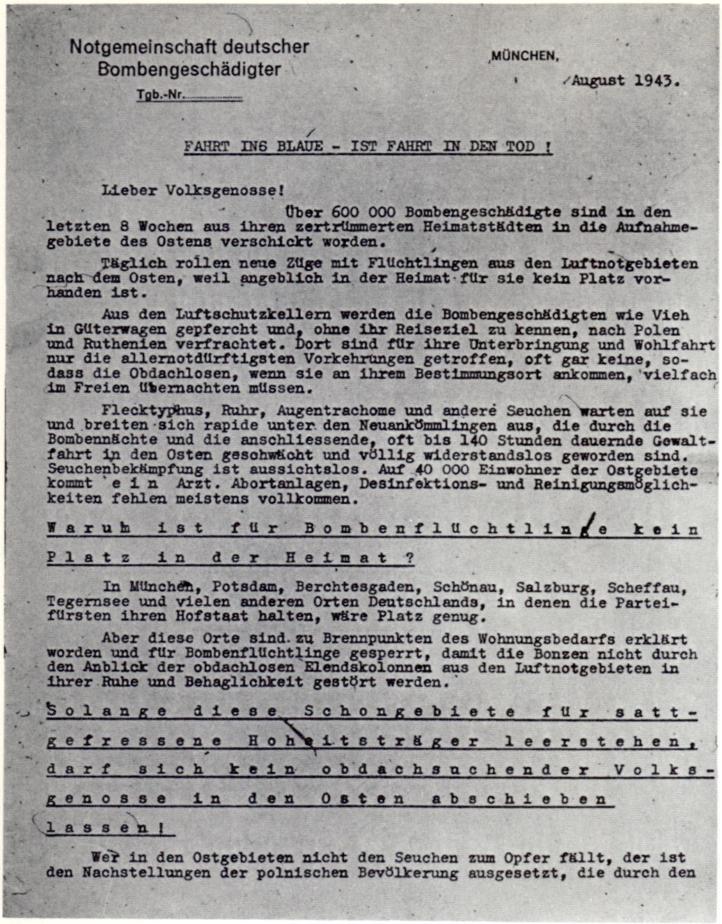

Notgemeinschaft deutscher Bombengeschädigter

Tgb.-Nr. ....

MÜNCHEN, August 1943.

FAHRT INS BLAUE - IST FAHRT IN DEN TOD !

Lieber Volksgenosse!

Über 600 000 Bombengeschädigte sind in den letzten 8 Wochen aus ihren zertrümmerten Heimatstädten in die Aufnahmegebiete des Ostens verschickt worden.

Täglich rollen neue Züge mit Flüchtlingen aus den Luftnotgebieten nach dem Osten, weil angeblich in der Heimat für sie kein Platz vorhanden ist.

Aus den Luftschutzkellern werden die Bombengeschädigten wie Vieh in Güterwagen gepfercht und, ohne ihr Reiseziel zu kennen, nach Polen und Ruthenien verfrachtet. Dort sind für ihre Unterbringung und Wohlfahrt nur die allernotdürftigsten Vorkehrungen getroffen, oft gar keine, sodass die Obdachlosen, wenn sie an ihrem Bestimmungsort ankommen, vielfach im Freien übernachten müssen.

Flecktyphus, Ruhr, Augentrachome und andere Seuchen warten auf sie und breiten sich rapide unter den Neuankömmlingen aus, die durch die Bombennächte und die anschliessende, oft bis 140 Stunden dauernde Gewaltfahrt in den Osten geschwächt und völlig widerstandslos geworden sind. Seuchenbekämpfung ist aussichtslos. Auf 40 000 Einwohner der Ostgebiete kommt e i n Arzt. Abortanlagen, Desinfektions- und Reinigungsmöglichkeiten fehlen meistens vollkommen.

W a r u m i s t f ü r B o m b e n f l ü c h t l i n g e k e i n P l a t z i n d e r H e i m a t ?

In München, Potsdam, Berchtesgaden, Schönau, Salzburg, Scheffau, Tegernsee und vielen anderen Orten Deutschlands, in denen die Parteifürsten ihren Hofstaat halten, wäre Platz genug.

Aber diese Orte sind zu Brennpunkten des Wohnungsbedarfs erklärt worden und für Bombenflüchtlinge gesperrt, damit die Bonzen nicht durch den Anblick der obdachlosen Elendskolonnen aus den Luftnotgebieten in ihrer Ruhe und Behaglichkeit gestört werden.

S o l a n g e d i e s e S c h o n g e b i e t e f ü r s a t t - g e f r e s s e n e H o h e i t s t r ä g e r l e e r s t e h e n, d a r f s i c h k e i n o b d a c h s u c h e n d e r V o l k s - g e n o s s e i n d e n O s t e n a b s c h i e b e n l a s s e n !

Wer in den Ostgebieten nicht den Seuchen zum Opfer fällt, der ist den Nachstellungen der polnischen Bevölkerung ausgesetzt, die durch den

33, 34
Notgemeinschaft deutscher Bombengeschädigter
Englische Prop (Sefton Delmer) für das Reichsgebiet, August 1943

Ausrottungsfeldzug der SS in einen Zustand von glühendem Hass gegen alles Deutsche getrieben worden ist.

Auf jeden Volksgenossen, der in die Ostgebiete verschickt wird, wartet der Rachedurst von 14 Millionen überlebenden Polen, unter denen es kaum einen gibt, dem die SS nicht mindestens einen nahen Verwandten umgebracht hat.

Ihr Hass kommt immer ungezügelter zum Ausbruch je weiter der Krieg fortschreitet. Ein Durchbruch der Russen, eine Landung der Angelsachsen kann ein Blutbad unter allen Deutschen im Osten entfesseln - Siedlern wie Luftkriegsverschickten.

Die Partei- und SS-Bonzen selber weigern sich, ihre Frauen und Kinder in die Ostgebiete zu schicken. Ihre Familien sollen den Hass nicht ernten, den sie selbst gesät haben. Aber die Masse der Beziehungslosen, die soll ihn ernten!

<u>E s   g e h t   a u c h   a n d e r s !</u>

Flüchtlinge aus Hamburg haben zwischen Schwiebus und Bentschen ihren Zug auf freier Strecke zum Stehen gebracht und sich geweigert, die Fahrt in den Osten fortzusetzen. Sie haben den Zug verlassen und sind geschlossen nach Züllichau marschiert, wo sie von den Bauern und Gutsbesitzern der Umgegend beköstigt und ohne viel Aufhebens auf den Gütern als Erntehelfer untergebracht wurden.

Sie sind noch heute da!

Wenn die Nazibonzen, die die Vernichtung unserer Städte herausgefordert haben und selber in Sicherheit sitzen, unsere Bombenopfer nicht unter menschlichen Bedingungen in der Heimat unterbringen wollen, dann heisst es:

Jeder für sich!

<u>V o l k s g e n o s s e !</u>

<u>W a r t e   n i c h t ,   b i s   D u   b e w u s s t l o s   a u s   d e m   L u f t s c h u t z k e l l e r   g e z o g e n   u n d   i n   d e n   O s t e n   v e r s c h l e p p t   w i r s t !</u>

Geh aufs Land und bleibe dort, solange Du noch Herr Deines Schicksals bist. Schicke Deine Familie aufs Land, wenn Du selbst nicht fort kannst. Jeder findet einen Unterschlupf - man muss sich nur beizeiten bemühen. Einem bedrohten Volksgenossen, der zwischen Bombentod und Polentod zu wählen hat, verweigert kein deutscher Bauer Obdach.

<u>F a h r t   i n s   B l a u e   a b e r -</u>

<u>i s t   F a h r t   i n   d e n   T o d !</u>

Selbsthilfeaktion der N.D.B.

<u>Bitte abschreiben und weitergeben!</u>

34

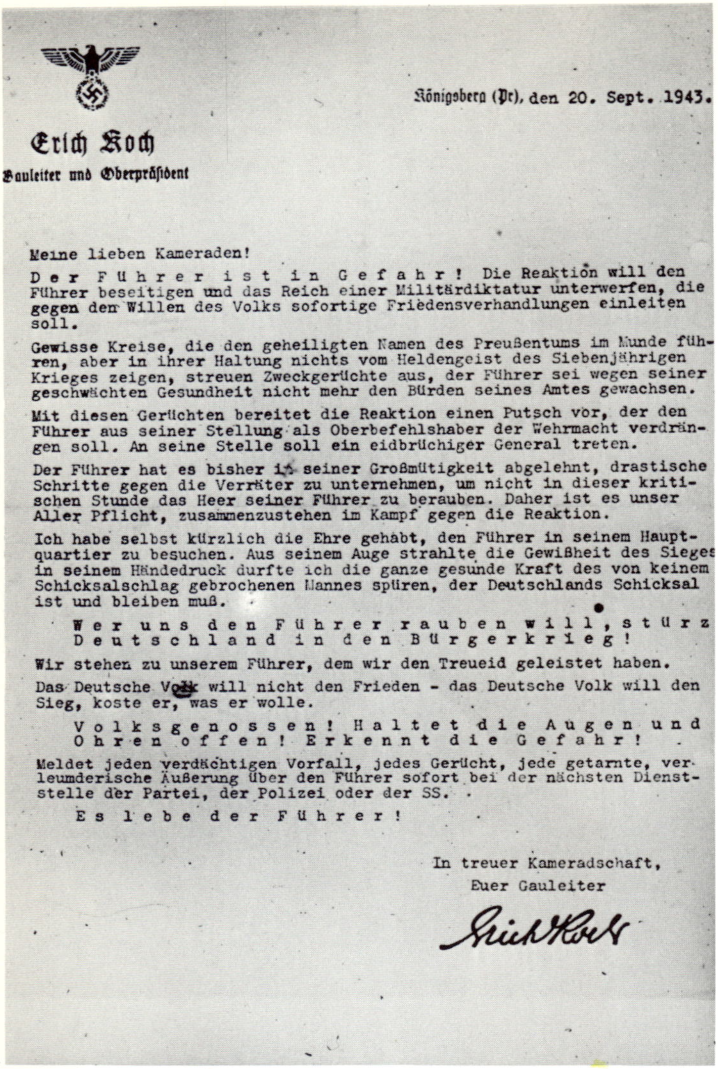

Erich Koch
Gauleiter und Oberpräsident

Königsberg (Pr), den 20. Sept. 1943.

Meine lieben Kameraden!

Der Führer ist in Gefahr! Die Reaktion will den Führer beseitigen und das Reich einer Militärdiktatur unterwerfen, die gegen den Willen des Volks sofortige Friedensverhandlungen einleiten soll.

Gewisse Kreise, die den geheiligten Namen des Preußentums im Munde führen, aber in ihrer Haltung nichts vom Heldengeist des Siebenjährigen Krieges zeigen, streuen Zweckgerüchte aus, der Führer sei wegen seiner geschwächten Gesundheit nicht mehr den Bürden seines Amtes gewachsen.

Mit diesen Gerüchten bereitet die Reaktion einen Putsch vor, der den Führer aus seiner Stellung als Oberbefehlshaber der Wehrmacht verdrängen soll. An seine Stelle soll ein eidbrüchiger General treten.

Der Führer hat es bisher in seiner Großmütigkeit abgelehnt, drastische Schritte gegen die Verräter zu unternehmen, um nicht in dieser kritischen Stunde das Heer seiner Führer zu berauben. Daher ist es unser Aller Pflicht, zusammenzustehen im Kampf gegen die Reaktion.

Ich habe selbst kürzlich die Ehre gehabt, den Führer in seinem Hauptquartier zu besuchen. Aus seinem Auge strahlte die Gewißheit des Sieges in seinem Händedruck durfte ich die ganze gesunde Kraft des von keinem Schicksalschlag gebrochenen Mannes spüren, der Deutschlands Schicksal ist und bleiben muß.

Wer uns den Führer rauben will, stürz Deutschland in den Bürgerkrieg!

Wir stehen zu unserem Führer, dem wir den Treueid geleistet haben.

Das Deutsche Volk will nicht den Frieden - das Deutsche Volk will den Sieg, koste er, was er wolle.

Volksgenossen! Haltet die Augen und Ohren offen! Erkennt die Gefahr!

Meldet jeden verdächtigen Vorfall, jedes Gerücht, jede getarnte, verleumderische Äußerung über den Führer sofort bei der nächsten Dienststelle der Partei, der Polizei oder der SS.

Es lebe der Führer!

In treuer Kameradschaft,
Euer Gauleiter

Erich Koch

35
Erich Koch-Brief
Englische Prop (Sefton Delmer) für das Reichsgebiet, September 1943

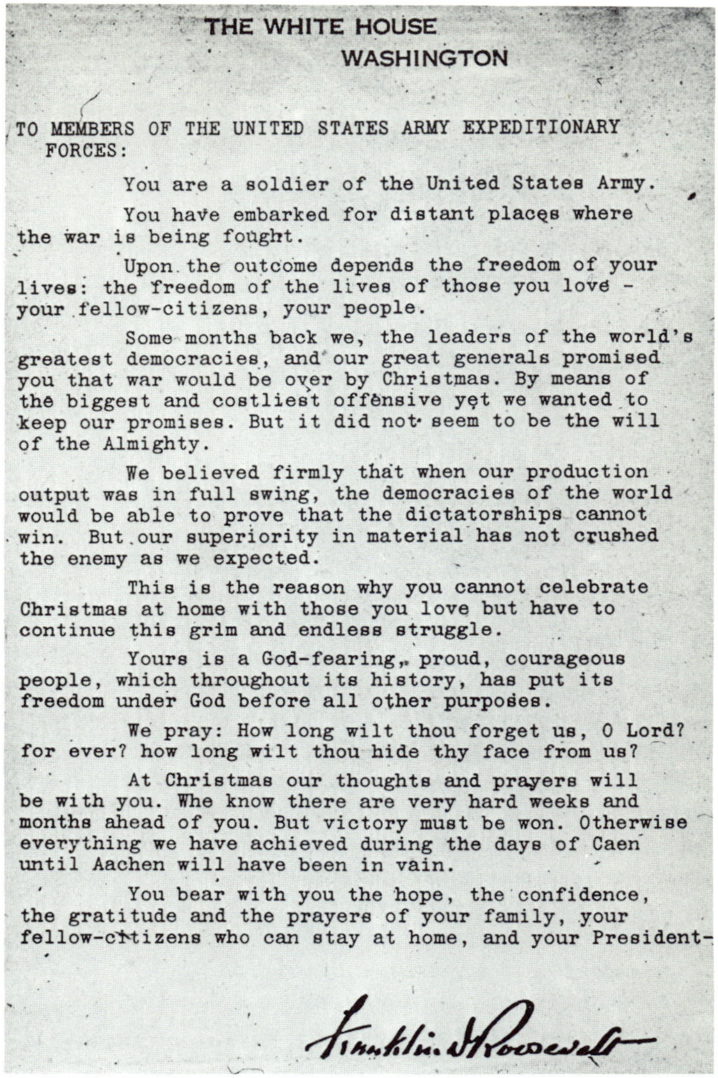

THE WHITE HOUSE
WASHINGTON

TO MEMBERS OF THE UNITED STATES ARMY EXPEDITIONARY FORCES:

You are a soldier of the United States Army.

You have embarked for distant places where the war is being fought.

Upon the outcome depends the freedom of your lives: the freedom of the lives of those you love - your fellow-citizens, your people.

Some months back we, the leaders of the world's greatest democracies, and our great generals promised you that war would be over by Christmas. By means of the biggest and costliest offensive yet we wanted to keep our promises. But it did not seem to be the will of the Almighty.

We believed firmly that when our production output was in full swing, the democracies of the world would be able to prove that the dictatorships cannot win. But our superiority in material has not crushed the enemy as we expected.

This is the reason why you cannot celebrate Christmas at home with those you love but have to continue this grim and endless struggle.

Yours is a God-fearing, proud, courageous people, which throughout its history, has put its freedom under God before all other purposes.

We pray: How long wilt thou forget us, O Lord? for ever? how long wilt thou hide thy face from us?

At Christmas our thoughts and prayers will be with you. Whe know there are very hard weeks and months ahead of you. But victory must be won. Otherwise everything we have achieved during the days of Caen until Aachen will have been in vain.

You bear with you the hope, the confidence, the gratitude and the prayers of your family, your fellow-citizens who can stay at home, and your President-

Franklin D Roosevelt

36
Franklin Roosevelt-Brief
Deutsche Prop für Westalliierte an der Westfront »Skorpion West«: Dezember 1944/Januar 1945

Der Mölders-Brief

Ab Januar 1942 wird im deutschen Reichsgebiet ein Brief verbreitet, den angeblich Oberst Werner Mölders, der erfolgreiche deutsche Jagdflieger und erste Träger der höchsten deutschen Tapferkeitsauszeichnung, kurz vor seinem Unfalltod am 22. November 1941 an den katholischen Propst Johst von Stettin geschrieben haben soll[6]. Der Brief enthält ein klares Bekenntnis von Mölders zur katholischen Kirche:

»Mein lieber Herr Propst!
Zu den schönsten Stunden an der Front gehören die Stunden, in denen ich Ihre lieben Briefe lesen kann. Seien Sie nicht böse, väterlicher Freund, wenn ich Ihnen nicht immer gleich antworten kann, aber die Zeit fehlt.

Über meine Arbeit habe ich Ihnen schon im vorigen Brief ausführlich berichtet, aber sie ist immer noch die gleiche. Inzwischen sind wieder viele meiner Kameraden gefallen. Aber die Angst vor dem Tode haben wir verlernt, denn was ist der Tod anderes als eine kurze Trennung, dann ein besseres Wiedersehen im Jenseits. Viele der sogenannten ›Lebensbejahenden‹, die uns noch zu Anfang der großen Schlachten verlachten und verspotteten, holen sich jetzt bei ›lebensverneinenden Katholiken‹ Mut und Kraft. Sie beneiden uns, daß wir über dies irdische Leben leichter hinwegkommen als sie, an dem die anderen mit allen Fasern ihres Herzens hängen, sie haben den Spott und Hohn im Angesicht unserer seelischen Stärke, die wir allein unserem Glauben verdanken, verlernt. Viele sind bekehrt und setzen das Ideal jetzt höher als alle irdischen Schätze und Verlockungen. Und ich glaube, daß hierin ein tiefer Sinn des Krieges liegt. Es ist an der Zeit, daß die Menschen wieder glauben lernen, wieder beten lernen. Ich freue mich, Ihnen sagen zu können, daß durch unser katholisches Beispiel viele besser und glücklicher geworden sind. Ihr Spott verwandelt sich in Achtung, in Liebe. Für sie ist es nicht so leicht wie für uns, aber es gibt nichts Schöneres, als wenn ein Mensch sich durch allen Schlamm durchgerungen hat zum Erkennen, zum Licht, zum wahren Glauben.
Um mich brauchen Sie keine Sorge zu haben. Wenn ich eines Tages mein Leben für die Freiheit unserer Nation hingeben muß, die Gewißheit kann ich Ihnen geben, ich falle im alten Glauben, gestärkt durch die Sakramente der Kirche. Wenn auf dem letzten Gang mein Priester auch nicht mehr dabei sein kann, so verlasse ich diese Erde im Bewußtsein, in Gott einen gnädigen Richter zu finden. Noch aber habe ich die feste Hoffnung, daß sich alles zum Guten wenden wird.

Schreiben Sie mir bald wieder und gedenken Sie im Gebet

Ihres
gez.: Werner Mölders«

Dieser Brief ist eine Fälschung aus der Werkstatt Sefton Delmers, entstanden in der Abteilung für psychologische Kriegführung im britischen SECRET SERVICE. Er wird als Flugblatt durch die Royal Air Force über Deutschland abgeworfen[7]. Um den Abwurf aus der Luft glaubhaft zu machen, fügt Sefton Delmer eine kurze Einleitung eines anonymen Luftwaffenoffiziers hinzu und läßt den ganzen Text auf gefälschtem Funkerpapier der deutschen Luftwaffe abziehen. Damit soll bei den Findern des gefälschten Mölders-Briefes der Eindruck erweckt werden, ein deutscher Nachtjäger habe den Brief abgeworfen.

Die Wirkung dieses Briefes ist frappierend. Als Fälschung von der Bevölkerung unerkannt, erhält der Brief eine ungewöhnliche Publizität. Vor allem die kirchlich gebundenen Bevölkerungsgruppen beider Konfessionen schreiben den Brief ab, vervielfältigen und verbreiten ihn. Viele Geistliche in ganz Deutschland verlesen den Brief von der Kanzel[8]. Als Meinungsführer (»opinion leaders«) kraft ihres Amtes sorgen sie somit für eine rasche Aufwertung, Autorisierung und multiplikative Weiterverbreitung des Briefes. Für die Nennung des Verfassers wird eine Belohnung von 100 000 RM von der Gestapo ausgesetzt, die die Vervielfältigung und Weiterverbreitung des Briefes mit Verhaftung und Einweisung in ein Konzentrationslager bedroht[9].

Neue Versionen über den ohnehin von Gerüchten umgebenen Tod Mölders werden angeregt und die noch verbliebene Glaubwürdigkeit der NS-Politik und Berichterstattung bei weiten Bevölkerungsschichten erschüttert.

Die aus der Sicht des NS-Regimes defätistisch zu bewertenden Aussagen des Briefes suggerieren die Existenz einer Widerstandshaltung, vor allem in der katholischen Bevölkerung. Sie lösen dadurch Gestapoaktionen und Dementis aus, die seine psychologische Wirkung in der Bevölkerung nur noch erhöhen.

So wird der Brief tatsächlich in kurzer Zeit von weiten Kreisen der Bevölkerung als ein Zeichen katholischer Opposition betrachtet. Dr. Goebbels, der Reichsminister für Volksaufklärung und Propaganda, erwähnt den Mölders-Brief an mehreren Stellen seines Tagebuches. Er ist über die Wirkung des Briefes bei der Bevölkerung tief beunruhigt und glaubt, daß der Brief eine raffinierte Fälschung katholischer Kreise sei [10].

Die Wirksamkeit [11] des gefälschten Mölders-Briefes hat verschiedene Gründe. Zunächst ist es das aktuelle Ereignis – der Tod Mölders' –, den Sefton Delmer in seinem propagandistischen Wert treffsicher erkannt hat und sich nutzbar macht. In Deutschland glauben weite Kreise der Bevölkerung nicht an den Unfalltod Mölders', sondern vermuten, daß er einer Aktion der SS zum Opfer gefallen sei. Sefton Delmer hofft, daß der Brief rasch und gezielt in den unkontrollierten Fluß der vagen Informationen eingeht und damit sein Inhalt die zahlreichen Gerüchte zu bestätigen scheint. Der Brief kommt also einem akuten – durch die offiziellen Medien unbefriedigten – Bedürfnis der Bevölkerung entgegen, sich in einer undurchschaubaren Informationslage Gewißheit zu verschaffen.

Aussage und (vermeintliche) Urheberschaft des Briefes sind in höchstem Maße glaubwürdig: der »Absender« ist ein berühmtes und beliebtes Soldatenidol, dazu noch als praktizierender Katholik bekannt, der »Adressat« mit dem Namen Propst Johst ein kirchlicher Würdenträger – wenn auch den Deutschen zwangsläufig unbekannt – gerade als solcher in einer Korrespondenz von Mölders plausibel und völlig unverdächtig.

Nicht weniger glaubhaft müssen die Mölders zugeschriebenen Äußerungen wirken. Ihre Sprache ist verständlich und dem Leser aus Predigten, Meß- und Andachtsbüchern vertraut; in der Aussagetendenz engagiert, jedoch unpolemisch, enthalten sie keine frontalen Angriffe gegen das NS-Regime, nennen es nicht einmal beim Namen. Vordergründig könnte das Schreiben sogar als idealistische Schwärmerei und als Plädoyer für den »tiefen Sinn des Krieges« angesehen werden. Selbst die ideologie-kritischen Anmerkungen bleiben allgemein und verschlüsselt. Aber gerade das Angedeutete fordert die katholische Leserschaft zur Identifikation auf: Wer möchte nicht zu den »lebensverneinenden Katholiken« gehören, bei denen sich die »sogenannten Lebensbejahenden« Mut und Kraft holen; wer fühlte sich nicht durch den Hinweis bestätigt, »daß durch unser katholisches Beispiel viele besser und glücklicher geworden sind«. Es hebt das Selbstwertgefühl der Zielperson, einem Bezugssystem anzugehören, das in einer unsicheren und gefahrvollen Zeit selbst von Spöttern und Verächtern »Wandlung« und »Bekehrung«, »Achtung« und »Liebe« verlangt.

Der wiederholte, jedoch unaufdringliche Appell an das »Wir«-Gefühl in einer Gegenüberstellung mit den »anderen« tun ein übriges, den Leser in seinem religiösen Selbstverständnis zu bestätigen und an die Aussage des Schreibers zu binden: »Sie beneiden uns, daß wir über dies irdische Leben leichter hinwegkommen als sie, an dem die anderen mit allen Fasern ihres Herzens hängen ...« Dem Leser bleibt es dabei selbst überlassen, zu entscheiden, wer die »anderen«, die »Spötter«, die sogenannten »Lebensbejahenden« sind. Das ist ein wirksames propagandistisches Mittel, diese Entscheidung für ihn annehmbarer zu machen, als wenn man Namen von Führern und Gefolgsleuten des NS-Regimes angegeben hätte.

Der Brief ist jedoch nicht primär eine hintergründige Abrechnung mit der nationalsozialistischen Ideologie. Zeitkritik und Glaubensbekenntnis sind nur die raffinierte Verpakkung für die wesentliche Propagandabotschaft – vom Tod, euphemistisch umschrieben als »eine kurze Trennung«, als »ein besseres Wiedersehen im Jenseits«, »als letzter Gang«: »Wenn ich eines Tages mein Leben für die Freiheit unserer Nation hingeben muß, die Gewißheit kann ich Ihnen geben, ich falle im alten Glauben, gestärkt durch die Sakramente der Kirche.« Das sind Wortbilder, lapidar ergänzt durch harte Tatsachen (»Inzwischen sind wieder viele meiner Kameraden gefallen.«), die die akute Gegenwart vielfachen Todes suggerieren sollen, ohne daß man sich dieser Gefahr anders entziehen könnte, als durch eine Rückbesinnung im christlichen (katholischen) Glauben.

Eine Beurteilung der Kriegslage als aussichtslos, eine religiös motivierte fatalistisch-defätistische Haltung als Schlußfolgerung werden der Bevölkerung durch den Mölders-Brief nahegelegt. Diese Wirkung muß das NS-Regime befürchten. Einige Geistliche, die den Brief weiterverbreiten, werden von der Gestapo verhaftet, weitere Geistliche und Laien staatspolizeilich verwarnt, Schreibmaschinen und Vervielfältigungsgeräte beschlagnahmt. Die Mutter von Werner Mölders, den amtierenden Propst von Stettin, Ernst Daniel, und ander katholische Würdenträger veranlaßt man zu Gegendarstellungen. Behörden und Presse bemühen sich intensiv um eine breit angelegte Veröffentlichung der Dementis.

Aber gerade der Eifer, mit dem die Polizei- und Verwaltungsbehörden den Brief als Fälschung darstellen, macht weite Kreise der Bevölkerung skeptisch gegen die Untersuchungsergebnisse der Gestapo. Die Gegenmaßnahmen wirken wie eine nachträgliche Legitimierung für die Gerüchte um Mölders und stabilisieren den Glauben an die Echtheit des Briefes. Die mit dem Tod Mölders' signalisierten und in »seinem« Brief vermittelten Ahnungen von Gefahr, Untergang und Tod stehen in einem scharfen Kontrast zu der offiziellen Erfolgs- und Siegespropaganda. Diese Widerspruchserfahrung kann nur durch ein Ersatzsystem, durch die (Mund-)Publizistik des Gerüchtes aufgelöst werden. Die besondere und nachhaltige Wirkung des Mölders-Briefes besteht darin, *die in den Gerüchten angedeuteten Ängste und Befürchtungen artikuliert und bestätigt zu haben.*

Der Erfolg dieses Briefes beweist die Unterlegenheit des Propagandaapparates in einer totalitär beherrschten Gesellschaft. Besonders in Spannungszeiten mit hoher und dramatischer Intensität – wie im Krieg –, die nur unzureichend oder widerspruchsvoll durch ein gleichgeschaltetes Mediensystem beschrieben und erklärt werden können, glaubt die Bevölkerung solchen Informationsquellen mehr, die sich den offiziellen Propaganda- und Kontrollinstanzen entziehen [12]. Gerade in diesem Bereich findet eine geschickte (schwarze) Feindpropaganda viele Möglichkeiten, wirksam zu werden.

Steck- und Suchbriefe

Der Steckbrief als herkömmliches Mittel bei der Verfolgung und Fahndung von Verbrechern wird als Propagandamittel zur Diffamierung der politischen Führung, zur Herabsetzung bestimmter exponierter Persönlichkeiten verwendet. Auf deutscher Seite sind es vor allem die NS-Größen – Hitler, Göring, Sauckel, Ley u. a. –, auf britischer Seite vor allem Winston Churchill, die zur Zielscheibe der gegnerischen Propaganda werden.

Steckbriefe müssen ihrer Funktion entsprechend zunächst Aufsehen erregen. Ihre plakative Aufmachung – großer Bildteil, Schlagzeilentext, signalhafte Verwendung der (roten) Farbe – kommen der propagandistischen Absicht entgegen, die unwillkürliche Zuwendung und Aufmerksamkeit der Zielpersonen zu erreichen. Die Manipulation des Steckbriefes durch den Propagandisten geschieht vorzugsweise durch Photomontagen, Zwischenzeiten und bei der Bildauslegung durch den Begleittext.

»Eine Fotomontage [13] entsteht durch das Zusammenkleben mehrerer Fotos zu einer neuen Einheit, die auf den Beschauer eine verdichtende und angestrebt assoziierende Wirkung hat [14].«

Unter den vorliegenden Flugblättern ist die Hitler-Göring-Szene eine typische Fotomontage, bei der die Köpfe der bekannten Politiker anonymen Archivfotos oder gestellten Aufnahmen mit Statisten aufgeklebt worden sind.

»Zwischenzeiten [15] nennen wir fotografisch festgehaltene, physiologisch, aber nicht willensmäßig bedingte und nicht typische Übergänge in Mienenspiel und Gestik abgebildeter Persönlichkeiten [16].« Der Propagandist legt natürlich besonderen Wert darauf, eine ungünstige Übergangsbewegung im Mienenspiel eines prominenten Gegners fotografisch festzuhalten und zu verbreiten.

Zwischenzeiten lassen dabei den Gesichtsausdruck äußerst brutal erscheinen, wenn – wie im Falle Sauckel – durch Blitzlicht die Physiognomie aus dem Dunkel grell herausgeleuchtet wird. Der negative Eindruck von der abgebildeten Person und ihren Wesenszügen wird schließlich durch den unterlegten polemischen Text noch »abgerundet«, wobei in den vorliegenden Beispielen (Sauckel und Ley) der steckbriefliche Stil das Image des Verbrecherischen besonders nahelegt. Der Sauckel-Steckbrief zieht überdies die typische Kombination der frontalen und der Profil-Aufnahme von Kriminellen hinzu.

Die Bildverfälschung durch Fotomontagen oder Zwischenzeiten ist im Vergleich mit einer noch so bissigen Karikatur als wesentlich gefährlicher zu bezeichnen: »Von einer Karikatur erwartet man Übertreibung, von einer Fotografie aber Sachlichkeit und Wahrhaftigkeit [17].« Das naive ungeschulte Publikum glaubt an die optisch-technische Unbestechlichkeit der Kamera, an die Objektivität des Fotos. Es durchschaut nicht, wie die Bildaussage durch technische Manipulation und Textunterlegung nach dem Willen des Propagandisten gesteuert werden kann.

Der Churchill-Steckbrief

Der englische Premierminister Winston Churchill besucht am 31. Juli 1940 Verteidigungsanlagen, die wegen der drohenden deutschen Invasion an der Kanalküste errichtet wurden. Eine Bilderserie von diesem Besuch erscheint in der englischen Presse. Auf einem dieser Bilder ist Churchill in der Pose eines Heckenschützen abgebildet, der eine Thompson-Maschinenpistole lässig im Anschlag hält.

37, 38
»Churchill-Steckbrief«

Am 14. Mai 1940 wird vom englischen Kriegsministerium eine Heimatschutztruppe (Home Guard) aufgestellt, die deutsche Luftlandungstruppen bekämpfen soll. Die Aufstellung der Home Guard wird in den folgenden Monaten eines der Lieblingsthemen der deutschen Rundfunkpropaganda für die englische Bevölkerung. Außerdem wird in Zusammenarbeit mit dem Auswärtigen Amt und anderen Stellen von OKW/WPr eine Flugblattaktion [18] vorbereitet, die die Persönlichkeit Churchills diffamieren soll. Zu diesem Zweck läßt die Abteilung für Wehrmachtpropaganda in Berlin ein besonderes »Churchill-Flugblatt« drucken. Es ist ein Steckbrief, für den das Bild von Churchill mit Maschinenpistole aus der englischen Presse als Vorlage dient [19].

Die Churchill-Flugblätter werden mit einem weiteren Flugblatt [20] von OKW/WPr an die 9.

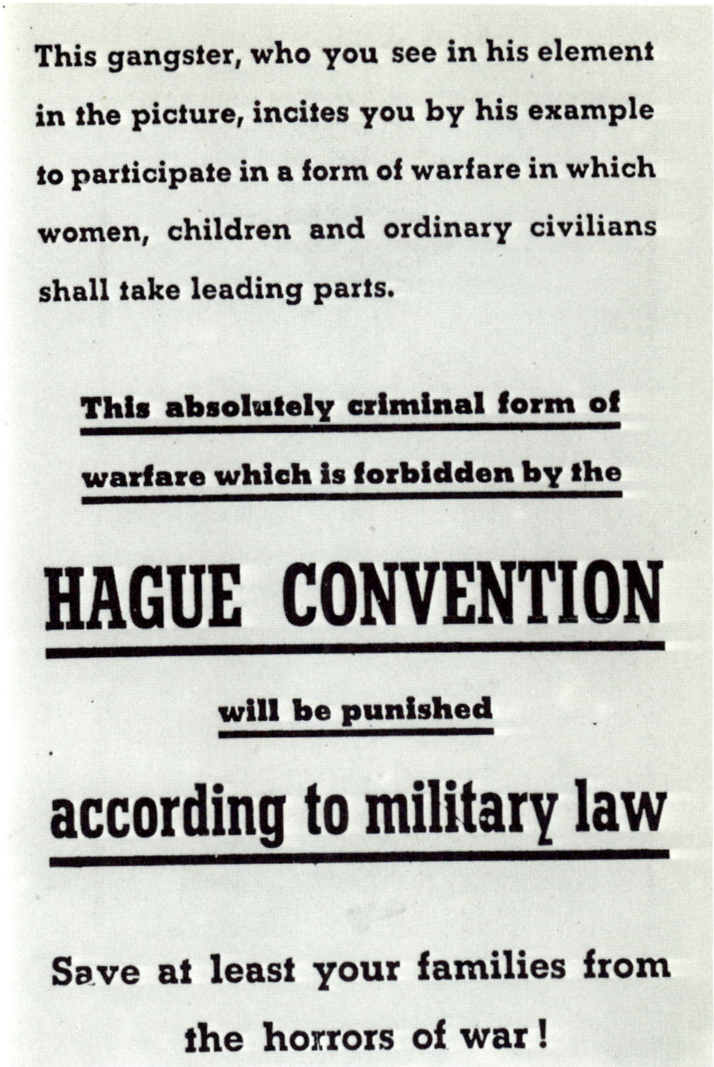
This gangster, who you see in his element in the picture, incites you by his example to participate in a form of warfare in which women, children and ordinary civilians shall take leading parts.

This absolutely criminal form of warfare which is forbidden by the

HAGUE CONVENTION

will be punished

according to military law

Save at least your families from the horrors of war!

38

und 16. Armee geliefert und von dort über die Meldesammelstelle in Paris am 26. 8. 1940 an die unterstellten Propaganda-Kompanien 612 und 501 weitergeleitet[21]. Die 16. Armee sendet am 12. 9. 1940 der Heeresgruppe A eine Stellungnahme zu, die die beiden für den Balloneinsatz bestimmten Flugblätter sehr negativ beurteilt. Die 16. Armee ist der Ansicht, daß besonders der Churchill-Steckbrief ein schwerer psychologischer Fehler der deutschen Propaganda sei. Churchill sei als Premierminister so beliebt, daß eine derartige Diffamierung seiner Persönlichkeit bei der englischen Bevölkerung nur Unverständnis und Ablehnung hervorrufe und damit den nationalen Verteidigungswillen des Engländers stärke, anstatt ihn zu schwächen[22]. Die Heeresgruppe A leitet die Kritik der 16. Armee an OKW/WPr weiter und fügt außerdem eine eigene Stellungnahme hinzu, die in ihrer Aussage

39
Kubanische Plakatpropaganda gegen den »Kolonialismus«. Das Plakat benutzt offensichtlich die gleiche Vorlage, die bereits von OKW/WPr bei der Gestaltung des »Churchill-Flugblattes« im Sommer 1940 aus der englischen Presse herangezogen wird

noch deutlicher ist:

»Heeresgruppe A ist der Ansicht, daß Propaganda dieser Art in England nur Zweck hat, wenn sie glücklicher gestaltet wird und mehr auf die Stimmung des englischen Volkes eingeht. Die Person Churchills ist nun einmal im Augenblick in England eine der volkstümlichsten Gestalten und genießt selbst in den breitesten Schichten des Volkes großes Ansehen. Eine Verunglimpfung dieses Mannes in der Art der beiliegenden Flugblätter ist psychologisch wenig geschickt und muß das Gegenteil von dem auslösen, was beabsichtigt ist.

Nach Ansicht der Heeresgruppe ist diese Art der Flugblattpropaganda reines Schema ohne Berücksichtigung der Psychologie des Engländers, also wirklichkeitsfremd, damit nicht nur unwirksam, sondern schädlich[23].«

100.000 Mark Belohnung!

Nächtlicher Frauenmord!

Jede Nacht werden 56 Frauen ermordet.

Der Mörder heißt Fritz Sauckel, Gauleiter und Reichsstatthalter von Thüringen, Generalbevollmächtigter für den Arbeitseinsatz.

Sauckel mordet, indem er deutsche Frauen und Mädchen zur Nachtarbeit zwingt und sie so schindet, daß sie vor Erschöpfung Betriebsunfällen zum Opfer fallen.

Im Monat Juli 1943 gab es laut Reichsunfallstatistik 236.700 Betriebsunfälle von Arbeiterinnen, davon 187.360 zwischen 6 Uhr abends und 6 Uhr morgens. Von diesen 187.360 bei Nachtarbeit verunglückten Frauen verloren 1736 ihr Leben. Das heißt 56 Frauen in jeder Nacht.

Jede Nacht werden 56 Frauen von Sauckel ermordet.

Der Frauenmörder Sauckel muß unschädlich gemacht werden!

40
Sauckel-Steckbrief
Englische Prop (Sefton Delmer) für das Reichsgebiet, Sommer 1943

Trotz der scharfen und durchaus berechtigten Kritik[24] der Heeresgruppe A erfolgt der Flugblatteinsatz aus dem Raum Calais am 16. 10. 1940 von 9.00 bis 18.00 Uhr durch den Ballontrupp der PK 501[25]. Die Wetterberatungsstellen der Luftflotte 2 in Lille und Rouen liefern die notwendigen Angaben über Windrichtung, Windstärke und Luftfeuchtigkeit. Am 20. und 23. 10. 1940 läßt die PK 501 weitere Churchillflugblätter mit 15 Ballons steigen. Der Ballontrupp der PK 612 setzt aus dem Raum Dieppe am 20. und 21. 10. 1940 ebenfalls Ballons mit Churchillflugblättern ab[26]. Nach englischen Pressemeldungen gehen die Flugblätter im Zielgebiet nieder und erreichen sogar London. Ende Oktober 1940 wird diese Flugblattaktion durch Ballon auf Befehl von OKW/WPr plötzlich eingestellt.

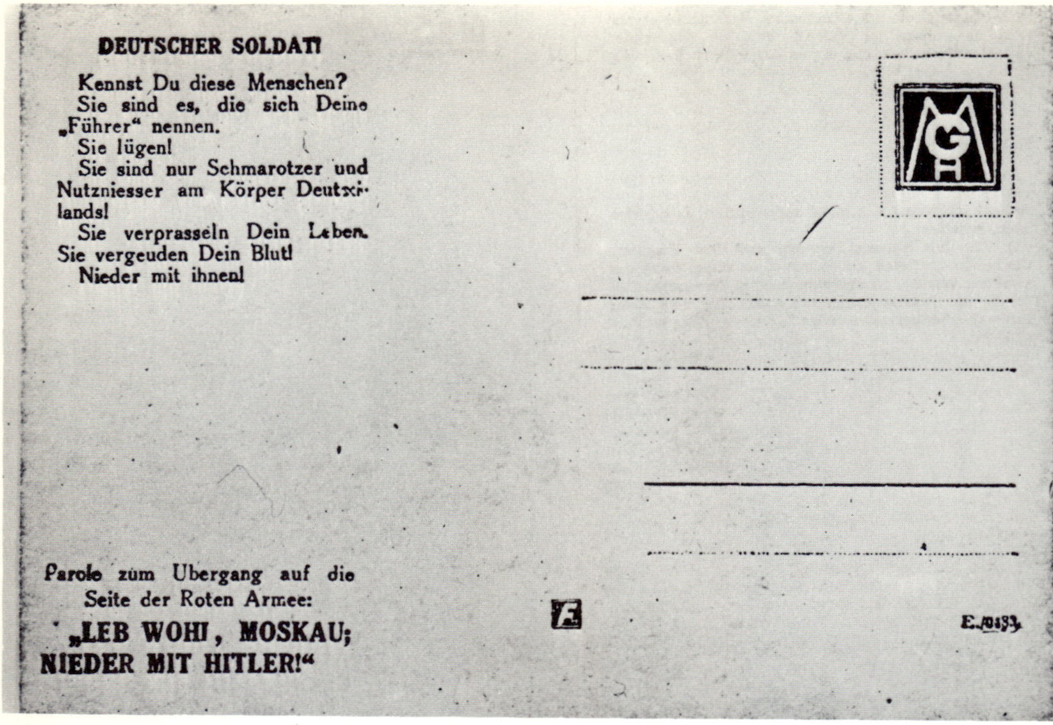

DEUTSCHER SOLDAT!

Kennst Du diese Menschen?
Sie sind es, die sich Deine „Führer“ nennen.
Sie lügen!
Sie sind nur Schmarotzer und Nutzniesser am Körper Deutsch-lands!
Sie verprasseln Dein Leben.
Sie vergeuden Dein Blut!
Nieder mit ihnen!

Parole zum Ubergang auf die Seite der Roten Armee:

„LEB WOHI, MOSKAU; NIEDER MIT HITLER!“

E. 10183

41, 42
»Kennst Du diese Menschen?«
Sowjetische Prop für deutsche Soldaten an der Ostfront, Winter 1941/1942 im gesamten Ostfrontbereich

Die Verordnung, die Diplomaten, Behördenleiter und politische Führer der NSDAP. von der allgemeinen Rationierung befreit, und die es, nach Herrn Ley, nicht gibt, kann jeder finden, der Lust hat nachzulesen in den Ausführungsbestimmungen des Reichsernährungsministers zu der Verordnung über diplomatische Verpflegung v. 26.1.43, R.E.M. I, 237 43, gez. Staatssekretär Backe. Da heißt es u.a.:

„Die Chefs der Auslandsvertretungen, die Behördenleiter und die pol. Führerränge der NSDAP., soweit sie unter die im Führererlaß v. 2.10.39 aufgeführten Kategorien fallen, erhalten:

1) Für ihre eigenen Personen und ihre Familien: Alle bewirtschafteten Lebensmittel in voller Höhe des gestellten Antrags. Ausgenommen sind Tee und Kaffee, für die die Höchstmengen von 125gr Tee und 250gr Kaffee (bei Verheirateten 500gr Kaffee) bestehen bleiben.

2) Für ihre in- und ausländischen Mitarbeiterstäbe folgende wöchentliche Rationen gegen Vorzeigen des Berechtigungsscheins:

Fleisch 2kg, Fleischwaren 500gr, Fett 500gr, Butter 1kg, Käse 500gr, Speiseöl 250 gr, Reis 500gr, Nährmittel 1kg, Mehl 1kg, Zucker 1kg, Tee 125gr, Kaffee 250gr (f. Verheir. 500gr) Vollmilch 1 Liter (täglich), Marmelade 150 gr, Kakao 250gr, Eier 4.

3) Für besondere unumgängliche Veranstaltungen der Behördenleiter können von Fall zu Fall zusätzliche Lebensmittelmengen bewilligt werden. Die Entscheidung trifft allein das R.E.M."

So frißt Ley, und so fressen zehntausende andere Amts- und Hoheitsträger der Partei mit ihren Stäben. Die einen machen's mit dem Berechtigungsschein, die anderen machen's mit Reisemarken. Nur der normale Volksgenosse hungert und steht Schlange.

Guten Appetit Herr Ley —

der letzte Gang ist der schwerste!

Drucksache

Der Normalverbraucher
und Reichswohnungskommissar

Reichsleiter Dr. Robert Ley

im „Angriff" vom 12. Oktober 1943:

„... Wir Nationalsozialisten kennen keinen ‚Diplomatenhaushalt'. Jeder, ob Reichsminister oder Reichsleiter, muß genau so von seinen Karten leben wie der einfache Arbeiter, Handwerker und Beamte. Aber selbst die Normalkarte reichte, für alle, denn ich probiere sie täglich aus, da a u c h i c h z u d e n N o r m a l v e r b r a u c h e r n g e h ö r e."

(Siehe umseitig)

43, 44
Ley-Postkarte
Englische Prop (Sefton Delmer) für das Reichsgebiet, Mai 1944

Luftschutzpolizeiamt

Es handelt sich um ein Flugblatt der englischen Propaganda (Sefton Delmer), 1943 über dem Reichsgebiet abgeworfen. Das Flugblatt ist ein Beispiel schwarzer Propaganda, das Autorisierung durch ein »Luftschutzpolizeiamt« vortäuscht und zur Identifizierung von Bombentoten auffordert.

Dieses Flugblatt steht stellvertretend für zahlreiche Flugblattaktionen aller Kriegführenden, die andere Seite durch Hinweise auf ihre Todesopfer – illustriert durch Abbildung grausig-verstümmelter Leichen – zu schockieren und zur Einsicht in die Sinnlosigkeit des Krieges zu bewegen.

In der Kommunikationsforschung ist die Wirkung angsterregender Appelle allerdings umstritten [29]. Furchtauslösende Darstellungen erzielen in der Regel eine hohe Aufmerksamkeit und fesseln das Interesse der Angesprochenen an der Propagandaaussage. Gleichzeitig wird jedoch ein psychischer Widerstand (Ekel, Abscheu) mobilisiert, der sich auch gegen eine mitgelieferte empfohlene Meinung oder Handlungsweise richten und damit den propagandistischen Erfolg in Frage stellen kann. Versuche, diese heterogenen Wirkungen der Angst auf den Beeinflussungsprozeß zu erklären, legen die Vermutung nahe, daß mit zunehmender Angst die Einstellungsänderung zunächst gefördert, dann aber gehemmt wird – mit anderen Worten, »daß es eine für die Meinungsbeeinflussung optimale Dosierung von Angst gibt [30]«. Die Wirkung einer angsterregenden Darstellung hängt also von dem vorgegebenen Angstniveau der Zielpersonen ab. »Auf geringem Niveau anfänglicher Beunruhigung bewirkt eine steigende Furchterregung (durch propagandistische Einflüsse; Anm. d. Verf.) meist eine entsprechende Meinungsänderung, aber mit höherem Angstniveau ... wird durch weitere Furchterregung eine Meinungsänderung eher verhindert ... [31]« Weiterhin muß die Zielgruppe mit einer hinreichenden Wahrscheinlichkeit annehmen, daß die von der Propaganda aufgezeigten Verhaltensmöglichkeiten dazu geeignet sind, die stimulierten Angstgefühle wieder loszuwerden. Ist das nicht der Fall, so wird sie in ihrer Erregung die angebotenen Möglichkeiten ignorieren und zurückweisen oder ihre Emotionen über andere Wege abreagieren [32]. Das vorliegende Flugblatt strebt offenbar eine Kanalisation der zuletzt genannten Möglichkeiten an: Die durch den Anblick der übel zugerichteten Bombenopfer ausgelöste und durch die fingierte hohe Seriennummer (Folge 1232) noch verstärkte Erregung über den enormen Blutzoll der Bevölkerung soll von den eigentlichen Verursachern – dem alliierten Bomberkommando – weg auf den vorgetäuschten Herausgeber des Flugblatts – eine amtliche Stelle und damit die Regierung selbst – gerichtet werden.

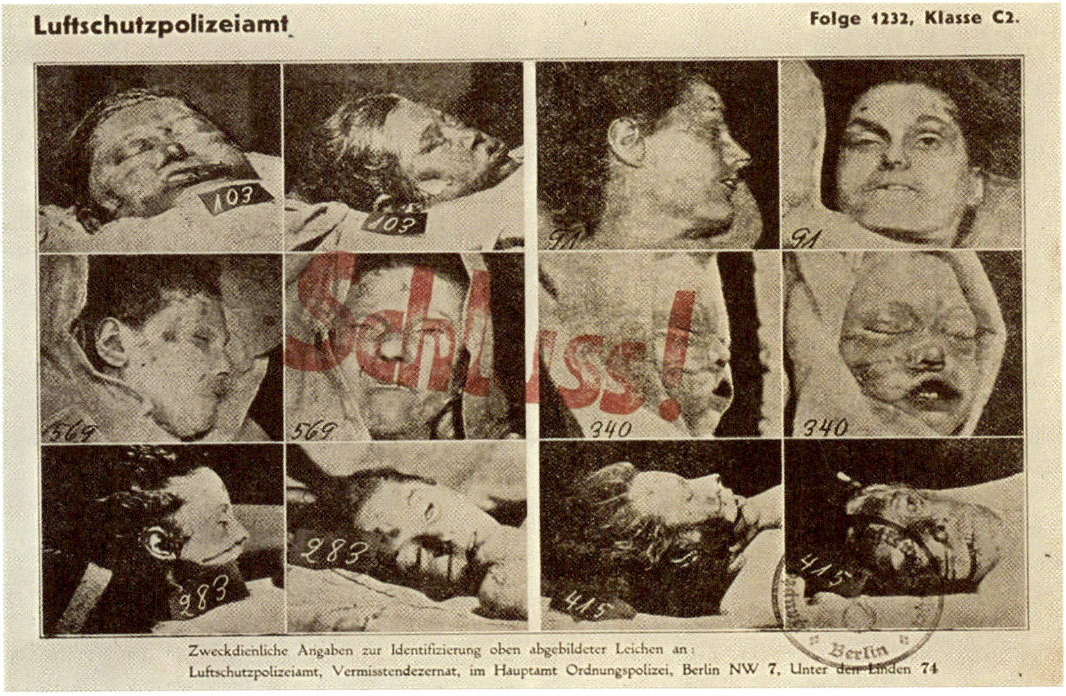

45
Steckbrief des »Luftschutzpolizeiamtes Berlin«
Englische Prop (Sefton Delmer) für das Reichsgebiet, 1943.

Zeitungen

Zeitungen dienen in erster Linie als eine *Tarnungsform*, um die Feindpropaganda nicht auf den ersten Blick als solche erkennbar zu machen, da im deutschen und russischen Bereich die Besitzer von Feindpropaganda mit hohen Strafen belegt werden (Alibifunktion beim »Erwischtwerden«).

Zeitungsköpfe wirken als Schlüsselreize: Sie erhöhen die Aufmerksamkeit der Zielpersonengruppe durch ihren hohen Bekanntheitsgrad. Die eingeschobenen Propagandatexte sind entweder *eindeutig* bei der Zielpersonengruppe als solche erkennbar (abgedruckte Passierscheine oder Überläuferparolen auf der Rückseite wie auf Abb. 55), ihrer *Tendenz* nach erkennbar (graue Propaganda) oder weder ihrer Herkunft nach noch der Tendenz ihres Inhalts nach eindeutig bestimmbar (schwarze Propaganda).

Life 1943. Der »schwarze Donnerstag«

Dieses deutsche Flugblatt ist an die Bomberbesatzungen der 8. amerikanischen Luftflotte in England gerichtet. Sein Abwurf erfolgt im Herbst 1943 [34].

Das Life-Flugblatt ist ein Beispiel für Flugblattaktionen, die im Anschluß an bedeutsame Ereignisse auf dem Gefechtsfeld die Wirkung von Niederlagen und Verlusten beim Gegner nachhaltig vertiefen sollen.

Das Life-Flugblatt knüpft an die psychologischen Folgen der hohen amerikanischen Verluste an, die der Luftkrieg über dem Reichsgebiet fordert. Der Luftangriff auf Schweinfurt z. B. am 17. 8. 1943 führt zu extrem hohen Abschußquoten bei der 8. amerikanischen Luftflotte.

Die Luftflotte verliert bei diesem Angriff insgesamt 60 viermotorige Bomber (B-17 Flying Fortress). Eingesetzt werden 376 Bomber; 315 Maschinen erreichen das Ziel. Im Monat August betragen die Verluste der Luftflotte 275 Bomber. Die Verluste liegen damit genauso hoch wie zwei Monate vorher im Juni.

Diese Verluste rufen erhebliche Unruhe, Niedergeschlagenheit und Disziplinlosigkeiten unter den Besatzungen hervor: Piloten ganzer Bomberstaffeln reichen ihre Versetzungen ein, viele Offiziere sehen sich ihrer Aufgabe nicht mehr gewachsen und müssen abgelöst werden; nur hohe Kriegsgerichtsstrafen treiben die Besatzungsmitglieder in ihre Maschinen [35].

Das Life-Flugblatt versucht diese Lage nun kontrastpublizistisch zu nutzen: Das den Amerikanern wohlbekannte Wochenmagazin »Life« wird hier bewußt in seiner Bedeutung eingesetzt, um den Lebensanspruch der amerikanischen Flieger symbolisch auszudrücken. Lachende, lebensfrohe Soldaten illustrieren diesen Gedanken zusätzlich im Titelbild. Hart daneben die grausige Realität: Eingeleitet durch das Symbol des Kreuzes, hier als Symbol des Todes, werden abgestürzte Flugzeuge, blutige Leichenteile, Särge und eine Gefallenenliste gezeigt, um die Toten in der Bilanz gegenüber den (Über-)Lebenden aufzurechnen.

Dieses Flugblatt muß in Verbindung mit den Folgen des zweiten Luftangriffs auf

---

46
Frankfurter Zeitung
Nach der bibliographischen Übersicht von Lothar Leser, S. 13, Erzeugnis der OWI-Außenstelle in Bern, das mit deutschen Postsäcken, Diplomatenpost oder auf sonstigen illegalen Wegen nach Deutschland gelangt (Anfang 1945)

90. Jahrgang Es lebe das Vierte Reich Nr. 585

Die „Frankfurter Zeitung" ist frei. Sie gelangt nicht zum Verkauf, wird aber jedem, den die Zukunft des Vierten Reiches interessiert, auf Anfrage kostenlos zugestellt.

Frankfurter Zeitung

(Neue Frankfurter Zeitung)

Die „Frankfurter Zeitung" ist frei. Sie gelangt nicht zum Verkauf, wird aber jedem, den die Zukunft des Vierten Reiches interessiert, auf Anfrage kostenlos zugestellt.

Bedenkliche Zeichen

Drei Fehloffensiven

« Masseneinsatz »... « Zu den Waffen ! »... « Alle Zivilisten, Männer wie Frauen, an die Arbeit ! »... « Der letzte waffenfähige Mann an die Front ! »

Das sind im grossen und ganzen die Rufe, die wie « ein Donnerhall » durch die deutschen Gaue in West und Ost brausen.

In der Zwischenzeit nimmt das Massenelend der Flüchtlinge und Ausgebombten immer schwerere Formen an. Auf beiden Fronten — nie war der Zweifrontenkrieg, den Adolf Hitler so ängstlich zu vermeiden suchte, grausamere Wirklichkeit — sind unsere an und für sich schon dezimierten Divisionen immer stärkerem Druck ausgesetzt.

Rein militärisch gesprochen sind einzelne Punkte vornehmlich hervorzuheben :

1. Die Gegenstösse der Wehrmacht im Süden der Ostfront zur Entsetzung Budapests sind, nach anfänglichen Erfolgen, verpufft. Die ungarische Hauptstadt, deren Lage in gewisser Beziehung ähnlich bewertet werden konnte wie seinerzeit Stalingrad, ist nach wochenlangen, hartnäckigen Kämpfen, Haus um Haus, Strasse um Strasse, von den Russen erobert worden. Unsere Truppen, die Budapest verteidigten, sind entweder in Gefangenschaft geraten oder liegen unter den Trümmern der Stadt begraben. Ungeheure Menschen- und Materialverluste der tapfer angreifenden Entsetzungskolonnen, die immer und immer wieder durchzubrechen versuchten, das ist so ziemlich das einzige Ergebnis dieser mehr politischen als taktischen Operation !

2. Die Rundstedtsche Westoffensive ist nun endgültig erledigt. Zwar gelang es den Anglo-Amerikanern nicht, den nach Westen vorgestossenen deutschen Angriffskeil an der Basis abzuschneiden und zu vernichten. Vielmehr glückte es von Rundstedt durch geschickt geleitete, hinhaltende Gefechte, die Masse seiner exponierten Divisionen zu retten. Aber auch hier ist das Saldo dieser Operation, an die sich soviel Hoffnungen knüpften, ein sehr empfindlicher Verbrauch von Menschen- und Kriegsmaterial. Heute stehen die Anglo-Amerikaner in den Stellungen, die sie vor der Weihnachtsoffensive hielten, sie sind im Gegenangriff mehrere Kilometer tief in die Hauptwerke der Siegfriedlinie eingedrungen und nähern sich dem mittleren Rhein.

3. Die dritte, hauptsächlich aus politischen Gründen unternommene Angriffsoperation der Wehrmacht wurde im Elsass versucht : Strassburg, das Ende November durch einen Ueberraschungsvorstoss einer einzelnen französischen Schnelldivision besetzt worden war, sollte, hauptsächlich aus Prestigegründen, zurückerobert werden. Kostbare, im Osten viel nützlichere Elitedivisionen, auf des Führers Geheiss eingesetzt, überschritten nördlich und südlich von Strassburg den Rhein und stiessen gegen die elsässische Hauptstadt vor, die auch von den im südlichen Teil des Elsasses operierenden hochwertigen Truppen in die Zange genommen werden sollte. Auch diese Operation misslang nach zähem, verlustreichem Ringen. Heute halten die Verbündeten die Rheinlinie von Basel bis fast zur pfälzischen Grenze besetzt. Einige 20 000 Soldaten, die zu unseren besten Truppenteilen gehörten, sind teils als Gefallene und Verwundete auf dem Schlachtfeld geblieben, teils in Gefangenschaft geraten. Das Elsass ist nun endgültig verloren und mit dem Hissen der Hakenkreuzfahne auf dem altehrwürdigen Strassburger Dom ist es nichts geworden.

Eine merkwürdige passive Bilanz ! Drei grossangelegte Offensivstösse : drei blutige, äusserst kostspielige Misserfolge. Das Strategengenie unseres Führers verblasst. Was uns aber an Kämpfern bleibt, nimmt in erschreckender Weise ab.

Kulturschande

Rätselhaft und erschreckend für Millionen erscheint das riesenhafte Anwachsen der Feindesflut, die heute über Deutschland hereinbricht. Die berufenen Vertreter des Naziregimes sind deshalb bemüht, ihren Anhängern dieses Anwachsen einer einst verlachten, heute mit Recht gefürchteten Feindeskoalition zu « erklären », und zwar so zu erklären, wie es ihren alten Methoden entspricht. Zunächst ein Wort über diese Methoden.

Hitler hat ihnen in « Mein Kampf » einige einsichtige Sätze gewidmet, wir befinden uns hier also auf festem Boden. Er spricht dort « von dem sehr richtigen Grundsatze, dass in der Grösse der Lüge immer ein gewisser Faktor des Geglaubtwerdens liegt, da die breite Masse eines Volkes im tiefsten Grunde ihres Herzens eher verdorben als bewusst und absichtlich schlecht sein wird, mithin einer grossen Lüge leichter zum Opfer fällt als einer kleinen, da sie selber manchmal im kleinen lügt, jedoch vor zu grossen Lügen sich zu sehr schämen würde. Eine solche Unwahrheit wird ihr gar nicht in den Kopf kommen, und sie wird an die Möglichkeit einer infamsten Verdrehung auch bei anderen gar nicht glauben können. » Man liest dort ferner, dass eine geschickte und fortdauernde Propaganda schliesslich die Völker dazu führt, zu glauben, dass der Himmel im Grunde nur eine Hölle sei und die elendeste Existenz im Gegenteil das Paradies.

Es ist nun nicht so, dass diese sonderbaren Grundsätze lediglich die Aussenpolitik beherrschten. Nein ! Unsere ehrenwerten Führer haben sie in erster Linie auf das deutsche Volk angewendet, die Deutschen selbst durch Lügen in grossem For-

46

Reichsausgabe

Neues Wiener Tagblatt

Nr. 41 — Wien, Samstag, 3. März 1945 — 7½. Jahrgang

Am Rande des Abgrundes

Eine furchtbare Prüfung ist über unser Volk hereingebrochen. Von Osten her rollen die russischen Millionenheere über unsere Grenzen. Ein riesiger Dammbruch hat in wenigen Tagen alle Verteidigungsstellungen der Wehrmacht zunichte gemacht.

Ganz Polen wurde verloren, Ostpreussen ist vom Reiche isoliert, unsere Riegelstellungen im Süden der Ostfront sind durchbrochen, Schlesien, die letzte intakte Rüstkammer Deutschlands ist bis zur Oder in Feindeshand. « Das Vaterland ist in Gefahr », haben unsere Machthaber verkündet, und die eiligem Rückzug sprengen die eigenen Truppen auf deutschem Boden alles, was nicht mehr zurückgebracht werden konnte.

Hunderttausende deutscher Volksgenossen ziehen im tiefen Winter durch Nacht und Frost westwärts, ihre Habe ist ein Rucksack oder ein Bündel. Wie eine gehetzte Herde streben alte Männer, Frauen und Kinder Mitteldeutschland zu, verfolgt von den immer schneller und tiefer vorstossenden sowjetrussischen Schnelltruppen. Hinter diesen rollt die russische Kampfartillerie heran, viele unserer Städte und hunderte einst blühender deutscher Dörfer liegen bereits in Schutt und Trümmern.

unseres Rückzuges völlig klar zu sein und führen ihre wuchtigen Schläge nur dann aus, wenn sie sich strategisch und, was ihren Nachschub betrifft auch taktisch rechtfertigen lassen. Sechs volle Monate hat der Gegner gewartet und gerüstet. Oft wollte es uns scheinen, als ob dieses Warten doch noch eine Möglichkeit böte, zu einem halbwegs erträglichen Ausgleichsfrieden zu kommen. Als dann, kurz vor Weihnachten, die Rundstedt-Offensive im Westen losbrach, da schien es als ob diese trügerischen Hoffnungen gerechtfertigt gewesen seien.

Das hat nicht lange gedauert. Im Westen ging der Stoss nach Antwerpen fehl, heute sind unsere Soldaten, nach ungeheuren Blut- und Materialopfern wieder auf unsere Ausgangsstellungen zurückgeworfen. Im Osten aber brach die russische Lawine los und die Machthaber in Moskau und die sowjetrussischen Heerführer sagen es offen heraus, dass die Endphase des Kampfes, den sie bis zum Herzen des Reiches vortragen wollen, nunmehr begonnen hat.

Soweit ist also das Verbrechen Adolf Hitlers gediehen. Unerbittlich erfüllt sich unser Schicksal. Der geheiligte deutsche Boden, den unsere Könige und sogar die Kaiser vor dem Eindringen des Feindes

Kreuzzug zur Befreiung der Welt, haben durch ihren Präventivkrieg den Feind ins deutsche Land geführt, nachdem sie unserm Volk die unsinnigsten Blutopfer auferlegt und es so entscheidend geschwächt hatten, dass sogar eine nur halbwegs wirksame Defensive kaum noch ernstlich durchzuführen ist.

Ob es in unseren deutschen Gehirnen doch noch dämmern wird? Oder werden wir alle, ohne Unterschied, ob es sich um Ost-, West-, Mittel- oder Süddeutsche handelt, in den Abgrund geschleudert werden? Man wird versuchen, aus uns den letzten Widerstandswillen herauszuquetschen, man riwd Gegengangriffe improvisieren und uns vom Beispiel der Marneschlacht des letzten Weltkrieges einiges vorfaseln. Mag sein, dass Gegenstösse den vollkommenen Zusammenbruch noch einige Wochen aufzuschieben vermögen, der Sturz in den Abgrund ist mehr als je unvermeidlich geworden.

Der Feind ist im Land, seine Panzer rollen dem Herzen Deutschlands zu. Unsere Städte und Dörfer im Osten werden zermalmt, ja sie liegen teilweise schon in Trümmern.

Das alles, Deutsches Volk, verdankst Du dem Mann, der sich von Dir den Namen « Führer » erschwindelte und der

Die Flucht nach dem Fuji-Yama

Adolf Hitler hat es, seit geraumer Zeit, unterlassen, für den Fall seines Ablebens oder sonstigen Abganges, klar zur Kenntnis zu geben, wer nun sein Werk weiterführen oder vollenden soll. Rudolf Hess, einstens des Führers Stellvertreter, weilt schon lange in England, wo er darüber nachgrübelt, was für einen Sinn sein heroischer Flug über das Meer haben konnte; sein Flug, durch den England über die Angriffsabsichten Hitlers gegen Russland aufgeklärt und Russland rechtzeitig gewarnt wurde. Von Hermann Göring hört man in letzter Zeit in den deutschen Gauen nicht allzuviel. Er steht reichlich im Hintergrunde. Höchstens hat man erfahren, dass ein Teil der durch ihn ins Leben gerufenen wirtschaftlich unrationellen, militärisch jedoch wichtigen Grossunternehmen in Schlesien den Russen völlig intakt in die Hände fiel. Von Goebbels spricht ein Deutscher nur, wenn er vorher ausgespuckt hat, und von den andern spricht kein Mensch mehr ...!

Das Problem der Führernachfolge ist demnach offengeblieben. Hitler denkt auch, seit des 20. Juli 1944, nicht mehr ans Sterben. Er hat ja, wie er uns am 30. Januar in seiner letzten Rede erklärte, einen Vertrag mit dem Herrgott in Person abgeschlossen.

47
Neues Wiener Tagblatt vom 3. März 1945
Amerikanische Prop (OWI – Bern) für das Reichsgebiet, März 1945

Ab November 1944 geben die französischen Propagandisten in Zusammenarbeit mit OWI ebenfalls Zeitungen heraus, die wie deutsche Presseerzeugnisse aufgemacht sind. Dazu gehören »Das Neue Reich«, die »Frankfurter Zeitung« und »Neues Wiener Tageblatt«[33].

Schweinfurt am 14. 10. 1943 zu einer nachhaltigen abschreckenden Wirkung geführt haben. Neue schwere Verluste – verursacht durch deutsche Jäger und Flak – machen diesen Tag nicht nur für die 8. Luftflotte, sondern darüber hinaus für die gesamte amerikanische Öffentlichkeit zum »schwarzen Donnerstag«.

Bei dem zweiten Angriff auf Schweinfurt[36] sind die Verluste so hoch, daß die 8. amerikanische Luftflotte in dieser Woche ca. 150 viermotorige Bomber vom Typ B-17 und B-24 Liberator verliert. Die Verlustrate steigt damit erstmalig auf 25 Prozent an. Nach Expertenschätzungen führt eine Verlustrate von über 10 Prozent auf kurze Sicht zur Einstellung der Angriffe, die von den Besatzungen dann nicht mehr bewältigt werden können. Eine deutsche Ic-Meldung vom 16. 10. 1943 stellt die psychologische Lage der 8. amerikanischen Luftflotte folgendermaßen dar:

»USA-Tagesangriffe, insbesondere der auf Schweinfurt, haben, wie schon früher berichtet, jetzt zu einer akuten Krise geführt, nicht nur unter fliegendem Personal des BC der 8. USAAF, sondern auch in der Führung selbst. Besatzungen wollen unter diesen Umständen zum Teil nicht mehr fliegen, besonders ist man erbittert über die offizielle Nachrichtenpolitik der offiziellen Stellen. Kritik der USA-Offiziere richtet sich besonders auch gegen General Anderson, der als ehrgeizig und skrupellos bezeichnet wird. Dieser wird es auch durchsetzen, daß die augenblicklichen Angriffe weiter durchgeführt werden. Pause lediglich des-

48
Wochenmagazin »Life« vom 26. Juli 1943

49
Daily Mail
Deutsche Prop für englische Zivilbevölkerung
»OKW/WPr«: Sommer 1943

wegen notwendig, weil die Verbände wiederaufgefüllt bzw. ganz neu aufgestellt werden müssen. Nachlieferungen an Fortresses halten diesmal zum ersten Mal nicht stand mit den Verlusten, obwohl nach Aussage USA-technischer Offiziere auch den amerikanischen Werken die Bomber jetzt aus den Montagehallen gerissen werden.« (BA-MA, RL 2/660)

Eine amerikanische Flugzeugfirma versucht, den nachteiligen psychologischen Auswirkungen in Bevölkerung und Truppe durch eine Anzeigenserie zu begegnen. In großer Aufmachung wird in Zeitschriften das Bild eines grimmig dreinschauenden MG-Schützen der Air Force veröffentlicht, der durch das Visier seines 12,7-mm-MGs blickt. Die Waffe ist auf einen Schwarm FW-190 gerichtet, die Anzeige mit der Frage betitelt: Wer fürchtet sich vorm großen Wolf?

Einer der Piloten der 8. Luftflotte reißt die ganze Seite mit der Reklame des Werkes aus der Zeitung und hängt das Bild an das Schwarze Brett der Befehlsbaracke. Darunter klebt er einen langen Zettel. Mit roter Tinte schreibt dieser Pilot als Antwort: »Wir!«

Jeder Offizier der Gruppe setzt seine Unterschrift auf dieses Papier, zuerst der Kommandeur. Dann schicken sie das Ganze ohne Kommentar an die Flugzeugfirma zurück[37].

Die von diesen Verlusten betroffene Bomber-Division Nr. 4 wird im Februar 1944 nicht mehr gegen Ziele im Deutschen Reich eingesetzt.

Übersetzung des Flugblattes 531 Zb/X. 42 (Abb. 51): Stimme der Wahrheit
Lest, was Eure Kameraden sagen, die in Gefangenschaft gerieten oder freiwillig auf unsere Seite überwechselten. Lest und zieht daraus die Konsequenzen!
Der 17jährige Rotarmist, Schütze Wanjuscha T., der bei Tagesanbruch am 12. 9. 1942 die Vorposten in der Gegend von Terek erreicht hatte, erklärte:
»Viele unserer Soldaten und Kommandeure denken, daß in Deutschland nur diejenigen russischen Gefangenen bevorzugt werden, die beim Übertritt einen deutschen Passierschein oder ein Flugblatt bei sich führten.«
Das stimmt nicht. Jedem Soldaten, der auf die Seite der deutschen Armee überwechselt, wird ein besonderer Ausweis ausgestellt, unabhängig davon, ob er mit oder ohne Passierschein gekommen ist.
Die deutsche Führung nennt weder die Namen der Kriegsgefangenen noch die Truppenverbände, in denen sie dienten, aus Euch bekannten Gründen. Dieses Flugblatt gilt als Passierschein für eine unbekannte Anzahl von Soldaten und Kommandeuren.

ПРОЛЕТАРИИ ВСЕХ СТРАН, СОЕДИНЯЙТЕСЬ!

ИЗВЕСТИЯ

СОВ
ДЕПУ
ТРУДЯ
С

Важная задача колхозов и совхозов

Развитие общественного животновод-ства в условиях войны приобретает исключительно важное народнохозяй-ственное значение. Фронту и стране нуж-

ководители колхозов должны помнить, что лишь сочетание работы сеноуборочных машин с ручной косьбой даст во-время собрать сено, обеспечить ... ста-

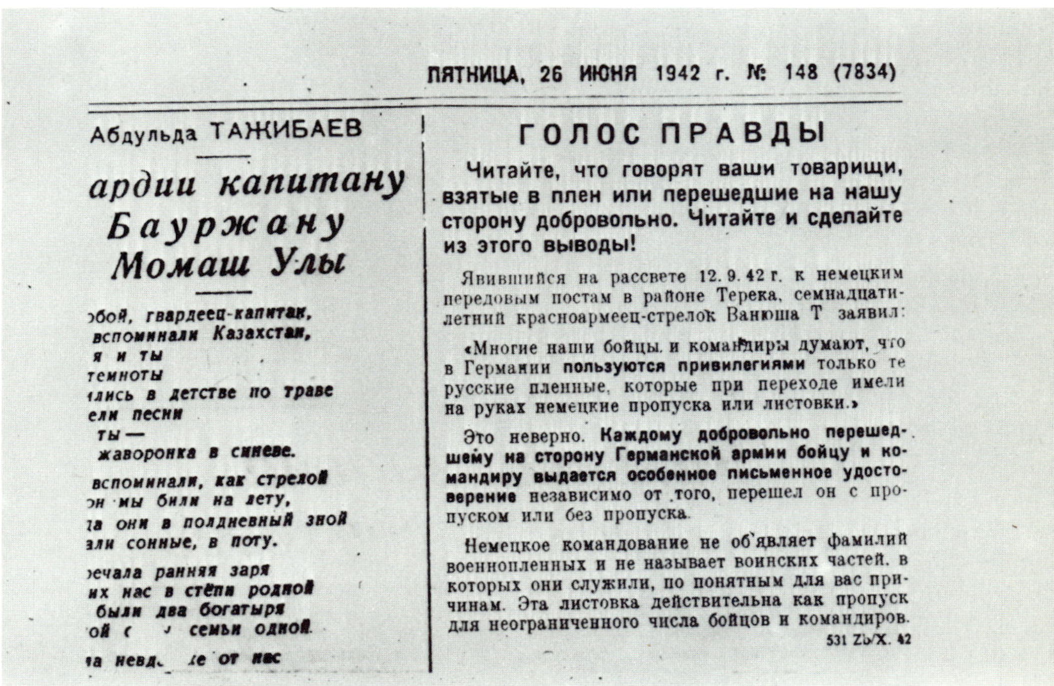

ПЯТНИЦА, 26 ИЮНЯ 1942 г. № 148 (7834)

Абдульда ТАЖИБАЕВ

...ардии капитану Бауржану Момаш Улы

...бой, гвардеец-капитан,
вспоминали Казахстан,
я и ты
темноты
...лись в детстве по траве
...ели песни
ты —
жаворонка в синеве.
вспоминали, как стрелой
...он мы били на лету,
...а они в полдневный зной
...али сонные, в поту.
...ечала ранняя заря
...их нас в степи родной
были два богатыря
...ой с ... семьи одной.
...а невд... ...е от нас

ГОЛОС ПРАВДЫ

Читайте, что говорят ваши товарищи, взятые в плен или перешедшие на нашу сторону добровольно. Читайте и сделайте из этого выводы!

Явившийся на рассвете 12. 9. 42 г. к немецким передовым постам в районе Терека, семнадцатилетний красноармеец-стрелок Ванюша Т заявил:

«Многие наши бойцы. и командиры думают, что в Германии **пользуются привилегиями** только те русские пленные, которые при переходе имели на руках немецкие пропуска или листовки.»

Это неверно. **Каждому добровольно перешедшему на сторону Германской армии бойцу и командиру выдается особенное письменное удостоверение** независимо от того, перешел он с пропуском или без пропуска.

Немецкое командование не об'являет фамилий военнопленных и не называет воинских частей. в которых они служили, по понятным для вас причинам. Эта листовка действительна как пропуск для неограниченного числа бойцов и командиров.

531 Zb/X. 42

50, 51
ISWESTIJA
Deutsche Prop für Rotarmisten an der Ostfront »OKW/WPr«: Flugblatt 531 Zb/X. 42, Oktober 1942

Die Flugblätter dieser Serie sind als Ausschnitte aus Sowjetzeitungen getarnt. Der Propagandatext befindet sich auf der Rückseite.

Смерть немецким

КРАСНАЯ З

ЦЕНТРАЛЬНЫЙ ОРГАН НАРОДНОГО КОМИССАРИ

№ 147 (5211) 25 июня 1942 г., четверг

КОМИССАР ШТАБА

Современный бой пред'являет исключительно высокие требования к органам управления и прежде всего к нашим общевойсковым штабам. Четкость и слаженность в их работе, мобильность и скрытность в управлении войсками решают сейчас успех не только операций большого масштаба, а буквально каждой атаки, каждого маневра наших частей и подразделений. Всякая проволочка с доведением при

в оперативных сводках дивизии два ра
сообщались ложные данные о запятии н
шими частями одного вражеского опорно
пункта и это однажды едва не привело
печальным последствиям. Но даже и пос
того, как ложь была разоблачена, Никит
не принял никаких мер к конкретным в
воеинкам. Такое попустительство свид
тельствует о беззубости военкома Ник
тина.

52, 53
Roter Stern, Nr. 147 vom 25. Juni 1942
Deutsche Prop für Rotarmisten an der Ostfront »OKW/WPr«: Flugblatt 536 Zb/X. 42, Oktober 1942

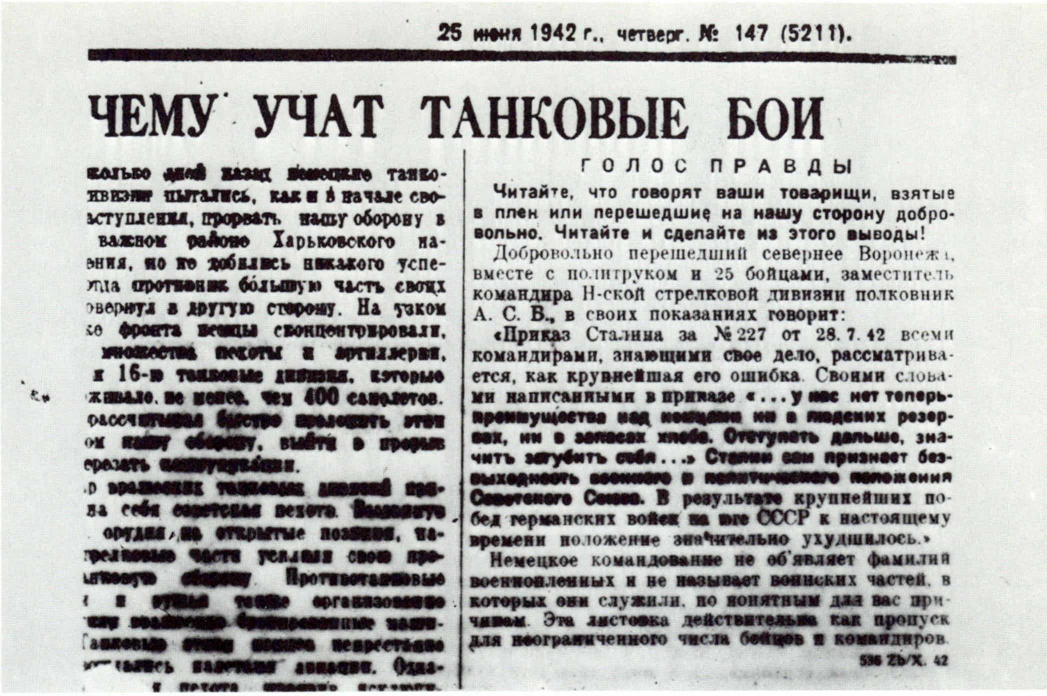

25 июня 1942 г., четверг. № 147 (5211).

ЧЕМУ УЧАТ ТАНКОВЫЕ БОИ

ГОЛОС ПРАВДЫ

Читайте, что говорят ваши товарищи, взятые в плен или перешедшие на нашу сторону добровольно. Читайте и сделайте из этого выводы!

Добровольно перешедший севернее Воронежа, вместе с политруком и 25 бойцами, заместитель командира Н-ской стрелковой дивизии полковник А. С. В., в своих показаниях говорит:

«Приказ Сталина за № 227 от 28. 7. 42 всеми командирами, знающими свое дело, рассматривается, как крупнейшая его ошибка. Своими словами написанными в приказе «... у нас нет теперь преимущества над немцами ни в людских резервах, ни в запасах хлеба. Отступать дальше, значить загубить себя...» Сталин сам признает безвыходность военного и политического положения Советского Союза. В результате крупнейших побед германских войск на юге СССР к настоящему времени положение значительно ухудшилось.»

Немецкое командование не об'являет фамилий военнопленных и не называет воинских частей, в которых они служили, по понятным для вас причинам. Эта листовка действительна как пропуск для неограниченного числа бойцов и командиров.

536 Zb/X. 42

53

Übersetzung des Flugblattes 536 Zb/X. 42 (Abb. 53): Die Stimme der Wahrheit

Lest das, was Eure Kameraden sagen, die in Gefangenschaft gerieten oder freiwillig zu uns überwechselten. Lest und zieht daraus Eure Schlüsse!

Der nördlich von Woronesch zusammen mit dem Politruk und 25 Soldaten übergewechselte stellvertretende Kommandeur der Schützendiv. X, Oberst A. S. B., macht folgende Aussage:

»Der Befehl Stalins Nr. 227 vom 28. 7. 1942 wird von sämtlichen Kommandeuren, die ihr Handwerk verstehen, als größter Fehler Stalins betrachtet. Durch den Befehlstext ›. . . jetzt sind wir den Deutschen weder durch Menschenmaterial noch durch Brotvorräte überlegen. Weiterer Rückzug bedeutet das eigene Verderben . . .‹ anerkennt Stalin persönlich die ausweglose militärische und politische Lage der Sowjetunion. Aufgrund der großen Siege der deutschen Truppen im Süden der UdSSR hat sich die Lage gegenwärtig bedeutend verschlechtert.«

Die deutsche Führung nennt weder die Namen der Kriegsgefangenen noch die Truppenverbände, in denen sie dienten, aus Euch bekannten Gründen. Dieses Flugblatt gilt als Passierschein für eine unbegrenzte Anzahl von Soldaten und Kommandeuren.

Пролетарии всех стран, соединяйтесь!

Всесоюзная Коммунистическая Партия (больш.).

ПРАВДА

Орган Центрального Комитета и МК ВКП(б).

№ 29 (9165) | Пятница, 29 января 1943 г. | ЦЕНА 20 КОП.

Военачальники

54, 55
PRAWDA
Deutsche Prop für Rotarmisten an der Ostfront
»OKW/WPr«: Flugblatt 656 Zb/III. 43, März/April 1943

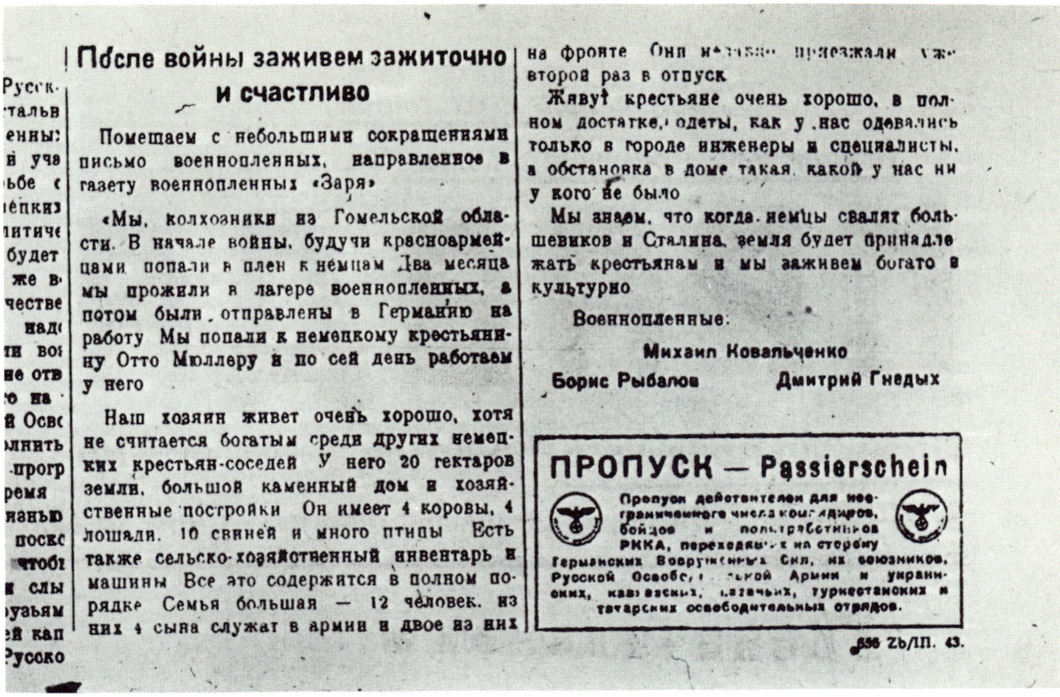

После войны заживем зажиточно и счастливо

Помещаем с небольшими сокращениями письмо военнопленных, направленное в газету военнопленных «Заря»

«Мы, колхозники из Гомельской области. В начале войны, будучи красноармейцами попали в плен к немцам Два месяца мы прожили в лагере военнопленных, а потом были отправлены в Германию на работу Мы попали к немецкому крестьянину Отто Мюллеру и по сей день работаем у него

Наш хозяин живет очень хорошо, хотя не считается богатым среди других немецких крестьян-соседей У него 20 гектаров земли, большой каменный дом и хозяйственные постройки Он имеет 4 коровы, 4 лошади, 10 свиней и много птицы Есть также сельско-хозяйственный инвентарь и машины Все это содержится в полном порядке Семья большая — 12 человек, из них 4 сына служат в армии и двое из них на фронте Они недавно приезжали уже второй раз в отпуск

Живут крестьяне очень хорошо, в полном достатке, одеты, как у нас одевались только в городе инженеры и специалисты, а обстановка в доме такая, какой у нас ни у кого не было

Мы знаем, что когда немцы свалят большевиков и Сталина, земля будет принадлежать крестьянам и мы заживем богато и культурно

Военнопленные:

Михаил Ковальченко

Борис Рыбалов Дмитрий Гнедых

ПРОПУСК — Passierschein

Пропуск действителен для неограниченного числа командиров, бойцов и политработников РККА, переходящих на сторону Германских Вооруженных Сил, их союзников, Русской Освободительной Армии и украинских, кавказских, казачьих, туркестанских и татарских освободительных отрядов.

656 Zb/III. 43.

55

Übersetzung des Flugblattes Nr. 656 Zb/III. 43 (Abb. 55):

Nach dem Kriege werden wir alle in Wohlstand und Glück leben.

Wir veröffentlichen den ein wenig verkürzten Brief einiger Kriegsgefangener, der der Schriftleitung der Kriegsgefangenenzeitung »Sarja« zugesandt wurde.

Wir sind Kollektivbauern aus dem Bezirk Gomel. Am Anfang des Krieges gerieten wir als Rotarmisten in deutsche Gefangenschaft. Zwei Monate lang lebten wir im Kriegsgefangenenlager, danach wurden wir auf Arbeit nach Deutschland geschickt. Wir kamen zu dem deutschen Bauern Otto Müller, bei dem arbeiten wir auch jetzt noch.

Unser Brotgeber führt ein gutes Leben, obwohl er unter seinen Nachbarn keineswegs als reich gilt. Er hat 20 ha Land, ein aus Stein gebautes Wohnhaus mit dazugehörigen Wirtschaftsgebäuden. Er hat vier Kühe, vier Pferde, zehn Schweine und viel Geflügel. Landwirtschaftliches Arbeitsgerät und sehr gute in tadellosem Zustand befindliche Maschinen sind ebenfalls vorhanden. Seine Familie ist groß, zwölf Menschen. Vier Söhne dienen in der Armee, von denen zwei an der Front stehen, die unlängst schon das zweite Mal auf Urlaub zu Hause waren. Alle Bauern führen ein sehr gutes Leben, vollkommen auskömmlich, sie sind gekleidet wie bei uns vielleicht ein Städter, ein Ingenieur oder Spezialist, und eine Wohnungseinrichtung haben sie, wie sie bei uns wohl niemand hat.

Wir wissen, wenn die Deutschen die Bolschewisten und Stalin vertrieben haben werden, wird alles Land dem Bauern gehören, und wir werden wohlhabend in gepflegten Verhältnissen leben.

Kriegsgefangene:
Michael Kowaltschenko
Boris Rybalow
Dmitrij Gnjedych

Passierschein

DIE FRONT

Feldzeitung einer Armee

In einem Korpsabschnitt 751 Panzer vernichtet

Der grosse Don-Bogen erreicht

Bataisk genommen - Eingeschlossene sowjetische Kräftegruppen vernichtet

dnb. Führerhauptquartier, 27. Juli

Das Oberkommando der Wehrmacht gibt bekannt:

Südlich Rostow wurde die stark befestigte und zäh verteidigte Stadt Bataisk nach zweitägigem Kampf von deutschen Truppen im Sturm genommen. Kampf-, Zerstörer- und Schlachtgeschwader bahnten hierbei der Infanterie den Weg. Weiter ostwärts stiessen schnelle Verbände weit nach Süden vor.

Im grossen Don-Bogen warfen deut- … zer vernichtet worden. Im mittleren Frontabschnitt wurden bei örtlichen Angriffsunternehmungen mehrere feindliche Bataillone eingeschlossen.

Deutsche Jagdfliegerverbände schossen gestern bei drei eigenen Verlusten 120 sowjetische Flugzeuge ab. Ausserdem brachten italienische Jäger drei feindliche Flugzeuge zum Absturz.

In Ägypten wurde im Südteil der El Alamein-Stellung ein feindlicher Vorstoss abgewiesen. Die Zahl der in der Abwehrschlacht seit dem 22. Juli vernichteten britischen Panzerkampf- … spielt hat. Ein sowjetisches Kanonenboot und mehrere Fahrboote, mit flüchtenden Bolschewisten besetzt, wurden in Brand geworfen.

Mit unverminderter Schlagkraft erzwang deutsche Infanterie gemeinsam mit den slowakischen Truppen gleichzeitig den Übergang über das Südufer des unteren Don. Ein Rasten gab es auch dann noch nicht. Als Frucht des weiteren Vorstosses konnte nunmehr die Einnahme von Bataisk gemeldet werden, an der Spitze der stürmenden Gruppen der K…

…r Wolga

…e meldete der Wehr- …s Schiffsverkehr auf …deutschen Kampfflug- …en worden ist. Nach …htiger Eisenbahnlinien …tige Fluss eine wich- …rasse von den roh- …gebieten der Sowjet- …triellen Moskauer Di- … dieser Tatsache wird …Bedeutung der raum- …tschen Operationen …ch einen breiten Keil …istische Südfront von … Verbindungen abge-

…ungsvollen Angriffen …f den Wolga-Schiffs- … Nacht zum 27. Juli …kommando der Wehr- …endes. Ein Transport-

Schicksal im Osten

Infanteriedivisionen 11, 121, 215 im Einsatz

Schon 14 Monate dauert der blutige und für Deutschland aussichtslose Krieg. Die besten deutschen Divisionen wurden wiederholt aufgerieben, erhielten Ersatz und verbluten immer wieder.

Hier eine kurze Geschichte von drei Divisionen an der Leningrader Front.

Die ID 215 befindet sich seit Dezember 1941 am Wolchow und vor Leningrad. In den Kämpfen bei Tichwin und Malaja-Wischera verlor die 13 000 Mann starke Division 7 000 Mann, d. h. 60 v. H. ihres Bestandes. Tichwin und Malaja-Wischera aber kamen wieder in russische Hand. Bei der Aufreibung der Wolchowgruppe des Generalfeldmarschalls von LEEB büßte die inzwischen wieder aufgefüllte Division 4 500 Mann ein. Im Raum von Tschudowo schmolz sie weiter zusammen. Von der Garnison in Dymno blieben z. B. bloß 40 Mann am Leben. Bei den Versuchen, die verlorenen Stellungen südlich von Leningrad wieder zu erobern, büßten die eingesetzten Einheiten der Division wieder 30 bis 40 v. H. ihres Bestandes ein.

Noch mehr Blut hat die ID 121 auf dem Wege durch Rußland verloren. In den Kämpfen um Tschudowo verlor die Division die Hälfte ihres Bestandes. „Zu Beginn des Krieges", — erzählt der Soldat Walter KAILWEIT, — „waren bei meiner Kompanie (3. Kp., 330. IR) 160 Mann; Anfang Februar — kaum 70..."

„Als wir die russische Grenze überschritten", — sagte der Obergefr. Peter ROSS, (480. IR) — „waren in unserem Bataillon 700 Mann. Jetzt, im Februar ist unser Bataillon bloß 200 Mann stark. Darunter sind 30 aus den Lazaretten wiedergekehrte Verwundete."

In den Kämpfen bei Leningrad im Mai, Juni und zuletzt im Juli erging es der Division nicht besser, sondern noch viel schlimmer.

Die ID 11 hat die ersten blutigen Verluste schon in Estland, und zwar vor Tallinn, erlitten. Der Obgefr. der 3. Schwadron der Aufklärungsabteilung, Gerhard SCHWARZ, erzählt: — „Wir hatten großen Ausfall an Offizieren. Wir haben das ganze Heeresgerät verloren. Mehr als 300 Mann kamen ums Leben." Noch ein Beispiel aus der Geschichte dieser ID: — „Während des polnischen Feldzuges büßte die 12. Kp. des 2. IR bloß 2 Mann an Toten und 10 an Verwundeten ein. Während des französischen Feldzuges hatte sie nur 5 Verwundete. An der Ostfront hatte sie bis Ende April 40 Mann Ausfall und im Mai wurde die Kp. vollständig aufgelöst." So lautet die aufrichtige Aussage des Lt. SKUSA.

Das ist das Schicksal der drei Divisionen vor Leningrad. Das gleiche Schicksal erlitten Hunderte anderer Divisionen vor Moskau, Smolensk, Kalinin, im hohen Norden und im Süden. Die Verluste der deutschen Wehrmacht sind ungeheuer. Im Laufe eines Kriegsjahres hat sie 10 000 000 an Toten, Verwundeten und Gefangenen verloren. 3 500 000 werden nie wiederkehren. Sie sind gefallen. Und mit jedem Tag steigen die Verluste. Im Laufe von nur 3 Monaten vom 15. Mai bis zum 15. August wurden allein im Südabschnitt der Ostfront 1250000 Soldaten und Offiziere getötet, verwundet oder gefangengenommen. Die Zahl der Toten allein beträgt 480 000 Mann.

Deutschland wird von Tag zu Tag schwächer. Es macht die letzten Anstrengungen. Das Todesröcheln Nazideutschlands ist schon weithin hörbar. Die Kriegsbrandstifter ersticken in ihrem eigenen Blut. Die Zerschmetterung der deutschen faschistischen Armee ist eine Frage der allernächsten Zukunft.

Von Tag …

Das Jagdgeschwad… 2500. Luftsieg errung…

•

Oberleutnant K… der Nacht zum Mon… ner halben Stunde … Bomber ab.

•

Das bei Woronesc… eingesetzte Flakreg… nichtete während … vier Wochen in … kämpfen 130 Sowje…

•

Staatspräsident … anläßlich der Erfo… schen Einheiten in … Kommandeur der S… ein Telegramm, in … den slowakischen … höchste Anerkennun… lichen Dank für d… heldenmütige Pflich… spricht.

•

Die Engländer geb… Versenkung des … dampfers «Avila Sta… vor den Azoren zu… tete Wahrheitsliebe … geworden, nachdem … des versenkten Schif… gleische Kriegsfahr… und inzwischen in … Hafen gelandet wur… der melden, daß … dem Angriff beteilig…

Nach einer … Meldung aus Londo… geordnete Greenwo… in einer Rede … Staaten sollten de…

56, 57
Die Front
Sowjetische Prop für deutsche Soldaten an der Ostfront
Fälschung einer deutschen Frontzeitung, Herbst 1942

Oberkommando der Wehrmacht
WFSt/WPr (AP²)

August 1943 Nr. 20

unter Mitwirkung der Oberkommandos
der Wehrmachtteile

Mitteilungen für das Offizierkorps

An wen wenden sich die „Mitteilungen für das Offizierkorps"?

Ein junger Kommandeur äußerte unlängst die Meinung, die sachlichen Informationen der „Mitteilungen für das Offizierkorps" seien ihm natürlich wertvoll und willkommen, allein Ausführungen über Fragen der Haltung brauche er wirklich nicht mehr zu lesen, er wisse von allein, welche Linie ein deutscher Offizier innehalten müsse und habe das ja auch oft genug bewiesen.

Darauf ist zu erwidern: Die Tatsache, daß zehntausende deutsche Offiziere aller Dienstgrade in Krieg und Frieden vorbildlich leben und durch ihr Beispiel Offiziere und Soldaten mitreißen, ist eine der Grundlagen unserer militärischen Gesamtleistung und eins der Geheimnisse des deutschen Sieges. Weil das so ist, darum ist es so wesentlich, diese Lebenslinie des deutschen Offizierkorps von Zeit zu Zeit darzustellen und uns so in einer schlichten, für uns alle gültigen Form als Offizierkorps zu ihr zu bekennen. Wenn dann ein Offizier einen Aufsatz wie etwa den in Nr. 8 „Das persönliche Treueverhältnis zwischen Offizier und Mann" liest und feststellt, daß die dort niedergelegten Gedanken für ihn seit langem selbstverständliche Erkenntnisse und Grundlagen des Handelns sind, so wird er sich ja nur freuen können, daß für das gesamte Offizierkorps eine solche Auffassung proklamiert wird.

Vergessen wir aber nicht, daß in das deutsche Offizierkorps Jahr für Jahr viele tausend junge Kameraden eintreten, für die es wichtig ist, einen Wegweiser zu haben für die mannigfachen Pflichten, die ihrer warten. Und auch darüber wollen wir uns nicht täuschen, daß es in dem großen Organismus der deutschen Wehrmacht auch ältere Offiziere gibt, für die eine immer erneute Herausstellung der Grundfragen unserer Haltung erwünscht ist.

Die Kriegszeit bringt eine Fülle von neuen Gesichtspunkten, von Aufgaben und Problemen. Kaum einer steht so im Brennpunkt der mächtigen geistigen Bewegung der Zeit wie der deutsche Offizier, der in diesem Revolutionskrieg nicht nur auf dem rein militärischen Gebiet der Führer der wehrfähigen deutschen Männer ist, sondern in allen Fragen des Lebens und des Geschehens ihr Berater und Wegweiser sein soll und sein möchte.

So müssen wir Offiziere versuchen, aufnahmebereite Organe der vielfachen Lebensäußerungen zu sein, die auf uns einstürmen. Die „Mitteilungen" versuchen, diese in die Form zu bringen, die uns gemäß ist, und sie so für die wehrgeistige Erziehung fruchtbar zu machen. Und so wenden sie sich an alle Offiziere, denen diese Aufgabe am Herzen liegt; es darf niemanden geben, der sich hier ausschließt.

Uk-Stellung von Parteibeamten. Ein offenes Wort.

Der totale Krieg verlangt neue Opfer.

Der Ausfall Italiens mit seinen unabsehbaren militärischen und wirtschaftlichen Folgen hat die Lücken in unseren Kampf- und Arbeitsreserven, die schon bei der durchgreifenden Auskämmungsaktion des Frühjahrs nicht aufgefüllt werden konnten, noch weiter aufgerissen.

Neue Einberufungen sind die Folge. Mehr Männer müssen aus den Betrieben an die Front. Mehr Frauen müssen aus den Heimen in die Betriebe. Mehr Kinder müssen aus den Schulen an die Flak. Jetzt müssen alle ran! — Einberufung der Altersklassen bis zum 55. Lebensjahr — Herabsetzung des Erholungsurlaubs nach Krankheit und Verwundung — erhöhter Einsatz von Jugendlichen im Luftschutz — Zwangsarbeit für Frauen bis zu 50 Jahren — Zwangsarbeit für verheiratete Frauen mit Kleinkindern — das sind einige der Maßnahmen, die die Partei geplant hat, um in dieser schicksalschweren Stunde das letzte aus dem Volk herauszuholen.

Und was ist der eigene Beitrag der Partei zum totalen Krieg? — Totale Drückebergerei!

Die Forderung der Stunde an das gqnze Volk beantwortet Reichsschinder Saudel mit einem Bürokratenerlaß, der mit einem Schlage tausenden von zurückgestellten Parteibonzen tausende von neuen Uk-Posten eröffnet. Das ist der Sinn des an und für sich sinnlosen neuen Saudelerlasses, nach dem ab 1. August 1943 die bestehenden 22 Landesarbeitsämter im Reich in 42 Gauarbeitsämter umzuwandeln sind. In diesen 42 Gauarbeitsämtern finden fast doppelt soviele Parteibürokraten Unterschlupf vor dem drohenden Front- und Arbeitseinsatz wie in den bisherigen 22 Landesarbeitsämtern.

Und dieser Drückebergererlaß steht nicht vereinzelt da. Er ist nur ein Punkt in dem Programm zur Sicherstellung der Parteielite. Aus 25 Landeswirtschaftskammern sind in den letzten Monaten schon 42 Gauwirtschaftskammern gemacht worden. Die Landeswirtschaftsämter sind zu Gauwirtschaftsämtern verdoppelt worden, die Landesbergämter zu Gaubergämtern. Das gleiche ist geplant für die Landesernährungsämter, Landesfinanz- und Forstämter, Landesbauernschaften, Reichspost- und Reichseisenbahndirektionen und Provinzialschulbehörden. Sie werden alle in Gauämter und Gaubehörden umgewandelt und ihr Personal damit verdoppelt. In den Gauen Wartheland und Danzig-Westpreußen, wo die Umwandlung aller Ämter schon durchgeführt ist, ist die Zahl der unabkömmlichen Beamten von zusammen 138 000 auf 204 000 gestiegen.

Geheimbefehl des OKW vom 11.4.40

Für die ungehinderte Freimachung des zusätzlichen Bürokratenapparats, der für die verdoppelte Anzahl von Bürokratenämtern nötig wird, sorgt der nachstehend veröffentlichte Geheimbefehl des OKW vom 11. April 1940, an dem die Partei, trotz allen Einsprüchen der Wehrmacht, bis heute eisern festhält, um ihr Blut für den politischen Machtkampf zu schonen.

Oberkommando der Wehrmacht
Az.1 k 35 AHA/Ag/E/(Vb)
Nr.834/40 geh. Berlin, den 11.April 1940

Geheim

Betr: Hauptberufl. Personal der Dienststellen der NSDAP ihrer Gliederungen und angeschl. Verbände.

1. Die NSDAP ist bestrebt, die geringe Zahl der ihr verbleibenden hauptberuflich eingesetzten Kräfte baldmöglichst zu einer Frontverwendung innerhalb der Wehrmacht verfügbar zu machen.

58
Mitteilungen für das Offizierkorps, Nr. 20, August 1943
Englische Prop (Sefton Delmer) für das Reichsgebiet, August 1943

Oberkommando der Wehrmacht
WFSt/WPr (AP)

Februar 1943. Nr. 256

Mitteilungen für die Truppe

(Zur Weitergabe in einer Ausfertigung bis an die Kompanien pp.)

Das Ende der bei Stalingrad eingekesselten deutschen Truppen

Am 2. Februar 1943 hat die Rote Armee die Vernichtung der am 23. November 1942 bei Stalingrad eingekesselten 330 000 Mann starken Gruppierung der deutschen Truppen endgültig abgeschlossen.

Da die Lage der eingekesselten deutschen Truppen aussichtslos geworden war, stellte das Sowjetkommando am 8. Januar — um unnützes Blutvergießen zu vermeiden — dem Oberbefehlshaber der deutschen Truppen, Generalfeldmarschall Paulus, das Ultimatum: die Waffen zu strecken und dadurch vielen zehntausenden deutschen Soldaten das Leben zu erhalten. Das Kommando der Sowjettruppen garantierte den Gefangenen **völlige Sicherheit, die ärztliche Behandlung der Verwundeten und Kranken sowie die Rückreise nach Deutschland oder in ein beliebiges anderes Land, sobald der Krieg zu Ende ist.**

Generalfeldmarschall Paulus lehnte dieses Angebot des Sowjetkommandos ab.

So gingen die Truppen der Roten Armee am 10. Januar zum **Generalangriff** über. Die Folge davon war, daß **die eingekesselte 6. Armee und die 4. Panzerarmee der Deutschen seit dem 2. Februar nicht mehr existieren.**

Völlig vernichtet wurden: das 11. Armeekorps, das 8. Armeekorps, das 14. Panzerkorps, das 51. Armeekorps, das 4. Armeekorps und das 48. Panzerkorps, bestehend aus 22 Divisionen — der 44., 71., 76., 79., 94., leichten 100., 113., 376., 295., 297., 305., 371., 384. und 389. Infanteriedivision; der 3., 29. und 60. mot. Division; der 14., 16. und 24. Panzerdivision der Deutschen; der 1. Kavallerie- und 20. Infanteriedivision der Rumänen sowie vielen anderen Verstärkungstruppen.

Von den 330 000 deutschen Soldaten und Offizieren, die bei Stalingrad eingekesselt waren, sind

mehr als 240 000 gefallen.

Soldaten! Denkt darüber nach, wem zuliebe Hitler und seine Clique 240 000 Eurer Kameraden bei Stalingrad dem Tode geweiht haben.

24 Generäle in russischer Gefangenschaft

Doch 91 000 Soldaten und Offiziere haben sich gerettet, indem sie sich gefangengegeben haben. Unter ihnen sind 24 Generäle, 100 Obersten und mehr als 2500 andere Offiziere.

Die eingekesselten Generäle zogen die russische **Gefangenschaft** dem Tode vor. Gefangengenommen **wurden folgende Generäle:** 1. Generalfeldmarschall **Paulus**, Oberbefehlshaber der gesamten deutschen Heeresgruppe vor Stalingrad; 2. Generalleutnant **Schmidt**, Stabschef dieser Heeresgruppe; 3. Generaloberst **Strecker**, Kommandeur des 11. Armeekorps, Befehlshaber der nördlich von Stalingrad eingekesselten deutschen Heeresgruppe; 4. Generaloberst **Walter Heitz**, Kommandeur des 8. Armeekorps; 5. Generalleutnant **Schlemmer**, Kommandeur des 14. Panzerkorps; 6. Generalleutnant **Seidlitz**, Kommandeur des 51. Armeekorps; 7. Generalleutnant der Artillerie **Pfeffer, Kommandeur des 4. Armeekorps**; 8. Generalmajor **Raske, Befehlshaber der westlich der Stadtmitte** von Stalingrad eingekesselten deutschen Heeresgruppe; 9. Generalleutnant **v. Rodenburg**, Kommandeur der 76. J. D.; 10. Generalleutnant **Sanne**, Kommandeur der 100. leichten J. D.; 11. Generalleutnant **Leiser**, Kommandeur der 29. mot. J. D.; 12. Generalleutnant **Korfes**, Kommandeur der 295. J. D.; 13. Generalleutnant **v. Daniels**, Kommandeur der 376. J. D.; 14. Generalleutnant **Dubois**, Kommandeur der 44. J. D.; 15. Generalleutnant **Sixt v. Arnim**, Kommandeur der 113. J. D.; 16. Generalleutnant **v. Lenski**, Kommandeur der 24. Panzerdivision; 17. Generalmajor **Moritz v. Drebber**, Kommandeur der 297. J. D.; 18. Generalmajor **Wolf**, Artilleriechef des 4. Armeekorps; 19. Generalmajor **Ulrich**, Artilleriechef des 51. Armeekorps; 20. Generalmajor **Martin Latmann**, Kommandeur der 389. J. D.; 21. Generalleutnant **Otto Rinoldi**, Chef des Sanitätsdienstes der 6. Armee; 22. Generalmajor **Magnus**; 23. Brigadegeneral **Dimitriu**, Kommandeur der rumänischen 20. J. D., und 24. General **Bratescu, Kommandeur der** rumänischen 1. Kavalleriedivision.

Die Beute der russischen Truppen

Eine gewaltige Menge von Waffen und Kriegsmaterial wurde vernichtet. Außerdem **erbeuteten die** russischen Truppen: 750 Flugzeuge, 1550 Panzer, 6700 Geschütze, 1462 Granatwerfer, 8135 Maschinengewehre, 90 000 Gewehre, 61 102 Kraftfahrzeuge und eine große Menge sonstigen Heeresgutes.

Die Rote Armee hat den Kaukasus von den deutschen und rumänischen Truppen gesäubert. Sie hat Rostow erreicht, ist in das Donezbecken eingezogen und nähert sich Kursk und Charkow. Die Rote Armee hat die Blockade Leningrads durchbrochen.

Deutsche Offiziere und Soldaten! **Die Lage der Hitlerarmee ist aussichtslos. Verlaßt Hitler und seine Clique! Hitler ist nicht Deutschland. Die Hitlers kommen und gehen, Deutschland aber bleibt. Die Generäle, Offiziere und Soldaten, die sich bei Stalingrad den Russen gefangengaben, haben es begriffen.**

Gebt Euch den Russen gefangen, und Ihr bleibt am Leben —

für Eure Familien, für Euer deutsches Vaterland.

59, 60
Mitteilungen für die Truppe, Nr. 256, Februar 1943

Sowjetische Prop für deutsche Soldaten an der Ostfront

(Links): Generalfeldmarschall **PAULUS**, Oberbefehlshaber der gesamten deutschen Heeresgruppe vor Stalingrad und (rechts): Generalleutnant **SCHMIDT**, Stabschef dieser Heeresgruppe, unter russischen Offizieren

Sie befinden sich in russischer Gefangenschaft

(Von links nach rechts): Brigadegeneral **DIMITRIU**, Kommandeur der rumänischen 20. I. D., Generalleutnant v. **DANIELS**, Kommandeur der 376. I. D., Generalleutnant **SCHLEMMER**, Kommandeur des 14. Panzerkorps, Generalmajor Moritz v. **DREBBER**, Kommandeur der 297. I. D., Generalleutnant Otto **RINOLDI**, Chef des Sanitätsdienstes der 6. Armee, russische Offiziere und Dolmetscherin

60

Fälschung der Mitteilungen für die Truppe, Februar 1943

Nr. 28

Nachrichten des B.D.O.

Ein Kamerad zum Heldengedenktag 1944

K a m e r a d e n -

auf allerhöchsten Befehl ist dieser Sonntag - Heldengedenktag gewesen.

Wir haben ja wohl so ziemlich alle irgendwo antreten müssen - und haben uns die üblichen Reden angehört - und haben stillgestanden, während die üblichen Kränze niedergelegt worden sind -

und wir haben das im allgemeinen hingenommen, wie jeden anderen Dienst.

Aber - ich nehme an - dass es jedem Soldaten dabei so ergangen ist wie mir: - wenn der Musikzug spielt "Ich hatt' einen Kameraden" - dann kriegt man hier so'n komisches Gefühl.

Schliesslich hat jeder von uns mehr wie einen guten Kameraden verloren in den letzten Jahren. Freunde, an der Front - vielleicht die Frau, die Kinder, die Eltern, zuhause.

Keiner von uns - braucht einen besonderen Tag, wo er dran erinnert wird - dass schon wieder Millionen von Deutschen - einen vorzeitigen - unnatürlichen - und meist einen schweren Tod gestorben sind.

Man sollte tatsächlich meinen: - die Leute, die dafür verantwortlich sind - die Leute, deren Grössenwahn, deren Inkompetenz, deren Korruption - dieses ganze Elend verschuldet hat - man sollte denken, dass diese Leute nur ein Interesse daran haben - uns nicht daran zu erinnern, was uns ihr Krieg schon gekostet hat.

61, 62
Nachrichten des B.D.O., Nr. 28
Englische Prop (Sefton Delmer) für das Reichsgebiet, 1944

Tatsächlich ist dieser Heldengedenktags-Rummel - der schäbigste Trick - den sich diese Kerls je ausgedacht haben. Die rechnen kaltschnäuzig - und ohne jede Scham - mit unserer Trauer. Mit unserem natürlichen, menschlichen Gefühl.

Auch noch das, was wir empfinden, wenn wir das Lied vom Guten Kameraden hören - auch das wird noch eingespannt für kaltschnäuzig kalkulierte Stimmungsmache.

Das Gefühl, das sich nicht unterdrücken lässt - das wird absichtlich provoziert - und dann geschickt und schlau abgelenkt - zum Nutzen der Leute, die nicht genug kriegen können vom Kriege - solange die anderen für sie sterben. Man kann sich drauf verlassen: je grösser der Kranz ist, den einer niederlegt - desto weiter ist er selber vom Schuss weg.

Wir - brauchen keine Kränze und keine Paraden, um uns an unsere Verluste zu erinnern.

Wenn wir jetzt das Lied vom Guten Kameraden singen - dann haben wir dabei nur einen Gedanken:-

Dieser - Heldengedenktag - soll der letzte gewesen sein, an dem unsere innersten, menschlichsten Gefühle aufgestachelt werden - nur - um uns bereit zu machen für weitere sinnlose Opfer. Der letzte Gedenktag für unsere Opfer, an dem nicht einmal die Flaggen auf Halbmast wehen dürfen.

Beurteilung:
Deutsche Zielpersonengruppe (Zivilbevölkerung und Soldaten) sollen den Eindruck gewinnen, daß der B.D.O. (»Bund Deutscher Offiziere«) eine Institution der Wehrmacht ist und ein eigenes (kritisches) Blatt herausgibt. Demoralisierungspropaganda[38].

Nr. 342. Sonnabend, 24. März 1945

NACHRICHTEN FÜR DIE TRUPPE

Briten über den Rhein Panzerschlacht in der Ruhr

Stündlich neue Brückenköpfe zwischen Arnheim und Duisburg

ALLIIERTE Verbände sind heute bei Morgengrauen über den Niederrhein vorgestossen und dringen jetzt aus einer Reihe von Brückenköpfen zwischen Duisburg und Arnheim mit massierten Kräften in das rheinisch-westfälische Industriegebiet und gegen die Ruhr vor.

Unter dem Schutz einer 100 Kilometer langen Nebelwand und eines Trommelfeuers, das an Wucht alles bisher Dagewesene übertrifft, überqueren Stosstrupps der Alliierten seit Morgengrauen in Tausenden von gepanzerten Sturmbooten und Fähren den Niederrhein und bilden stündlich weitere Brückenköpfe.

Von mehreren Abschnitten kommen bereits Berichte über schwere Panzerkämpfe. An einer Stelle unterhalb Emmerich ist es Einheiten der 1. Fallschirmjäger-Division unter General Schemm gelungen, durch ihr zusammengefasstes Artilleriefeuer die Landung einer englischen Kampfgruppe zu vereiteln.

Gleichzeitig treffen überall aus weit auseinanderliegenden Teilen hinter der Front bei der Heeresgruppe B Meldungen über die Landung anglo-amerikanischer Fallschirmjäger und Luftlandetruppen ein.

An mehreren Stellen ist es den alliierten Luftlandetruppen bereits gelungen, die deutschen Verbindungen und Nachschubwege zu unterbrechen und lahmzulegen. Schwere Abwehrkämpfe sind im Gange.

Die anglo-amerikanischen Fliegerverbände beherrschen den Luftraum über dem gesamten Kampfgebiet. Seit Morgengrauen haben die deutschen Truppen nicht ein einziges Flugzeug der Luftwaffe gesehen, während Tausende von schweren alliierten Jagdbombern und raketenfeuernden Jägern die deutschen Verteidigungsstellungen und Nachschubwege ununterbrochen angreifen.

Generaloberst Blaskowitz versucht, Einheiten seiner mobilen Panzerreserven als

(Fortsetzung Seite 4)

Die Ruhr steht in Flammen – 1 500 Bomber-Angriff

Auf den Strassen und in den Städten des Ruhrgebiets sahen gestern Tausende von Männern und Frauen, die sich aus der vom Alliierten Oberkommando angekündigten Todeszone retten wollen, wie amerikanische Bomber-und Jägerschwärme den ganzen Tag wieder über das Ruhrgebiet dahinbrausten.

Aber auch gestern traf die Hauptbomberlast der rund 1 500 USA-Bomber, die von Hunderten von Fernjägern abgeschirmt waren, vor allem wieder Verkehrs-und Eisenbahnanlagen des Ruhrgebiets.

Angegriffen wurden gestern vor allem Eisenbahnanlagen- und Knotenpunkte in Recklingshausen, Gladbeck, Coesfeld, Münster, Rheine, Hengstey, Gesecke, Unna und Holzwickede.

Gleichzeitig zerstörten amerikanische Bomber auch die wichtigen Zufahrtstrecken in einem weiten Umkreis östlich des Ruhrgebiets und belegten Osnabrück, Siegen und Bielefeld mit Bomben.

Vernichtungsschläge Tag und Nacht

Fast das ganze Ruhrgebiet, Städte und Dörfer, Eisenbahnknotenpunkte und Bahnhöfe, steht in Flammen nach dem Luftbombardement, das jetzt als Auftakt für die angekündigten Vernichtungsschläge in der Todeszone losgebrochen ist und von den Alliierten bei günstigem Flugwetter Tag und Nacht fortgesetzt wird, ohne dass die Abwehr das geringste dagegen ausrichten kann.

Überall herrscht Ver-

(Fortsetzung Seite 4)

Anglo-Amerikaner planen bombensichere Schutzzonen für deutsche Frauen und Kinder

Siehe Seite 4.

Rundstedts Stab bleibt — Er selbst unter SD-Wache

Im Hauptquartier des Ob. West, Generalfeldmarschall Kesselring, der am 13. März die Nachfolge von Generalfeldmarschall von Rundstedt angetreten hat, werden keine grossen Veränderungen in der Zusammensetzung des Stabes erwartet; obwohl der neue Ob. West eine zahlreiche SS-Gefolgschaft aus Italien mitgebracht hat.

Der Chef des Generalstabes beim Ob. West, Generalleutnant Siegfried Westphal, wird auch weiter auf seinem Posten bleiben, da er Generalfeldmarschall Kesselring in Italien bereits als Chef des Wehrmachtführungsstabes beim Ob. Süd unterstellt war, bis er im vergangenen Jahre in den Stab des Ob. West berufen wurde.

Auf Vorschlag von Generalleutnant Westphal sollen auch sonst nur wenige Umbesetzungen im Stabe erfolgen.

Waffenstillstandsfühler?

Noch immer wird unter den Stabsoffizieren, die unter Rundstedt dienten, das amtliche Dementi vom 15. März besprochen, in dem alle Meldungen über angebliche Waffenstillstandsfühler, die Generalfeldmarschall von Rundstedt ausgestreckt haben sollte, als reine Phantasieprodukte bezeichnet wurden.

Generalfeldmarschall von Rundstedt befindet sich jetzt bewacht von Beamten des SD, in ärztlicher Behandlung auf seinem Familiengut in der Nähe von Kassel.

Der Sohn des Generalfeldmarschalls, der 41jährige Kriegsverwaltungsrat Dr. Hans Gerd von Rundstedt, wurde vor wenigen Tagen vom SD verhaftet und auf die Festung Ingolstadt gebracht

Rheinübergang auch bei Oppenheim

Auch im Süden der Westfront haben alliierte Streitkräfte den Rhein an einer neuen Stelle überschritten. Amerikanische Schwimmpanzer setzten am Freitag bei Oppenheim überraschend über den Fluss und haben einen starken Brückenkopf auf dem Ostufer des Rheins gebildet.

Bericht über die Saarpfalz — Schlacht, siehe Seite 4.

63
Nachrichten für die Truppe, Nr. 342 vom 25. März 1945

Die »Nachrichten für die Truppe[39]«

Vom 25. April 1944 bis zum 4. Mai 1945 werden von den Alliierten die »Nachrichten für die Truppe« über den deutschen Truppen an der Westfront und über dem Reichsgebiet für die Zivilbevölkerung verstreut. B-17 Bomber der 422. Flugblattstaffel werfen die Flugblattzeitung durch »Monroe-Bomben« ab.

Mit einer Auflage von 2 000 000 Exemplaren sind die »Nachrichten für die Truppe« vom Umfang, von der textlichen und graphischen Gestaltung her die bedeutendste und eindrucksvollste Flugblattzeitung der alliierten Kampfpropaganda während des Zweiten Weltkrieges. Sie wird gemeinsam von einem anglo-amerikanischen Arbeitsteam herausgegeben, das sich aus Mitarbeitern der Political Warfare Executive und des Office of Strategic Services, dessen Nachfolgeorganisation die CIA ist, zusammensetzt. Die vierseitige Flugblattzeitung wird von den englischen Propaganda-Spezialisten getextet und als ein Produkt der »grauen« Propaganda aufgemacht. Der Hauptverantwortliche ist Sefton Delmer. Die produzierende Stelle wird nicht genannt. Sie spricht in ihren Berichten stets von der »Wehrmacht« und den »Alliierten«.

Die englische Redaktion dieser Flugblattzeitung schreibt die jeweilige Nummer zwischen 22 Uhr abends und vier Uhr morgens. Anschließend geht das Blatt in Luton auf den Druckmaschinen einer ortsansässigen Zeitungsdruckerei, den »Home Countries Newspapers«, in Druck und wird druckfrisch einige Stunden später über den deutschen Linien abgeworfen.

Trotz der »grauen« Aufmachung sind die »Nachrichten für die Truppe« an ihrer Tendenz leicht als Feindpropaganda erkennbar. Bereits im Mai 1944 wird die alliierte Flugblattzeitung in der Nummer 33 der »Mitteilungen für das Offizierkorps« als Feindpropaganda vorgestellt:

»In den ›Mitteilungen für die Truppe‹ ist mehrfach auf das Treiben des sogenannten ›Soldatensenders Calais‹ hingewiesen worden, der bekanntlich weder ein Soldatensender ist noch in Calais steht, sondern der von England kommt und von jüdischen Agenten besprochen wird. Ein Gegenstück, ja eine Art Ergänzung dazu ist ein im Westen häufiger auftauchendes periodisches Flugblatt, das sich ›Nachrichten für die Truppe‹ nennt. Die Taktik ist fast dieselbe wie bei dem erwähnten Sender. Dieses feindliche Flugblatt spricht von ›unseren Truppen‹, ›unserer Wehrmacht‹, ›unsere deutsche Heimat‹ usw. Die veröffentlichten Nachrichten sind so abgefaßt, daß sie sich in den ersten Zeilen ganz sachlich ausnehmen, der Pferdefuß folgt dann. Vor allen Dingen sind die Überschriften so gewählt, daß ein harmloser Leser nicht sofort auf den Gedanken kommt, es mit feindlicher Agitation zu tun zu haben . . . Im ganzen gesehen ist dieses Nachrichtenblatt durchsetzt mit Spaltungspropaganda der übelsten Art[40].«

Die »Nachrichten für die Truppe« werden von den deutschen Propagandastellen deshalb als so gefährlich eingeschätzt, weil gerade diese Flugblattzeitung eine besonders wichtige Informationsquelle für die deutschen Truppen wird. Da der Nachschub von deutschen Soldatenzeitungen bis zur kämpfenden Truppe durch die Bombardierung der Nachschubwege oft unterbunden wird, erfolgt zeitweise die gesamte Nachrichtengebung der Truppe durch diese alliierte Soldatenzeitung. Zum ersten Mal während des Zweiten Weltkrieges wird OKW/WPr von den Ic der betroffenen Truppe bestürmt, Gegenaufklärungsmaterial für die deutschen Soldaten schnellstens zur Verfügung zu stellen.

Nr. 301, Montag, 12. Februar 1945.

NACHRICHTEN FÜR DIE TRUPPE

Amerikaner gegen Russen

Kommissare verhörten Wreschener Einwohner

Nachdem die mit dem Einrücken der Roten Armee eingesetzte sowjetische Distriktsverwaltung für den eroberten Bezirk Wreschen-Posen umfangreiche Untersuchungen durchgeführt hat, bei denen auch eine Kommission von 42 Wreschener Bürgern durch erfahrene GPU-Kommissare verhört wurde, ist einwandfrei festgestellt worden, daß bei den Kampfhandlungen, die zur sowjetischen Eroberung von Wreschen führten, Amerikaner auf deutscher Seite gekämpft haben.

Auf dem Gelände beim Stadion, das die Deutschen zur Verteidigung der Stadt eingerichtet hatten, wurden sechs Leichen in amerikanischen Uniformen und Stahlhelmen aufgefunden. Die Toten trugen die rechteckigen Erkennungsmarken der Amerikaner. Man war trotzdem geneigt, in der ganzen Sache einen groß angelegten deutschen Propagandatrick zu sehen.

Unter den verhörten Wreschenern fanden sich jedoch, nach Anwendung scharfer Verhandlungsformen, 23 Personen, die die Leichen zweifelsfrei als Angehörige des ehemaligen benachbarten amerikanischen Kriegsgefangenenlagers identifizierten.

Über diesen Tatbestand darf man sich auch durch die in den Händen der Toten aufgefundenen deutschen Waffen nicht hinwegtäuschen lassen. Es dürfte sich um Amerikaner handeln, die mit dem Herannahen der sowjetischen Truppen einer gewissen Furcht verfallen sind. Vielleicht glaubten sie, von den Sowjets sofort wieder als Infanterie eingesetzt zu werden. Diesem Zwang, unter sowjetischen Lebens- und Ernährungsbedingungen, mit den üblichen Sperrkommandos im Rücken, von neuem in den Krieg geworfen zu werden, glaubten sie vielleicht durch ihren Kampf auf deutscher Seite entgehen zu können.

Es darf angenommen werden, daß die Sowjetregierung diesen Fall im Interesse einer jetzt mehr als jemals notwendigen Zusammenarbeit der Alliierten nicht zu diplomatischen Komplikationen benutzen wird, sondern in den vorgefundenen Amerikanern lediglich einige Männer sieht, die sich eben nicht mit dem Gedanken abfinden konnten, auch nur eine Zeit lang unter Sowjetverhältnissen zu leben.

9 jähriger Sowjet-Soldat

Als jüngster Soldat dieses Krieges kann wohl der bei den Kämpfen um Krakau von den Deutschen gefangen genommene 9-jährige Pawel Tschorka aus Leningrad gelten. Der kleine Pawel trug eine der langen russischen Flinten, die tatsächlich 7 Zentimeter größer als er selber war. Der Volkssturmmann, der den Bengel aufgriff, war zufällig ein Lehrer der deutschen Schule aus dem Krakauer Vorort Skawina der ihm erst mal den Hintern stramm zog und dann einem Transport von zurückgehenden deutschen Zivilisten übergab, die den kleinen Pawel einem Waisenhaus im rückwärtigen Reichsgebiet übergaben.

Der Kampf im Osten

Die Frontlinie von Ohlau bis Königsberg

Die Kampflinie zieht sich von Ohlau entlang der Oder bis zu dem Wort Oder. Brückenköpfe haben die Sowjets bei Ohlau und Steinau etwa in einer Tiefe von 10 km. Die Front biegt nach Norden um, verläuft 15 bis 20 km östlich Frankfurt und Küstrin vorbei, um nordwestlich dieser Stadt die Oder zu erreichen, dann nach Osten umzubiegen und 15 bis 20 km nördlich der Netze sich nach Kulm hinzuziehen. Graudenz, Marienwerder, Marienburg und Elbing sind noch in deutscher Hand. Von Elbing über Bartenstein nach den Masurischen Seen und von hier über Allenburg nach Königsberg verläuft die ostpreußische Kampflinie.

Der Frontraum Oberschlesien

Die Kampflinie in Oberschlesien verläuft etwa von Bielitz über Ploß und Rybnik nach der Oder dicht nördlich Ratibor, wo die Sowjets einen kleineren Brückenkopf besitzen. Sie zieht sich dann an der Oder entlang. Einen größeren Brückenkopf haben die sowjetischen Truppen bei Oppeln, eine weitere kleinere Übersetzstelle bei Kosel.

Patterson mobilisiert Ersatz

Der amerikanische Unterstaatssekretär für den Krieg, Patterson, teilte mit, daß nunmehr auch Nordamerikaner unter 18 Jahren als Ersatz für Infanterie und Panzerwaffen über See geschickt werden. Der Bedarf an Ersatzmannschaften hat sich erhöht, während das Angebot von Ersatzmannschaften im Alter von 19 Jahren und darüber gefallen ist.

(Reuter aus New York.)

Tödlich verunglückt

In diesen Tagen verunglückte im Dienste tödlich Generalarbeitsführer Robert Leitner, Führer des Arbeitsgaues XXXVIII Prag und höherer Reichsarbeitsdienstführer beim Staatsminister für Böhmen und Mähren.

V-Waffen jetzt an allen Fronten?

„Fliegende Eiswagen" und „Eisraketen"

Auf dem Höhepunkt des Krieges beeilen sich die Deutschen offenbar, ihre barbarischen Kriegsmittel allen europäischen Völkern vorzuführen. Objektive Beobachter aus drei verschiedenen Ländern melden an einem Tage

8. Januar, Radio De Gaulle, Paris: „Es wird gemeldet, daß die Deutschen an der Ostfront zum erstenmal im Abschnitt Budapest V 1 und V 2 angewendet haben."

8. Januar, Radio Daventry, Nordengland: „Im alliierten Hauptquartier in Italien wurde bekanntgegeben, daß deutsche Raketengeschosse südlich Bologna gefallen sind."

8. Januar, Schweizer Depeschenagentur, Genf: „In der vergangenen Woche ist von den Deutschen zum erstenmal V 3 verwendet worden. Die Geschosse fielen im Einschließungsring von Bastogne. Die neue Waffe läßt im Umkreis von 150 Meter von der Einschlagstelle alles dort befindliche Lebende augenblicklich erfrieren." Soweit die Genfer Agentur.

Von fliegenden Eiswagen berichtete der amerikanische Korrespondent Chester Wilmont schon einmal am 30. Dezember in der Zeitschrift „Time": „Die Deutschen haben Jäger eingesetzt, die im Umkreis von hundert Metern augenblicklich alles gefrieren lassen und dadurch den feindlichen Flieger zum Absturz bringen. Es ist eine phantastische Angelegenheit, doch für den davon Betroffenen furchtbar genug."

64
Nachrichten für die Truppe, Nr. 301, Februar 1945
Beurteilung:
Deutsche Fälschung der alliierten »Nachrichten« durch »Skorpion West«: Deutsche Propaganda für die eigene Truppe (Konsolidierungspropaganda): Die Feindpropaganda wird durch die Fälschung in ihrer Tendenz so verändert, daß sie in ihrer Wirkung zur Gegenpropaganda wird.

Norddeutsche Ausgabe

Norddeutsche Ausgabe

Berlin, Freitag, 10. Oktober 1941

VÖLKISCHER BEOBACHTER

Kampfblatt der nationalsozialistischen Bewegung Großdeutschlands

Die große Stunde hat geschlagen:

Der Feldzug im Osten entschieden!

Heeresgruppen Timoschenko und Woroschilow eingeschlossen — Heeresgruppe Budjenny in Auflösung

Neuer Kessel bei Brjansk

Das militärische Ende des Bolschewismus

Brände größten Ausmaßes in Haifa

65
Völkischer Beobachter, Norddeutsche Ausgabe, 10. Oktober 1941
Englische Prop (PWE) für das Reichsgebiet, G 3, 21./22. 1. — 24./25. 8. 1942 durch Ballon und Flugzeug abgeworfen
Beurteilung:
Durch den Nachdruck des Völkischen Beobachters vom 10. Oktober 1941, der den militärischen Zusammenbruch der Sowjetunion meldet, soll im Januar/Februar 1942 auf dem Höhepunkt der Winterkrise im Osten durch diesen Nachdruck die Verlogenheit der NS-Propaganda dokumentiert werden: Die deutsche Propaganda wird in ihrer Unglaubwürdigkeit die beste Feindpropaganda[41]!

Norddeutsche Ausgabe

Norddeutsche Ausgabe
Berlin, Freitag, 10. Oktober 1941

VÖLKISCHER BEOBACHTER

Kampfblatt der nationalsozialistischen Bewegung Großdeutschlands

Die große Stunde hat geschlagen:

Der Feldzug im Osten entschieden!

Heeresgruppen Timoschenko und Woroschilow eingeschlossen — Heeresgruppe Budjenny in Auflösung

Neuer Kessel bei Brjansk

Die letzten voll kampfkräftigen Divisionen der Sowjets geopfert

Aus dem Führerhauptquartier, 9. Oktober.

Das Oberkommando der Wehrmacht gibt bekannt:

Das militärische Ende des Bolschewismus

V. B. Berlin, 9. Oktober.

Der italienische Wehrmachtbericht

Brände größten Ausma

66, 67
Völkischer Beobachter, Norddeutsche Ausgabe, 10. Oktober 1941 mit Überdruck »So log Hitler 1941« (Vorderseite) und »Und 1942 wird er wieder lügen« (letzte Seite) Englische Prop (PWE) für das Reichsgebiet, G 55, 1./2. 10. — 15./16. 10. 1942 durch Ballon und Flugzeug abgeworfen[42]

VÖLKISCHER BEOBACHTER

Wer boxt gegen Italien?

Unsere Spieler üben in Graz

Bewährte Nachwuchslenkung

Die Mozart-Woche des Deutschen Reiches in Wien

Ein säkularer Anlaß – eine säkulare Leistung

Der rhythmisierte Film

Die Sendung Richard Wagners

ADOX

Erdkraft

Vasenol

Und 1942 wird er wieder lügen!

Die große Stunde hat geschlagen!

Der Feldzug im Osten entschieden!

67

Beurteilung:
Ein Jahr nach der vorschnellen Erfolgsmeldung des Völkischen Beobachters soll zu Beginn der sich abzeichnenden kritischen Lage im Raume Stalingrad der Eindruck der Verlogenheit der NS-Propaganda intensiviert werden[43].

Gefälschte Dokumente

Eine weit verbreitete und von allen am Propagandakrieg beteiligten Mächten praktizierte Methode ist die Fälschung von Dokumenten. Sie dient als ideale Verpackung von schwarzer, grauer und weißer Propaganda und kann zu einer beträchtlichen Verwirrung bei den Abwehrstellen führen.

Die als »Einladung zum Kellerfest« (1940 im deutsch-niederländischen Grenzgebiet gefunden) oder als »Das Neue Soldaten Liederbuch« getarnten Flugschriften enthalten Spottverse und Spottlieder. Der Propagandist bedient sich hierbei der Vorlagen allgemein bekannter Lieder, deren Originaltexte durch Persiflagen ersetzt sind.

Spottverse und Spottlieder gehören zu den ältesten Mitteln der propagandistischen Auseinandersetzung mit politischen oder ideologischen Gegnern.

Das Zweideutige des politischen Spottliedes beinhaltet jedoch auch die Gefahr des Mißverstehens. Der Leser kann den Spott des Inhalts möglicherweise auf seine Person beziehen im Sinne von: »Man macht sich lustig über mich.« Bei einem solchen Verständnis stellt sich natürliche Ablehnung und Wut gegen den Verfasser ein. Damit kann das Spottlied zum Bumerang werden, der sich gegen den Propagandisten selbst wendet.

Beurteilung der Abb. 68–69:
Zersetzungspropaganda: England kann nicht zum Frieden gezwungen werden. Da der Krieg mit unverminderter Heftigkeit weitergeht, muß der einzelne Volksgenosse mit schweren persönlichen Opfern rechnen.
Auf dem Höhepunkt der deutschen militärischen Erfolge ist die englische Flugblattpropaganda im Reichsgebiet völlig wirkungslos. Zu diesem Zeitpunkt ordnet Goebbels des öfteren an, daß Feindflugblätter in der deutschen Presse abgedruckt und mit entsprechenden Gegenkommentaren versehen werden:
»Ein englisches Flugblatt, das sich hinter der NSDAP zu tarnen sucht, soll in den Gebieten, in denen es abgeworfen worden ist, von der Presse dem Inhalt nach veröffentlicht werden. Im Sprachendienst soll erklärt werden, daß das Flugblatt so töricht sei, daß es in vollem Wortlaut auf Anordnung des Propagandaministers der Öffentlichkeit übergeben werde. Im übrigen soll in der Polemik gesagt werden, daß es ein trauriges Zeichen für die Engländer sei, wenn gerade sie, die ihren Krieg angeblich gegen den ›Hitlerismus‹ führten, sich hinter der Autorität der NSDAP verkriechen müßten, um wenigstens auf diesem Umwege an das Ohr des deutschen Volkes zu gelangen[46].«

Amtliche Bekanntmachung.

Es besteht Veranlassung, die Volksgenossen auf die folgenden Tatsachen hinzuweisen:

1. England ist, wider Erwarten, nicht gewillt, den Krieg gegen Deutschland aufzugeben. Es ist daher mit einer langen Kriegsdauer zu rechnen. Frühere amtliche Kundgebungen, daß der Krieg im Westen vorüber sei, müssen daher als überholt angesehen werden.

2. Dementsprechend werden die Truppen in den besetzten Gebieten in voller Stärke belassen, und es ist mit weiteren Einberufungen zu rechnen. Verlustlisten werden nicht veröffentlicht werden.

3. Flaks und Jagdflugzeuge sind, wie sich herausgestellt hat, nicht in der Lage, Luftangriffe zu verhindern oder aufzuhalten. Die Bevölkerung hat sich darauf einzustellen.

4. Bisher sind bereits in über 70 deutschen Städten militärische Objekte durch Bombenangriffe zerstört worden. In oder bei fast jeder Stadt befinden sich, wie jeder Volksgenosse weiß, Anlagen, die als militärische Objekte anzusprechen sind. Da in Zukunft mit einer erheblichen Zunahme der britischen Luftangriffe zu rechnen ist, erscheint es unvermeidlich, daß fast alle deutsche Städte in Mitleidenschaft gezogen werden.

Es ist der Führung unmöglich, ohne weitere und noch einschneidendere Opfer jedes einzelnen Volksgenossen den Krieg weiterzuführen sowie Störungen in den besetzten Gebieten zu unterbinden. Es wird jedem Volksgenossen anheimgestellt, aus dieser Lage die ihm notwendig erscheinenden Schlüsse für seine künftige Einstellung zu ziehen.

410

68
Amtliche Bekanntmachung (Vorder- und Rückseite identisch)
Englische Prop (PWE) für das Reichsgebiet, E. H. 410, 22./23. 7. — 24./25. 8. 1940[44]

Politischer Volksdienst der Reichsleitung der NSDAP

Um die Gefahren abzuwenden, die sich aus einer weiteren Fortdauer des Krieges für die Partei — und auch für das Volk — ergeben werden, forderte kürzlich der Führer und Reichskanzler das englische Volk auf, den Frieden zu erzwingen.

Wie nunmehr feststeht, ist der von der Reichsleitung der NSDAP erwartete Erfolg dieses Schrittes ausgeblieben. Weder Volk noch Regierung noch irgendwelche besonderen Kreise oder Einzelpersonen in England konnten im deutschen Sinne beeinflußt werden. Die Androhung militärischer Aktionen sowie der verlustreiche Einsatz der Luftwaffe gegen England blieben wirkungslos.

Die Reichsleitung der NSDAP sieht sich genötigt, festzustellen, daß die Mittel der nationalsozialistischen Diplomatie nunmehr allgemein bekannt sind, und daß mit ihrer weiteren erfolgreichen Anwendung nicht mehr gerechnet werden kann. Eine grundsätzliche Änderung der nationalsozialistischen Politik, wie etwa die Zurückziehung der Truppen aus den besetzten Gebieten, kann nur zur schwersten Gefährdung der NSDAP führen. Es bleibt der Reichsleitung der NSDAP daher kein anderer Ausweg als von den Volksgenossen zu erwarten, daß sie auch weiterhin der Partei, die die Verantwortung für den Krieg auf sich nimmt, alle erforderlichen Opfer bringen.

Insbesondere sieht sich die Reichsleitung genötigt, darauf hinzuweisen, daß die feindliche Fliegertätigkeit über Deutschland ganz erheblich zunehmen wird, —

Aber —

Alles durch die Partei!

Alles für die Partei!

415

69

Politischer Volksdienst der Reichsleitung der NSDAP (Vorder- und Rückseite identisch)

Englische Prop (PWE) für das Reichsgebiet, E. H. 415, 29./30. 7. — 12./13. 8. 1940[45]

Volksfeinde am Werk!

In der letzten Zeit haben wieder Schwätzer und Gerüchtemacher ihr ebenso dummes wie niederträchtiges Treiben entfaltet und zwar zum Teil in aller Öffentlichkeit. Es wurden Behauptungen des Inhaltes verbreitet, daß der Krieg nun bald zu Ende sei, und daß daher keine Notwendigkeit mehr bestehe für den Aufkauf von Lebensmittelvorräten und zum Erwerb von Sachwerten. Nach dem Friedensschluß könne man ja alles viel besser und billiger haben.

Die Kreisleitung sieht sich genötigt, diesen volksschädlichen Machenschaften in aller Form entgegenzutreten und die Volksgenossen nachdrücklichst vor den falschen Glückspropheten und ihren Ratschlägen zu warnen. Es kann keine Rede von einem baldigen Ende des Krieges sein. Wer jetzt Anderen eine angenehme Zukunft vorspiegeln will, der hat den Ernst der Zeit und den Sinn unserer Weltanschauung nicht erfaßt und verursacht durch sein Gerede schwersten volkswirtschaftlichen Schaden.

Nicht nur der Miesmacher, sondern auch der Faselhans ist ein Staatsfeind. Die Volksgenossen werden daher aufgefordert, die Partei bei der Entlarvung und Bekämpfung aller derartigen Machenschaften zu unterstützen und sich durch nichts in ihrer verantwortungsbewußten Vorsorge für den zweiten Kriegswinter hindern zu lassen.

Der Kreisleiter.

70
Volksfeinde am Werk (Vorderseite)

Deutsches Frauenwerk

Feldzugsplan der Nationalsozialistischen Hausfrau

1. Deine Familie sei Deine erste Sorge. Sie ist die Keimzelle des Staates. Du mußt alles tun, sie in einem erträglichen Ernährungszustand zu erhalten.

2. Der kommende zweite Kriegswinter wird an Dich, deutsche Hausfrau, noch größere Anforderungen stellen, als der vergangene Winter. Infolge der militärischen Operationen und der Mißernten in fast allen Gebieten Europas ist mit einer weiteren und äußerst erheblichen Verknappung der Lebensmittel zu rechnen. Wenn Du jetzt irgendwelche Lebensmittel auf Vorrat einkaufen kannst, denke nicht gleich an alle Verordnungen sondern zögere keinen Augenblick.

3. Indem Du das tust, nimmst Du den ohnehin überlasteten Behörden einen Teil ihrer Verantwortung ab und verhinderst, daß vorhandene Waren von Spekulanten und Kriegsgewinnlern im Großen beiseite gebracht werden.

4. Durch die vom Führer befohlene Aufrüstung zur Vorbereitung des Krieges ist die deutsche Währung ohnehin schwer gefährdet worden. Infolge der Weiterdauer des Krieges muß die Finanzlage als äußerst gespannt betrachtet werden. Es wird von Dir erwartet, daß Du die Zukunft Deiner Kinder sicherst.

5. Um das Volksvermögen zu erhalten, kaufe, wenn Du es irgend ermöglichen kannst, Wertgegenstände ein, die ihren Wert behalten. Kleinere Gegenstände (z.B. Schmuckstücke usw.) sind besonders zu empfehlen, weil sie im Falle von Bombenangriffen nicht so sehr der Zerstörungsgefahr ausgesetzt sind und bei notwendig werdenden Räumungen mitgenommen werden können.

6. Auf diese Weise hilfst Du nicht nur, die Zukunft der Deinen zu gewährleisten, sondern Du übst praktischen Sozialismus, indem Du die erworbenen Gegenstände dem Zugriff vom Wucherern und Kapitalisten entziehst.

7. Vorsicht ist die Tugend der deutschen Hausfrau. Traue nicht den falschen Glückspropheten, die Dir ein baldiges Ende des Krieges und andere schöne Dinge weissagen. Sie arbeiten wissentlich oder unwissentlich zum Vorteil des Feindes und wollen Dich und Deine Familie schädigen.

417

Die Kreisfrauenschaftsleiterin.

71
Feldzugsplan der Nationalsozialistischen Hausfrau (Rückseite)

Englische Prop (PWE) für das Reichsgebiet, E. H. 417, 2./3. 8. – 24./25. 8. 1940[47]

72, 73
Deutsche Prop für Rotarmisten an der Ostfront »OKW/WPr«: Flugblatt 210 RA, Sommer 1942

Beurteilung:
Flugblatt im Original einer sowjetischen Militärfahrkarte. Vorderseite unverändert. Rückseite mit Zeichnungen versehen, die den Weg des Rotarmisten in die Heimat zeigen, wenn er sich den Deutschen ergibt.
Die vier dargestellten einzelnen Stationen zeigen:
1. Die Einstellung des Kampfes
2. Die Übergabe
3. Die Verpflegung in der Gefangenschaft
4. Die Rückkehr in die Heimat

Texte dazu:
1. Stell den sinnlosen Kampf ein!
2. Ergib Dich den Deutschen!
3. Ihr bekommt zu essen!
4. Ihr werdet zu Euren Familien zurückkehren!

Titel der mit Zeichnung versehenen Seite: »Fahrkarte in die Freiheit«.

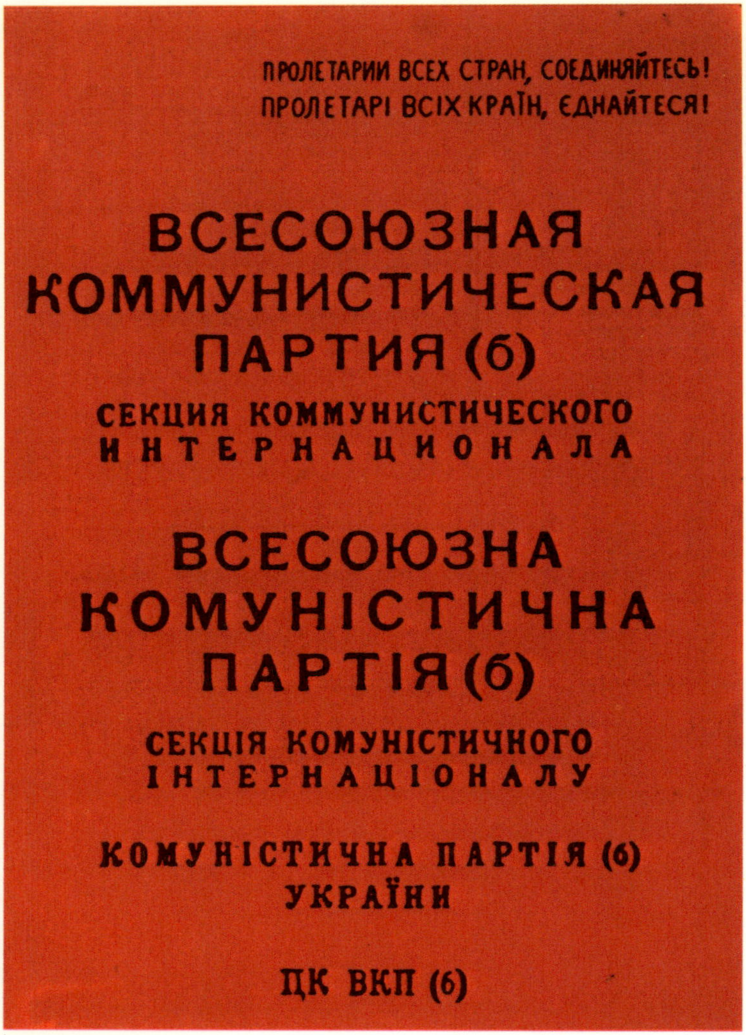

74, 75
Sowjetisches Parteibuch
Deutsche Prop für Rotarmisten an der Ostfront
»OKW/WPr«: Flugblatt
777 PB/VIII. 43,
August 1943

Beurteilung:
Von der deutschen Propaganda wird mit diesem an den Außenseiten als Parteibuch getarnten Flugblatt der Umstand ausgenutzt, daß in der zweiten Hälfte des Jahres 1943 Angehörige der Roten Armee in großer Zahl in die Kommunistische Partei aufgenommen werden und Partei- bzw. Kandidatenbücher erhalten. Die Tarnform soll das Aufheben (= den Besitz) der Flugblätter erleichtern. Im Text (Innenseite) wird die bei der Ausgabe von Parteibüchern übliche Mahnung, daß die Deutschen weder Partei- noch Komsomol-Mitgliedern Pardon gewähren, entkräftet.

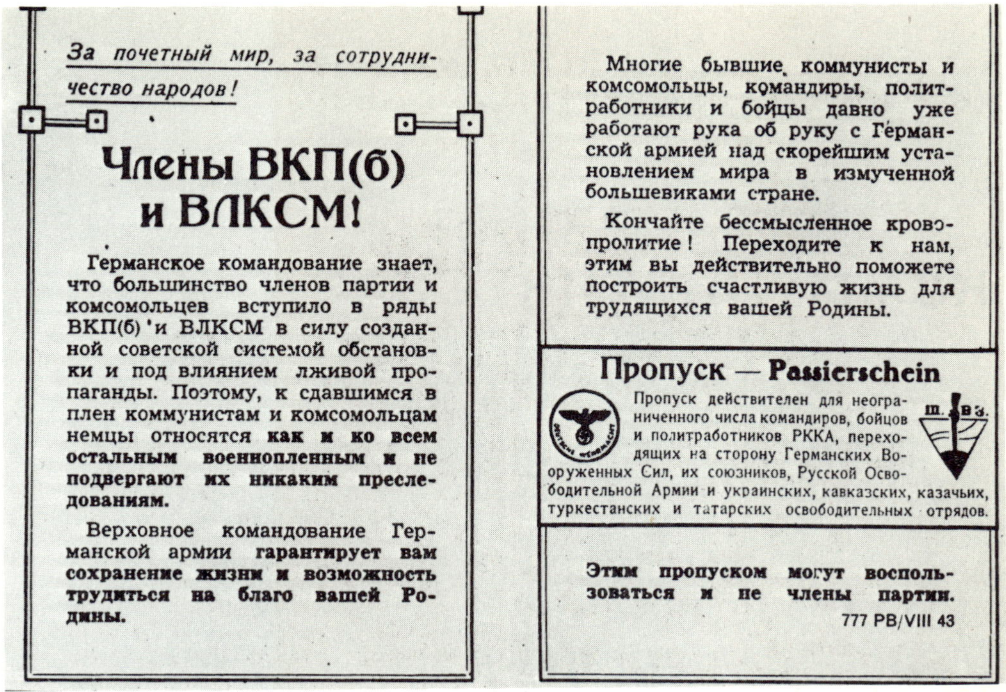
За почетный мир, за сотрудничество народов!

Члены ВКП(б) и ВЛКСМ!

Германское командование знает, что большинство членов партии и комсомольцев вступило в ряды ВКП(б) и ВЛКСМ в силу созданной советской системой обстановки и под влиянием лживой пропаганды. Поэтому, к сдавшимся в плен коммунистам и комсомольцам немцы относятся **как и ко всем остальным военнопленным и не подвергают их никаким преследованиям.**

Верховное командование Германской армии **гарантирует вам сохранение жизни и возможность трудиться на благо вашей Родины.**

Многие бывшие коммунисты и комсомольцы, командиры, политработники и бойцы давно уже работают рука об руку с Германской армией над скорейшим установлением мира в измученной большевиками стране.

Кончайте бессмысленное кровопролитие! Переходите к нам, этим вы действительно поможете построить счастливую жизнь для трудящихся вашей Родины.

Пропуск — Passierschein

Пропуск действителен для неограниченного числа командиров, бойцов и политработников РККА, переходящих на сторону Германских Вооруженных Сил, их союзников, Русской Освободительной Армии и украинских, кавказских, казачьих, туркестанских и татарских освободительных отрядов.

Этим пропуском могут воспользоваться и не члены партии.

777 PB/VIII 43

75

Übersetzung des Flugblattes Nr. 777 PB/VIII. 43 (Abb. 75):

Für einen ehrenhaften Frieden, für die Zusammenarbeit der Völker!

Mitglieder der Kommunistischen Partei und des Kommunistischen Jugendverbandes!

Das Deutsche Oberkommando weiß, daß die meisten von Euch der Kommunistischen Partei und dem Kommunistischen Jugendverband beigetreten sind, weil die von den Sowjets geschaffenen Verhältnisse dieses verlangten und Ihr von der Lügenpropaganda betört wurdet. Daher werden gefangene Kommunisten und Komsomolzen *genauso gut wie alle anderen Kriegsgefangenen behandelt und keinerlei Repressalien ausgesetzt.*

Das Deutsche Oberkommando *garantiert Euch Euer Leben* und gibt Euch die Möglichkeit, für das Wohl Eurer Heimat zu arbeiten.

Viele ehemalige Kommunisten und Komsomolzen, Offiziere, Politarbeiter und Soldaten arbeiten schon seit längerer Zeit Hand in Hand mit den Deutschen, um Eurer gequälten Heimat so bald als möglich den Frieden zu bringen.

Macht Schluß mit dem sinnlosen Blutvergießen!

Kommt zu uns, denn nur dadurch könnt auch Ihr für alle Werktätigen Eurer Heimat eine bessere Zukunft schaffen.

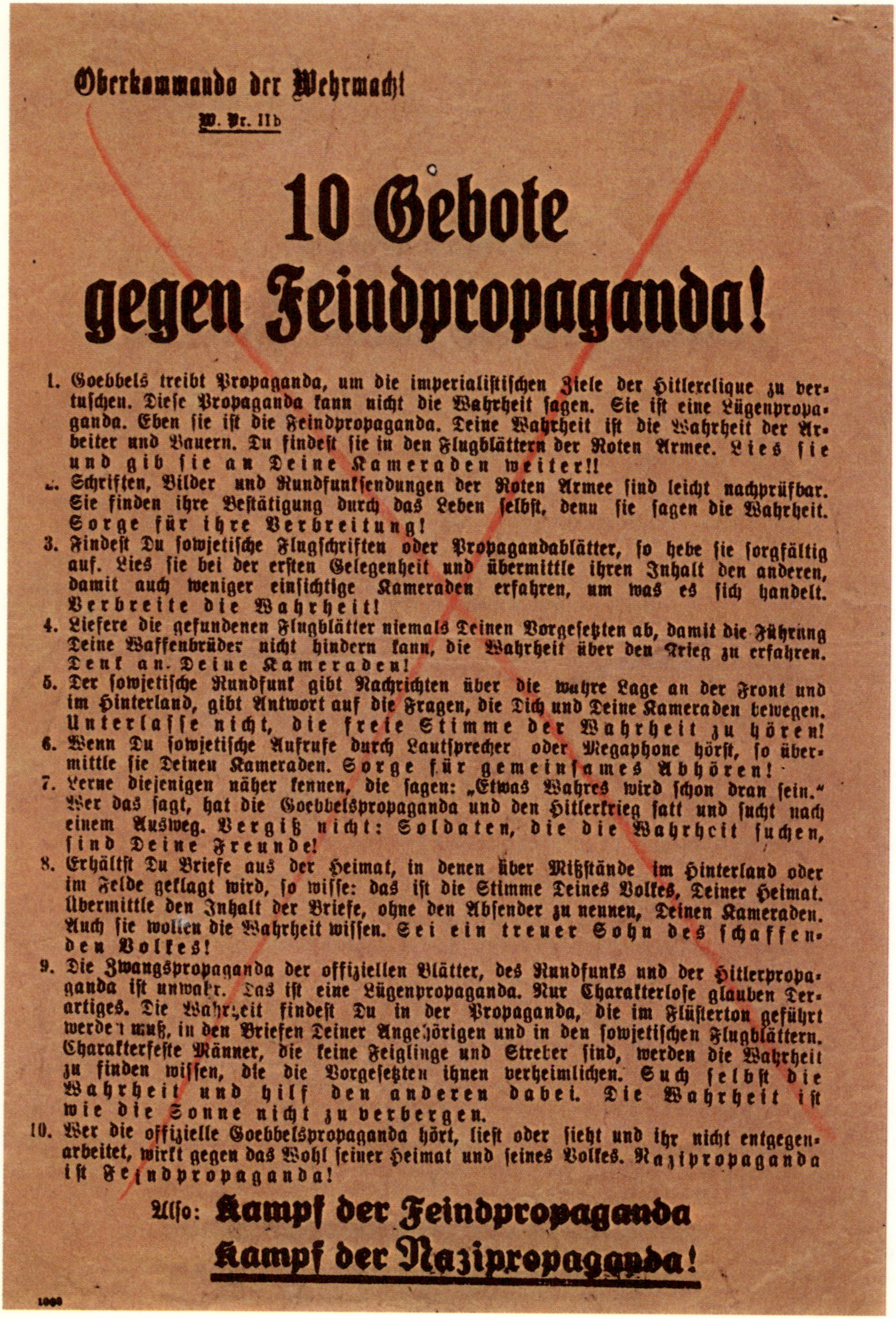

Oberkommando der Wehrmacht

W. Pr. IIb

10 Gebote gegen Feindpropaganda!

1. Goebbels treibt Propaganda, um die imperialistischen Ziele der Hitlerclique zu vertuschen. Diese Propaganda kann nicht die Wahrheit sagen. Sie ist eine Lügenpropaganda. Eben sie ist die Feindpropaganda. Deine Wahrheit ist die Wahrheit der Arbeiter und Bauern. Du findest sie in den Flugblättern der Roten Armee. Lies sie und gib sie an Deine Kameraden weiter!!
2. Schriften, Bilder und Rundfunksendungen der Roten Armee sind leicht nachprüfbar. Sie finden ihre Bestätigung durch das Leben selbst, denn sie sagen die Wahrheit. Sorge für ihre Verbreitung!
3. Findest Du sowjetische Flugschriften oder Propagandablätter, so hebe sie sorgfältig auf. Lies sie bei der ersten Gelegenheit und übermittle ihren Inhalt den anderen, damit auch weniger einsichtige Kameraden erfahren, um was es sich handelt. Verbreite die Wahrheit!
4. Liefere die gefundenen Flugblätter niemals Deinen Vorgesetzten ab, damit die Führung Deine Waffenbrüder nicht hindern kann, die Wahrheit über den Krieg zu erfahren. Denk an Deine Kameraden!
5. Der sowjetische Rundfunk gibt Nachrichten über die wahre Lage an der Front und im Hinterland, gibt Antwort auf die Fragen, die Dich und Deine Kameraden bewegen. Unterlasse nicht, die freie Stimme der Wahrheit zu hören!
6. Wenn Du sowjetische Aufrufe durch Lautsprecher oder Megaphone hörst, so übermittle sie Deinen Kameraden. Sorge für gemeinsames Abhören!
7. Lerne diejenigen näher kennen, die sagen: „Etwas Wahres wird schon dran sein." Wer das sagt, hat die Goebbelspropaganda und den Hitlerkrieg satt und sucht nach einem Ausweg. Vergiß nicht: Soldaten, die die Wahrheit suchen, sind Deine Freunde!
8. Erhältst Du Briefe aus der Heimat, in denen über Mißstände im Hinterland oder im Felde geklagt wird, so wisse: das ist die Stimme Deines Volkes, Deiner Heimat. Übermittle den Inhalt der Briefe, ohne den Absender zu nennen, Deinen Kameraden. Auch sie wollen die Wahrheit wissen. Sei ein treuer Sohn des schaffenden Volkes!
9. Die Zwangspropaganda der offiziellen Blätter, des Rundfunks und der Hitlerpropaganda ist unwahr. Das ist eine Lügenpropaganda. Nur Charakterlose glauben Derartiges. Die Wahrheit findest Du in der Propaganda, die im Flüsterton geführt werden muß, in den Briefen Deiner Angehörigen und in den sowjetischen Flugblättern. Charakterfeste Männer, die keine Feiglinge und Streber sind, werden die Wahrheit zu finden wissen, die die Vorgesetzten ihnen verheimlichen. Such selbst die Wahrheit und hilf den anderen dabei. Die Wahrheit ist wie die Sonne nicht zu verbergen.
10. Wer die offizielle Goebbelspropaganda hört, liest oder sieht und ihr nicht entgegenarbeitet, wirkt gegen das Wohl seiner Heimat und seines Volkes. Nazipropaganda ist Feindpropaganda!

Also: **Kampf der Feindpropaganda**
Kampf der Nazipropaganda!

1000

76
10 Gebote gegen Feindpropaganda
(Vorder- und Rückseite identisch)

Sowjetische Prop für deutsche Soldaten an der Ostfront
Fälschung einer deutschen Vorlage, 1942

77
Deutsches Original der »10 Gebote gegen Feindpropaganda« Verfügung befindet sich im Institut für Zeitgeschichte in München

78, 79
Das Neue Soldaten-Liederbuch
Sowjetische Prop für deutsche Soldaten an der Ostfront
Fälschung einer deutschen Vorlage, 1943

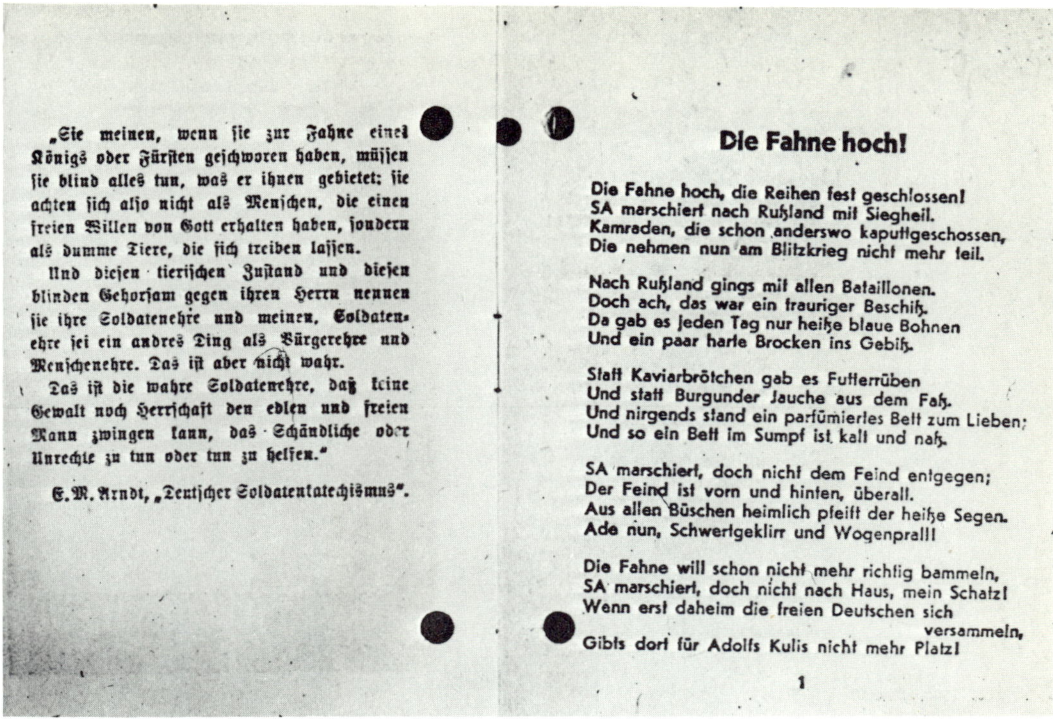

„Sie meinen, wenn sie zur Fahne eines Königs oder Fürsten geschworen haben, müssen sie blind alles tun, was er ihnen gebietet: sie achten sich also nicht als Menschen, die einen freien Willen von Gott erhalten haben, sondern als dumme Tiere, die sich treiben lassen.

Und diesen tierischen Zustand und diesen blinden Gehorsam gegen ihren Herrn nennen sie ihre Soldatenehre und meinen, Soldatenehre sei ein andres Ding als Bürgerehre und Menschenehre. Das ist aber nicht wahr.

Das ist die wahre Soldatenehre, daß keine Gewalt noch Herrschaft den edlen und freien Mann zwingen kann, das Schändliche oder Unrechte zu tun oder tun zu helfen."

E. M. Arndt, „Deutscher Soldatenkatechismus".

Die Fahne hoch!

Die Fahne hoch, die Reihen fest geschlossen!
SA marschiert nach Rußland mit Siegheil.
Kamraden, die schon anderswo kaputtgeschossen,
Die nehmen nun am Blitzkrieg nicht mehr teil.

Nach Rußland gings mit allen Bataillonen.
Doch ach, das war ein trauriger Beschiß.
Da gab es jeden Tag nur heiße blaue Bohnen
Und ein paar harte Brocken ins Gebiß.

Statt Kaviarbrötchen gab es Futterrüben
Und statt Burgunder Jauche aus dem Faß.
Und nirgends stand ein parfümiertes Bett zum Lieben;
Und so ein Bett im Sumpf ist kalt und naß.

SA marschiert, doch nicht dem Feind entgegen;
Der Feind ist vorn und hinten, überall.
Aus allen Büschen heimlich pfeift der heiße Segen.
Ade nun, Schwertgeklirr und Wogenprall!

Die Fahne will schon nicht mehr richtig bammeln,
SA marschiert, doch nicht nach Haus, mein Schatz!
Wenn erst daheim die freien Deutschen sich
versammeln,
Gibts dort für Adolfs Kulis nicht mehr Platz!

1

79

Beurteilung:
Die an den Außenseiten als Soldaten-Liederbuch getarnte Broschüre enthält Propagandatexte (Persiflagen), die das Vertrauen der Truppe in die militärische und politische Führung erschüttern und zum Überlaufen anregen wollen.
»Die Fahne hoch!« behandelt die mißliche Lage des Landsers an der Ostfront. Der neue Text verfremdet wirkungsvoll den überzogenen heroischen Anspruch und Optimismus, der aus dem Originalwortlaut der Lieder spricht. Er zielt gegen die dahinterstehende Ideologie und gegen die Persönlichkeiten, die für die Misere im Front- und Heimatgebiet verantwortlich sind. Ihre optimale Wirkung erreicht eine solche Reimpublizistik dann, wenn Spottverse und Lieder »beim Volk ankommen« und – wie beim politischen Witz – in der Bevölkerung vertraulich kolportiert und konsumiert werden.

Ich hatt' einen Kameraden . . .

Ich hatt' einen Kameraden,
Einen bessern finst du nit,
Gleich bei den ersten Stürmen
Sprach er: »Komm, laß uns türmen!
Ich mach das nicht mehr mit!«

Ein Flugblatt kam geflogen,
Fliegts zu mir oder fliegts zu dir?
Er hat es aufgefangen
Und ist hinübergegangen!
Warum blieb ich bloß hier?

Kellerlied.

(Melodie: Frankreichlied)

1.

Kamerad, wir marchieren zum Keller mit Koffer und
Bettzeug vereint.
Und fallen auch viele vom Söller, die Hauptsach,
dass jeder erscheint.
Vorwärts, voran, voran, über die Patsch,
über Wasser und Stein,
Marschieren wir zitternd zum Keller hinein.

2.

Wir retten den Leib vor verderben, soweit es
in unserer Macht,
Fällt auch unser Haus in Scherben, die Hauptsach,
dass man es schaft,
Vorwärts, voran, voran, über ..... u.s.w.

Kamerad wir marchieren und stürmen aus dem
Luftschutzkeller hinaus,
Es heulen vergnügt die Sirenen, der Fliegeralarm
der ist aus.
Vorwärts, voran, voran, über die Patsch,
über Wasser und Stein
Gehts mutig dann wieder ins Betchen hinein.

Gefälschte Lebensmittelkarten

Ab Sommer 1941 wirft die englische Luftwaffe gefälschte Lebensmittelkarten über dem Reichsgebiet ab. Mit diesen Fälschungen soll das deutsche Rationierungssystem erschüttert werden. Gegenüber diesen Fälschungen ist die deutsche Führung auch deswegen empfindlich, da jene bei der ohnehin großen Zahl von Karten, Ausweisen und anderen Dokumenten, die jeder Bürger besitzen muß, beträchtliche Verwirrung im Verwaltungsapparat stiften. Darüber hinaus werden Fahndungsmaßnahmen in Gang gesetzt, die wiederum die Polizei nutzlos beschäftigen und in Atem halten.

Im Juli 1941 kommen 33 480 Lebensmittelkarten über sechs deutschen Städten, im August 66 680 über 28 Städten und Ortschaften und im September 7200 Karten über sieben Städten zum Abwurf.

Die Fälscherwerkstatt Sefton Delmers fälscht die verschiedenen Serien und Ausgaben deutscher Lebensmittelkarten in großen Mengen. Sie sind so täuschend »echt« gefälscht, daß ein Teil von ihnen von der deutschen Bevölkerung benutzt wird. Die Reichsregierung sieht sich gezwungen, drakonische Maßnahmen gegen die widerrechtliche Benutzung von gefälschten Lebensmittelkarten zu erlassen: Wer gefälschte Lebensmittelkarten eintauscht, wird mit dem Tode bestraft.

Am 16. März 1943 notiert Goebbels in sein Tagebuch:

»Besonders unangenehm macht sich das Abwerfen von gefälschten Lebensmittelkarten durch die englischen Flugzeuge bemerkbar. Ich lasse deshalb in den betroffenen Gauen eine Pressenotiz veröffentlichen, daß der Gebrauch von solchen Lebensmittelkarten mit schweren Strafen, unter Umständen mit der Todesstrafe belegt wird[48].«

Ab 1943 werden gefälschte Lebensmittelkarten der unterschiedlichsten Muster in Massen abgeworfen. Trotz verschiedener Aktionen der Reichsbehörde gibt es kein wirksames Gegenmittel gegen diese Fälschungen. Der letzte Höhepunkt der Abwürfe von gefälschten Lebensmittelkarten liegt mit über zwei Millionen Stück in den Monaten Januar bis März 1945[49].

80

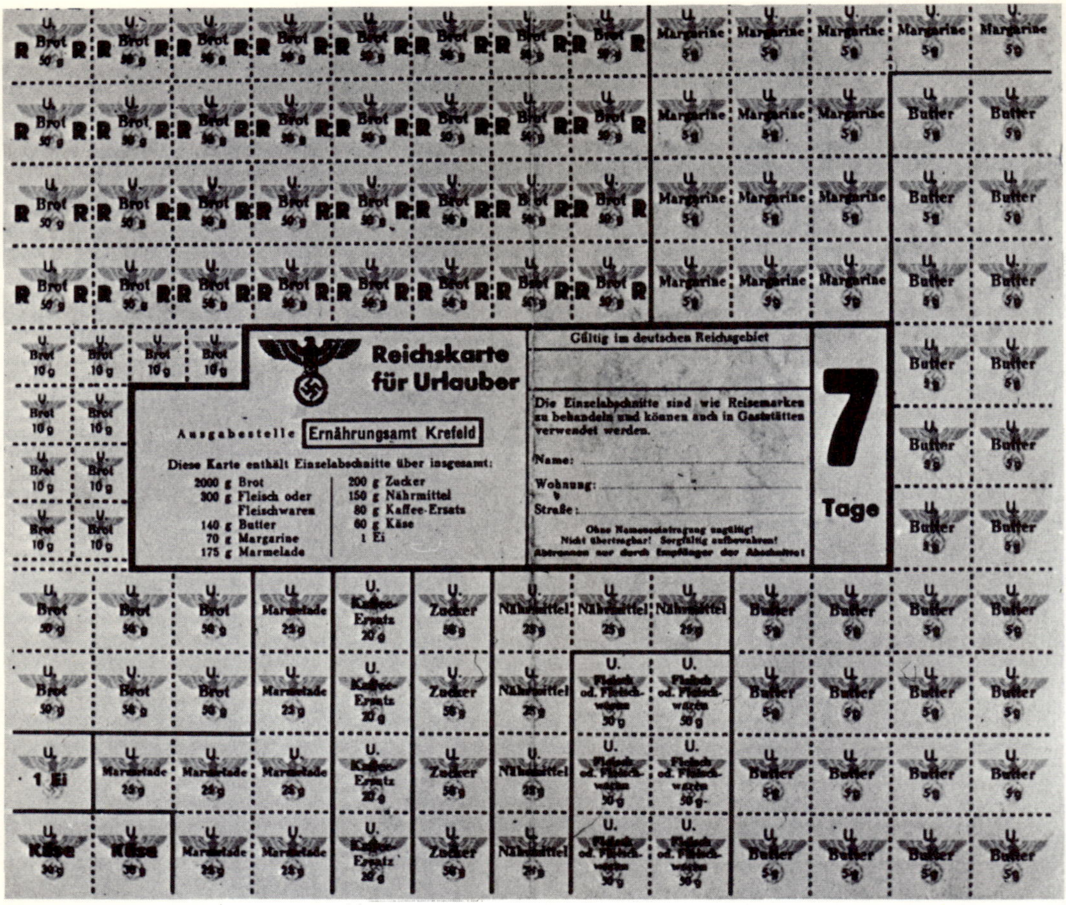

81

80
Führergeschenk für Fronturlauber
Diese gefälschte Lebensmittelkarte wird 1943 über folgenden Städten abgeworfen: Düsseldorf, Neuß, Rheydt, Mönchen-Gladbach, Köln, Ohligs, Solingen, Remscheid, Koblenz, Rheine, Münster, Hamm, Lüdenscheid, Lingen, Bramsche, Minden, Bremerhaven, Walsrode, Celle, Gifhorn, Essen, Dortmund, Karlsruhe, Heilbronn, Schorndorf, Göppingen, Aschaffenburg, Worms, Ludwigshafen, Mannheim, Kaiserslautern, Bochum, Mülhausen, Halle, Leipzig.

81
Reichskarte für Urlauber (gültig für 7 Tage)
Die Reichskarte für Urlauber wird mit den Gültigkeitsvermerken für zwei, sechs und sieben Tagen verteilt. Sie wird 1943 von den Engländern mit den verschiedenen Gültigkeitsvermerken über Aachen, Berlin, Bochum, Köln, Dortmund, Duisburg, Düsseldorf, Essen, Hagen, Krefeld, Mülheim, Münster und Wien abgeworfen.

82
Brotmarken 50 gr im Bogen
zu 100 Stück

83
Käsemarken 30 gr im Bogen zu 50 Stück
Die abgebildeten Brot- und Käsemarken werden z. B. im Herbst 1942 und im Frühjahr 1943 abgeworfen und vom Flugblattsammler Quadflieg im Königsforst bei Köln-Dellbrück gefunden.

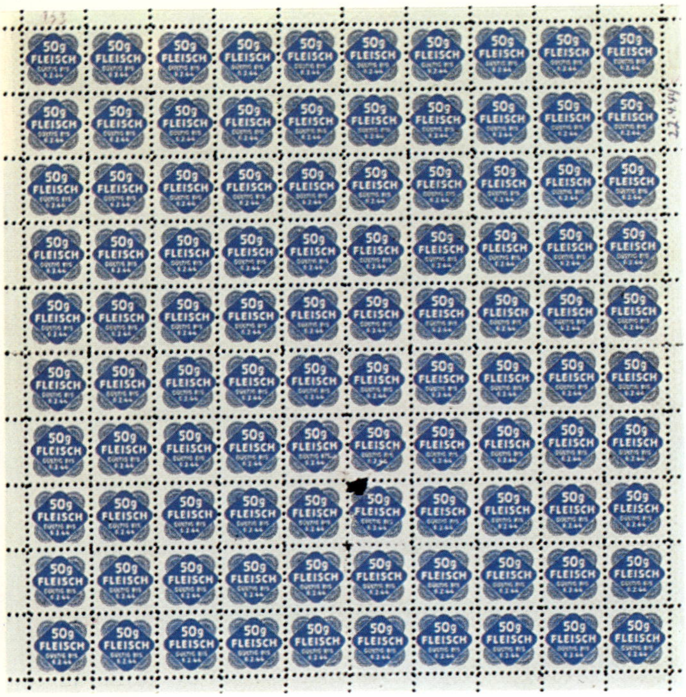

84
Fleischmarken 50 gr im Bogen zu 100 Stück
Das vorliegende Muster wird am 20. April 1944 nach einem schweren Luftangriff über dem Kölner Stadtgebiet abgeworfen. Nach der Aussage von Herrn Quadflieg benutzt er selbst diese Fleischmarken über einen längeren Zeitraum.

Simulationspropaganda

Die Kampfkraft einer Truppe wird auch durch Erkrankungen oder Verletzungen ihrer Soldaten geschwächt. Die Angst vor dem Einsatz führt bei vielen Soldaten zu der Neigung, sich durch simulierte Krankheiten oder Selbstverstümmelungen dem Kampfgeschehen zu entziehen. In allen Armeen wird Simulation und Selbstverstümmelung streng bestraft. Eine Propaganda, die speziell den feindlichen Soldaten zur Simulation oder Selbstverstümmelung anleitet, muß also besonders geschickt getarnt sein und überzeugende Ratschläge enthalten, so daß die simulierten Krankheiten auch einer genauen ärztlichen Prüfung standhalten.

Weiterhin muß dieses Material so beschaffen sein, daß man es längere Zeit bei sich tragen und von Hand zu Hand weiterreichen kann. Kleinformatige getarnte Broschüren und gefälschte Sanitäts-Dokumente sind bevorzugte Mittel der Simulationspropaganda.

Das Vortäuschen von Krankheitssymptomen tritt zum ersten Mal im großen Stil im Ersten Weltkrieg bei frontunwilligen Soldaten auf. Vor allem in den Jahren 1917 und 1918 entstehen die so häufigen hysterischen Krankheitserscheinungen wie Schüttelzittern, Schreckstottern, Kopfwackeln, groteske Gangstörungen und Lähmungen. Wie eng Fälle von Simulation mit diesen hysterischen Störungen verbunden sind, zeigt die Tatsache, daß sich am Ende des Krieges die »Neurotiker-Lazarette« schlagartig leeren [50].

Die Erfahrungen des Ersten Weltkrieges liefern die Grundlage für die Simulationspropaganda des Zweiten Weltkrieges.

Dr. med. Wohltat
Krankheit rettet
Die Junge Ostmarkreihe

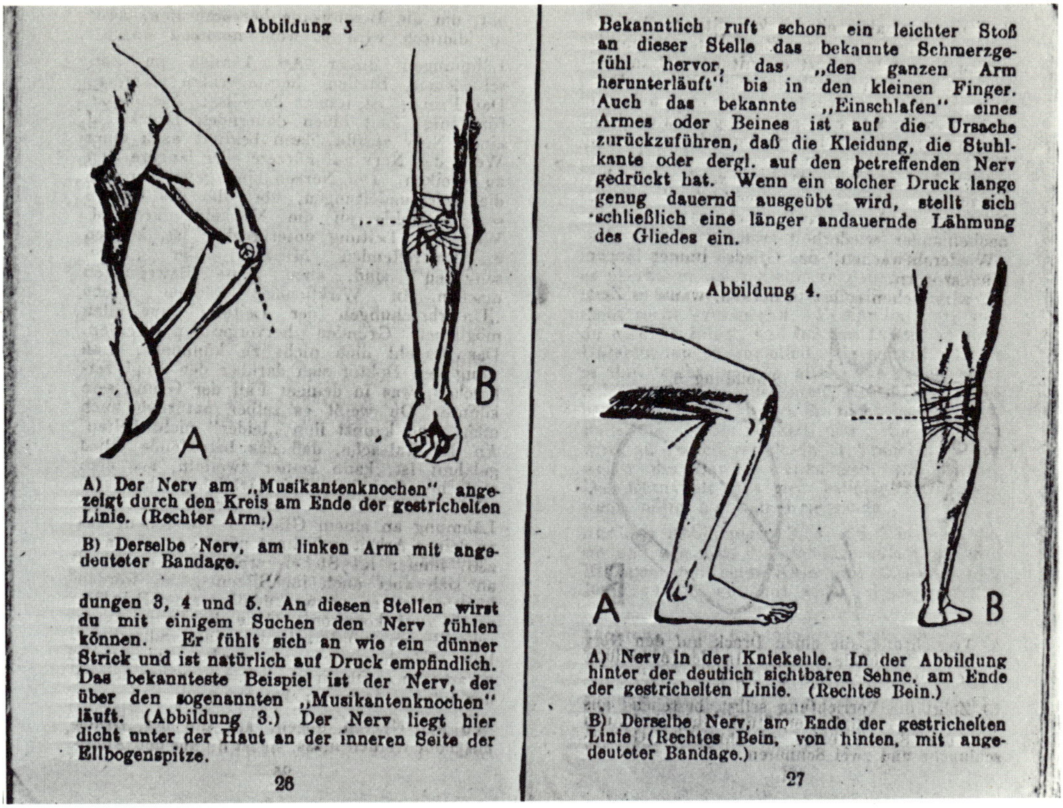

Abbildung 3

A

B

A) Der Nerv am „Musikantenknochen", angezeigt durch den Kreis am Ende der gestrichelten Linie. (Rechter Arm.)

B) Derselbe Nerv, am linken Arm mit angedeuteter Bandage.

dungen 3, 4 und 5. An diesen Stellen wirst du mit einigem Suchen den Nerv fühlen können. Er fühlt sich an wie ein dünner Strick und ist natürlich auf Druck empfindlich. Das bekannteste Beispiel ist der Nerv, der über den sogenannten „Musikantenknochen" läuft. (Abbildung 3.) Der Nerv liegt hier dicht unter der Haut an der inneren Seite der Ellbogenspitze.

26

Bekanntlich ruft schon ein leichter Stoß an dieser Stelle das bekannte Schmerzgefühl hervor, das „den ganzen Arm herunterläuft" bis in den kleinen Finger. Auch das bekannte „Einschlafen" eines Armes oder Beines ist auf die Ursache zurückzuführen, daß die Kleidung, die Stuhlkante oder dergl. auf den betreffenden Nerv gedrückt hat. Wenn ein solcher Druck lange genug dauernd ausgeübt wird, stellt sich schließlich eine länger andauernde Lähmung des Gliedes ein.

Abbildung 4.

A

B

A) Nerv in der Kniekehle. In der Abbildung hinter der deutlich sichtbaren Sehne, am Ende der gestrichelten Linie. (Rechtes Bein.)

B) Derselbe Nerv, am Ende der gestrichelten Linie (Rechtes Bein, von hinten, mit angedeuteter Bandage.)

27

85, 86
Dr. med. Wohltat, Krankheit rettet
Englische Prop (Sefton Delmer) für das Reichsgebiet, 1944
Sieben weitere Varianten, die mit »Krankheit rettet« identisch sind, werden abgeworfen. Es sind dies: Als Reclam-Bändchen getarnte Flugschrift »Krankheit rettet«; als Reclam-Bändchen getarnte Flugschrift »Stiegel der Holzhauer« von August Winnig; »Truppenhygiene im Winter«; die 80 seitige Broschüre »Der Lesergruß«; »Der kleine ballistische Wegweiser«; »Gesangbuch« und Zigarettenpapier-Päckchen.

Beurteilung:
Diese bekannteste Simulationsbroschüre des Zweiten Weltkrieges, die Sefton Delmer herstellen läßt, will dem kampfunwilligen deutschen Soldaten konkrete Hinweise geben, wie er dem Frontdienst durch eine »Flucht in die Krankheit« entrinnen kann. Da man inzwischen grob hysterische Reaktionen schnell erkennt, finden sich Anregungen zum Vortäuschen von Schreck- oder Schocksymptomen nur noch selten in der Broschüre. Die Broschüre gibt Ratschläge, wie man organische Krankheiten überzeugend vortäuschen oder absichtlich herbeiführen kann.

A b s c h r i f t

Vertraulich!
Nur zum inneren Gebrauch!

Divisionsarzt 15. Division Div. Gef. Std., den . 3. 1943.

In letzter Zeit mehren sich in der Division die Fälle von Simulation und Selbstverstümmelung, um auf diese Weise sich von der Front zu entfernen. Diese Simulanten und Drückeberger benutzen dabei solche simulierten Krankheiten, die sich auch für den erfahrenen Arzt von den eckten Krankheiten durchaus nicht unterscheiden lassen. Als solche kommen in Frage:

1) Dysenterie und schwerer Durchfall, erzeugt durch Trinken von größeren Mengen kalten Wassers auf nüchternen Magen und sofortigen Genuß von rohen Kartoffeln.

2) Herzstörungen, Herzleiden, erzeugt durch Kauen von russischer "Machorka". Hierbei schwere Anfälle von Atemnot, Herzangst, Herzstichen, Pulsbeschleunigung, Erbrechen. Diese Symptome von Herzangst, Atemnot, Pulsbeschleunigung und Unregelmäßigkeit des Herzschlags treten auch nach längerem Rauchen von schwarzem Tee auf.

3) Starke Schwellungen der Hände und Füße (Oedeme), wie bei einem Nierenleiden, erscheinen nach 3-4 Tage langem Trinken von starkem Salzwasser, falls andere Flüssigkeit und feste Nahrung möglichst vermieden werden. Anschwellen des Beins wird auch dadurch erzeugt, daß eine Nadel mit petroleumgetränktem Faden durch die Wade gezogen wird.

4) Das Abschnüren der Beine unterhalb des Knies mit einem Riemen oder Strick erzeugt eine Stockung im Venensystem der Beine und ebenfalls ein starkes Anschwellen der Füße, wie bei Nierenleiden.

5) Hautausschläge, die erzeugt werden durch kräftiges, längeres Einreiben von Petroleum, Terpentinöl, Säuren, zumal wenn diese Stellen noch beschmutzt werden. Grade diese Simulanten verschwinden mühelos auf längere Zeit in den Lazaretten der Etappe und der Heimat.

6) Ischias und Hexenschuß, den viele Simulanten ausgezeichnet vorzutäuschen wissen durch konsequentes Hinken, Klagen über heftige Schmerzen im Kreuz und unter der Gesäßfalte. Diese Simulanten wissen genau: wenn der Arzt das kranke Bein hebt und scharf streckt, so muß der Kranke Schmerz empfinden und aufschreien, während der Schmerz nachläßt, wenn der Arzt das Bein im Knie krümmt.

7) Zitterer und Schüttler nach Granatschock und Verschüttung. Falls diese Simulanten ihr Schütteln und Zittern des Kopfes beim Sprechen nur beständig durchführen, so ist der falsche Schüttler und Zitterer vom echten einfach nicht zu unterscheiden. Diese Simulanten können ihre Rolle jahrelang spielen.

8) Ein Mastdarmvorfall entsteht, wenn der Betreffende mehrere Tage hintereinander in größerer Menge warmes Seifenwasser trinkt und danach schwer hebt.

wenden!

87, 88
Schreiben des Divisionsarztes der 15. Division vom 3. 3. 1943
Sowjetische Prop für deutsche Soldaten an der Ostfront
Sowjetische Fälschung eines deutschen Sanitäts-Dokumentes, März/April 1943

Der Ic der 35. Infantriedivision beurteilt in seinem Tätigkeitsbericht vom 12. 12. 1942 – 29. 3. 1943 diese sowjetische Fälschung:

»Nachstehende Abschrift eines Feindflugblattes stellt ebenso wie der Versuch des Gegners, durch irreführende Aufdrucke auf Ur-

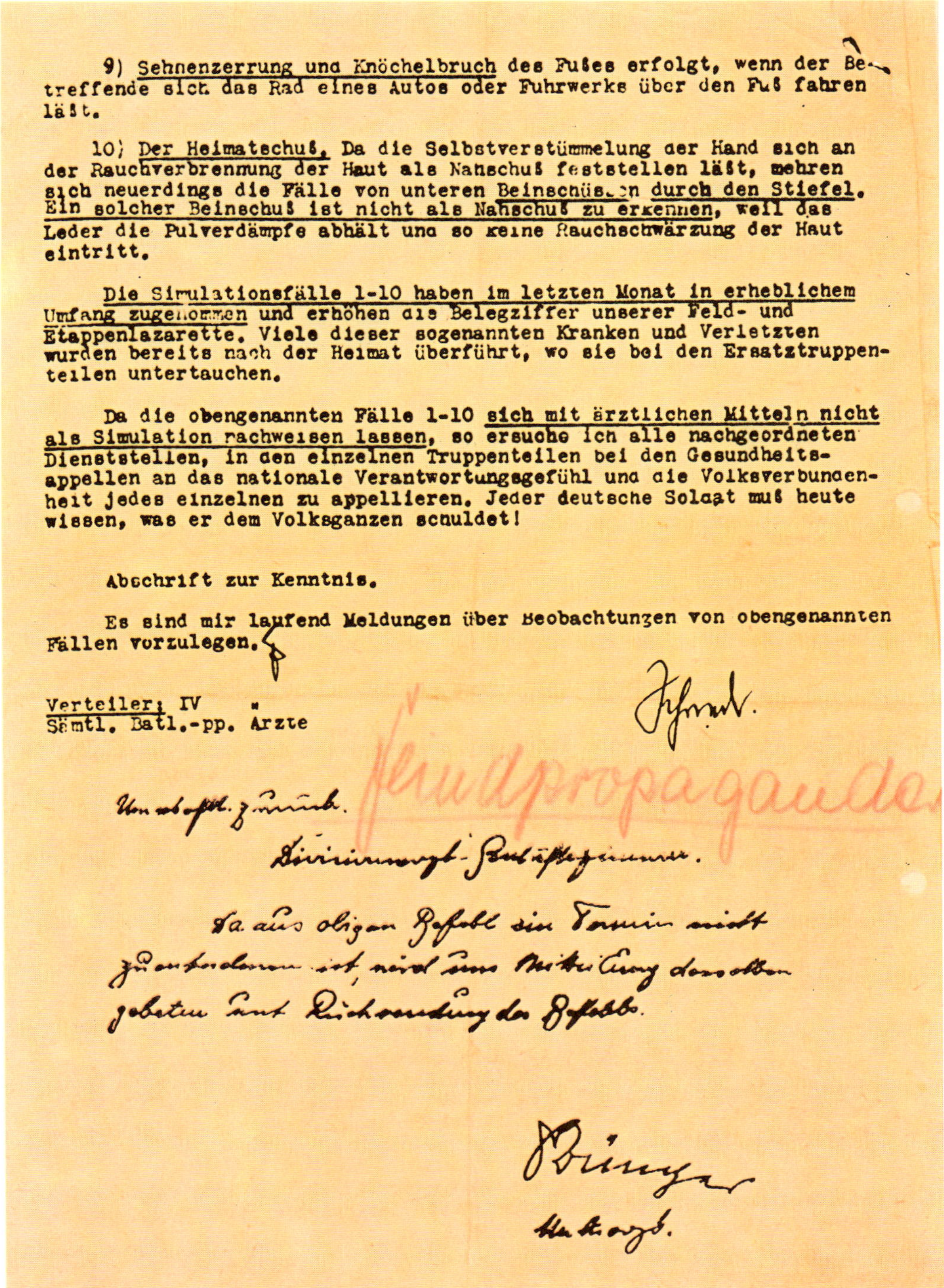

9) Sehnenzerrung und Knöchelbruch des Fußes erfolgt, wenn der Betreffende sich das Rad eines Autos oder Fuhrwerks über den Fuß fahren läßt.

10) Der Heimatschuß. Da die Selbstverstümmelung der Hand sich an der Rauchverbrennung der Haut als Nahschuß feststellen läßt, mehren sich neuerdings die Fälle von unteren Beinschüssen durch den Stiefel. Ein solcher Beinschuß ist nicht als Nahschuß zu erkennen, weil das Leder die Pulverdämpfe abhält und so keine Rauchschwärzung der Haut eintritt.

Die Simulationsfälle 1-10 haben im letzten Monat in erheblichem Umfang zugenommen und erhöhen die Belegziffer unserer Feld- und Etappenlazarette. Viele dieser sogenannten Kranken und Verletzten wurden bereits nach der Heimat überführt, wo sie bei den Ersatztruppenteilen untertauchen.

Da die obengenannten Fälle 1-10 sich mit ärztlichen Mitteln nicht als Simulation nachweisen lassen, so ersuche ich alle nachgeordneten Dienststellen, in den einzelnen Truppenteilen bei den Gesundheitsappellen an das nationale Verantwortungsgefühl und die Volksverbundenheit jedes einzelnen zu appellieren. Jeder deutsche Soldat muß heute wissen, was er dem Volksganzen schuldet!

Abschrift zur Kenntnis.

Es sind mir laufend Meldungen über Beobachtungen von obengenannten Fällen vorzulegen.

Verteiler: IV
Sämtl. Batl.-pp. Ärzte

laubscheinen Unruhe in Front und Heimat hervorzurufen, eine zweifellos sehr geschickte Propaganda dar.

Eine entsprechende Aufklärung der Truppe muß darauf hinweisen, daß mit weiteren ähnlichen Tendenzen in der Feindpropaganda zu rechnen ist und daß diese Art »Kriegführung« auch zu den sogenannten »Letzten Mitteln« gehört, zu denen der Feind in echt jüdischer Art greift.« (BA-MA, RH 26 – 35/104)

НКО СССР
НАЧАЛЬНИК
САНИТАРНОЙ СЛУЖБЫ
364
СТРЕЛКОВОЙ ДИВИЗИИ
№0271
29 сентября 1942 г.
Действующая армия.

<u>СЕКРЕТНО.</u>

СТАРШЕМУ ВРАЧУ 876 СТРЕЛКОВОГО ПОЛКА.

В последнее время в частях дивизии участились случаи симуляции и умышленного членовредительства, преследующие своей целью попасть, таким образом в тыл. Эти симулянты пользуются для своей симуляции такими болезнями, которые даже опытный врач не сможет отличить от настоящих.

<u>К таковым относятся:</u>

1/ <u>ДИЗЕНТИРИЯ И СИЛЬНЫЙ ПОНОС</u>,
возникает при упореблении больших количеств холодной воды натощак, а затем сырых овощей или фруктов; если есть пиво, то холодное пиво, а затем фрукты и огурцы.

2/ <u>СЕРДЕЧНЫЕ БОЛЕЗНИ</u>
возбуждаются жеванием свежего зеленого табака или махорки. При этом имеет место тяжелые приступы удушья, замирания сердца, сердцебиения и т.д. Все эти симптомы нарушения сердечной деятельности можно вызвать также более или менее продолжительным курением черного чая.

3/ <u>СИЛЬНЫЕ ОТЕКИ РУК И НОГ</u>,
как при заболевании почек, наступают после 3–4 дневного питья сильно соленой воды или другой жидкости и одновременного воздержания от употребления твердой пищи.

4/ <u>ПЕРЕТЯГИВАНИЕ НОГИ ПОД КОЛЕНКОЙ</u>
ремнем или веревкой вызывает закупорку вен и сильный отек, как при заболевании почек.

5/ <u>КОЖНЫЕ БОЛЕЗНИ</u>
возбуждаются сильным продолжительным втиранием керосина, скипидара или кислоты, особенно, если это место еще будет загрязнено. Как раз эти симулянты без особого труда исчезают на долгое время в полевые и тыловые госпитали.

6. <u>ИШИАС И ПРОСТРЕЛ</u>,
которые прекрасно удается симулировать путем постоянного прихрамывания, жалоб на сильные боли в крестце и седалище. Эти симу-

89, 90
Schreiben vom Chef des Sanitätsdienstes der 364. Schützendivision vom 29. 9. 1942
Deutsche Prop für Rotarmisten an der Ostfront, »OKW/WPr«: Deutsche Fälschung eines sowjetischen Sanitäts-Dokumentes, Dezember 1942

лянты очень хорошо знают, что когда врач поднимает больную ногу и вытягивает ее больной должен почувствовать сильную боль и вскрикнуть, в то время, как при сгибании ноги в коленке боль отсутствует.

7/ НЕРВНЫЙ ШОК
на почве контузии или сильного потрясения. Если вздрагивания и дерганье головой при разговоре симулировать постоянно, то симулянта невозможно отличить от настоящего больного. Такие симулянты могут играть свою роль годами.

8/ ВЫПАДЕНИЕ ПРЯМОЙ КИШКИ
возникает, если несколько дней подряд пить большие количества теплой мыльной воды, после чего поднимать тяжести.

9/ РАЗРЫВ СУХОЖИЛИЙ И ПОЛОМКА КОСТЕЙ НОГИ
происходит, если дать проехать по ноге колесу автомобиля или повозки.

10/ САМОСТРЕЛЫ.
Ввиду того, что выстрел в руку сопровождается ожогом кожи пороховыми газами, что может быть точно установлено, в последнее время участились случаи прострела ступни через ботинок или сапог. Умышленность такого выстрела доказать невозможно, т.к. кожа ботинка предохраняет ногу от ожога.

Число случаев симуляции, описанных выше, особенно возросло за последний месяц, значительно повысив количество больных в полевых и эвакуационных госпиталях. Многие из этих, так называемых, больных были отправлены в тыл и переданы в резервные части.

Ввиду того что перечисленные случаи не могут быть обнаружены медицинскими средствами, П Р Е Д Л О Г А Ю -

при медицинском освидетельствовании в части взывать к сознательности каждого военнослужащего.

НАЧАЛЬНИК САНИТАРНОЙ СЛУЖБЫ
364 СТРЕЛКОВОЙ ДИВИЗИИ
ВОЕНВРАЧ 2-го РАНГА / ЛИВШИЦ /

/ XII. 42 /

Übersetzung (Abb. 89, 90)

Volkskommissariat für Verteidigung der UdSSR

Chef des Sanitätsdienstes der 364. Schützendivision Nr. 0271 vom 29. 9. 1942 im Felde an den Oberarzt des 876. Schützenregiments.

»In der letzten Zeit haben sich in den Einheiten der Division Fälle von Simulation und absichtlicher Gliederverletzung gehäuft, wobei die Simulanten das Ziel verfolgen, ins rückwärtige Gebiet zu gelangen. Die Simulanten nutzen für ihre Verstellung solche Krankheiten aus, die sogar ein erfahrener Arzt von den wirklichen nicht unterscheiden kann.

Zu solchen gehören:

1. *Dysenterie und Diarrhöe* entstehen beim Gebrauch größerer Mengen kalten Wassers auf nüchternen Magen, darauf Rohgemüse oder Obst, wenn Bier vorhanden, kann auch Bier gebraucht werden, darauf Obst und Gurken.

2. *Herzkrankheiten* werden durch Kauen von grünem Tabak oder Kneller (Machorka) erregt; dabei entstehen Erstickungsanfälle, Herzstockungen, Herzklopfen usw. Alle diese Symptome von Störungen der Herztätigkeit kann man auch durch ein dauerndes Rauchen von schwarzem Tee hervorrufen.

3. *Anschwellen der Hände und Füße* wie bei Nierenerkrankungen entstehen nach 3–4-tägigem Trinken sehr salzigen Wassers oder einer anderen Flüssigkeit bei gleichzeitigem Enthalten von kompakter Nahrung.

4. *Abschnüren des Beines unter der Kniekehle* mit Hilfe eines Riemens oder einer Schnur verursacht eine Venenverstopfung und ein starkes Anschwellen wie bei Nierenerkrankungen.

5. *Hautkrankheiten* werden erzeugt durch ein starkes andauerndes Einreiben mit Petroleum, Terpentin oder einer Säure, besonders wenn diese Stelle noch beschmutzt wird. Gerade solche Simulanten verschwinden für längere Zeit ohne große Mühe in den Feldhospitälern und Krankenhäusern des rückwärtigen Gebietes.

6. *Ischias und Hexenschuß* kann man leicht durch ein ständiges Hinken, Klagen über starke Schmerzen im Kreuz und Gesäß simulieren. Diese Simulanten wissen ganz genau, daß, wenn der Arzt das kranke Bein hebt und es reckt, der Kranke einen starken Schmerz empfinden und aufschreien muß, während beim Biegen des Beines im Kniegelenk kein Schmerz entsteht.

7. *Nervenschock* – infolge von Kontusion oder Erschütterung. Wenn man ein Zusammenzucken und Aufwerfen des Kopfes während eines Gespräches fortgesetzt simuliert, so kann man den Simulanten von einem wirklichen Kranken nicht unterscheiden. Solche Simulanten können ihre Rolle jahrelang spielen.

8. *Mastdarmbruch* entsteht, wenn man einige Tage nacheinander große Mengen von Seifenwasser trinkt und nachher Lasten hebt.

9. *Sehnenrisse und Beinknochenbrüche* entstehen, wenn man das Rad eines Kraftwagens oder eines anderen Fahrzeuges über das Bein fahren läßt.

10. *Selbstverletzung durch Schüsse.* Da ein Schuß in die Hand von einem Versengen der Haut durch Pulvergase begleitet wird, was man leicht feststellen kann, sind in der letzten Zeit häufig Fälle vorgekommen, daß Fußsohlen durch einen Schuh oder Stiefel durchschossen werden. Die Absichtlichkeit einer solchen Schußwunde kann man nicht beweisen, da das Leder der Fußbekleidung den Fuß vor dem Versengen schützt.

Die Zahl der beschriebenen Verstellungsfälle ist besonders im letzten Monat gestiegen und die Anzahl der Kranken in den Feld- und Evakuationshospitälern beträchtlich angewachsen. Viele von diesen sogenannten Kranken wurden ins Hinterland gebracht und den Reserveteilen zugezählt.

Da ähnliche Fälle auf medizinischem Wege nicht ermittelt werden können, schlage ich vor, während der medizinischen Untersuchung im Truppenteil an die Einsicht des Wehrmachtsangehörigen zu appellieren.«

Chef des Sanitätsdienstes 364. Schützendivision

Militärarzt 2. Ranges

gez. Livschitz

Banknoten

Im Kriege werden Geldscheine des Gegners gefälscht und in Verkehr gebracht, nicht nur um seine Währung zu zerrütten, sondern auch um eigene Propaganda gegen den Feind getarnt zu verbreiten. Der Propagandatext befindet sich in der Regel auf der Rückseite der Banknote. Handlich im Format, kann sie leicht in der Brieftasche oder in der Geldbörse aufbewahrt werden und garantiert überdies durch ihre Alibifunktion einen relativ zuverlässigen Schutz ihres Besitzers.

Außerdem wird der Geldschein als Bestandteil der feindlichen Währung durch die Propaganda verächtlich gemacht (Abb. 95/96; 99/100).

Übersetzung des Flugblattes Nr. 237 – 10.43 (Abb. 92):

10 Rubel . . .

was konntest Du früher alles dafür kaufen! Und was bekommst Du heute noch dafür? Die Kaufkraft des Rubels sinkt immer weiter und bald wird er nur ein wertloses Stück Papier sein.

Die Preise für Lebensmittel und tägliche Bedarfsartikel sind enorm gestiegen. Der Schwarzhandel in der Sowjetunion blüht mehr denn je. Phantasiepreise werden gezahlt. Parteifunktionäre und Juden machen in der Heimat dunkle Geschäfte, während Du an der Front Dein Leben für diese Verbrecher einsetzen sollst.

Aber bald wirst auch Du zur Einsicht gelangen. Deshalb hebe diesen 10-Rubelschein gut auf, er garantiert Dir gesunde Rückkehr nach dem Kriege in ein freies Rußland.

Komm zu uns mit diesem Schein, dann hast Du Dein Leben gerettet!

Verberge diesen Schein unter den anderen in Deiner Geldtasche. Wenn Du zwei Scheine findest, gib einen Deinen Kameraden!

PASSIERSCHEIN

Übersetzung des Flugblattes Nr. 345 – 6.44 (Abb. 94):

Mordbilanz des Bolschewismus von 1917 bis 1944!

Revolution und Bürgerkrieg 1917–1923	2 200 000
Hungersnot und Epidemien 1918/21 u. 1932/33	14 500 000
In Zwangsarbeiterlagern kamen um	10 000 000
Exekutionen vernichteten	6 688 000
In Rand- und eroberten Gebieten liquidiert	3 277 000
Gefallene und Kriegskrüppel 1941–1944	18 000 000
	54 665 000

Als Gefangene und Überläufer retteten sich 12 000 000 Russen vor der Vernichtung durch den Bolschewismus!

Nimm diesen Schein und rette Dich, bevor es zu spät ist!

PASSIERSCHEIN

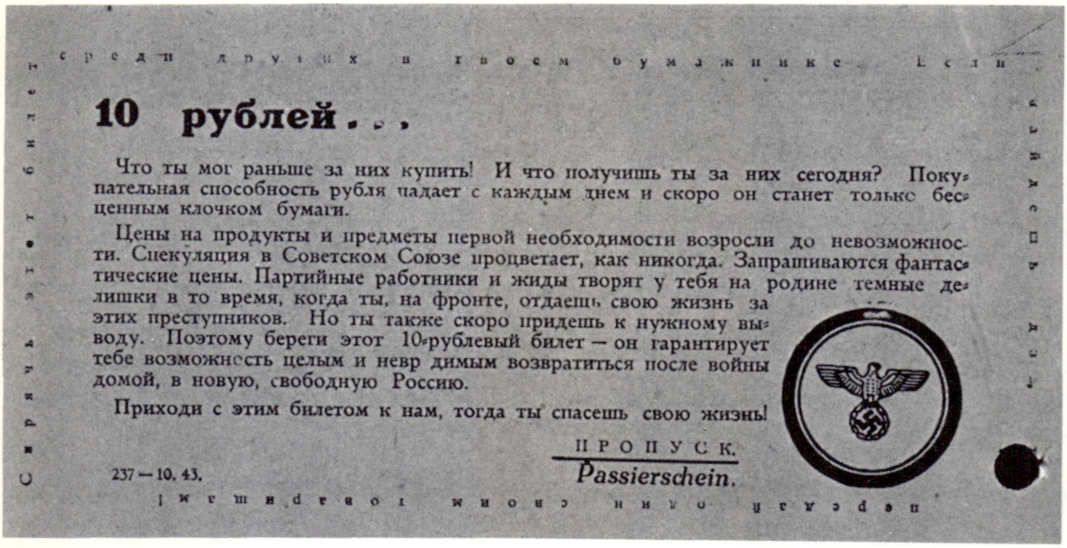

среди других в твоем бумажнике. Если

Спрячь этот билет

10 рублей...

Что ты мог раньше за них купить! И что получишь ты за них сегодня? Покупательная способность рубля падает с каждым днем и скоро он станет только бесценным клочком бумаги.

Цены на продукты и предметы первой необходимости возросли до невозможности. Спекуляция в Советском Союзе процветает, как никогда. Запрашиваются фантастические цены. Партийные работники и жиды творят у тебя на родине темные делишки в то время, когда ты, на фронте, отдаешь свою жизнь за этих преступников. Но ты также скоро придешь к нужному выводу. Поэтому береги этот 10-рублевый билет — он гарантирует тебе возможность целым и невредимым возвратиться после войны домой, в новую, свободную Россию.

Приходи с этим билетом к нам, тогда ты спасешь свою жизнь!

ПРОПУСК.
Passierschein.

237 — 10. 43.

передай один своим товарищам!

91, 92
Rubel-Note
Deutsche Prop für Rotarmisten an der Ostfront
»OKW/WPr«: Vorderseite Fälschung der Rubelnote
Flugblatt 237 – 10.43, Oktober 1943
Rückseite Prop Text

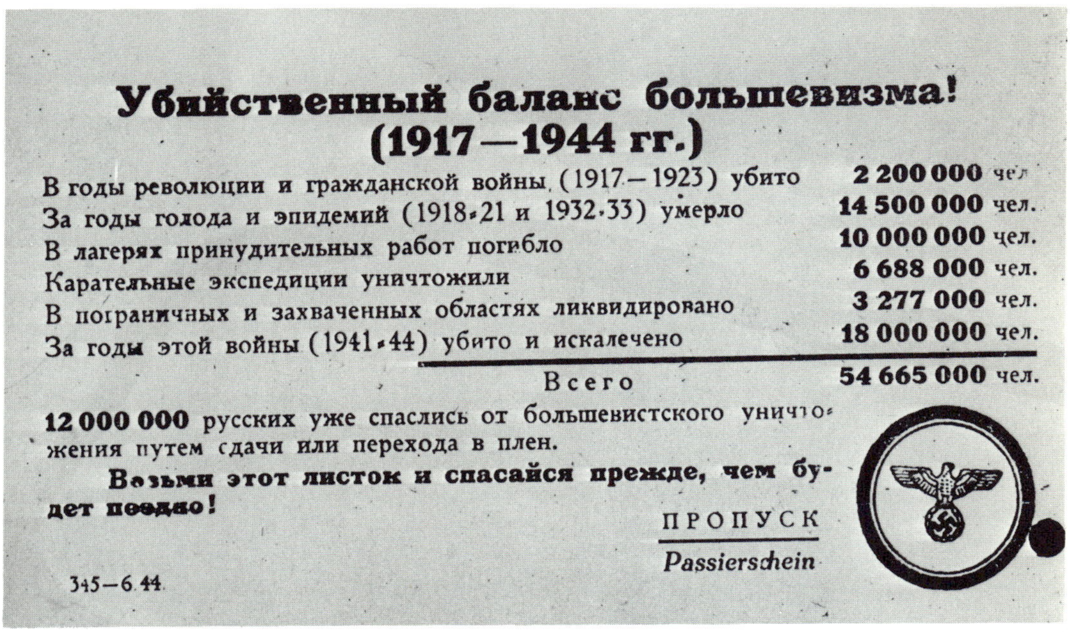

Убийственный баланс большевизма!
(1917—1944 гг.)

В годы революции и гражданской войны (1917—1923) убито	**2 200 000** чел.
За годы голода и эпидемий (1918-21 и 1932-33) умерло	**14 500 000** чел.
В лагерях принудительных работ погибло	**10 000 000** чел.
Карательные экспедиции уничтожили	**6 688 000** чел.
В пограничных и захваченных областях ликвидировано	**3 277 000** чел.
За годы этой войны (1941-44) убито и искалечено	**18 000 000** чел.
Всего	**54 665 000** чел.

12 000 000 русских уже спаслись от большевистского уничтожения путем сдачи или перехода в плен.

Возьми этот листок и спасайся прежде, чем будет поздно!

ПРОПУСК
Passierschein

345—6.44

93, 94
3-Tscherwonzenschein
Deutsche Prop für Rotarmisten an der Ostfront
»OKW/WPr«: Vorderseite Fälschung des Tscherwonzenscheins. Flugblatt 345 – 6.44, Juni 1944, Rückseite Prop Text

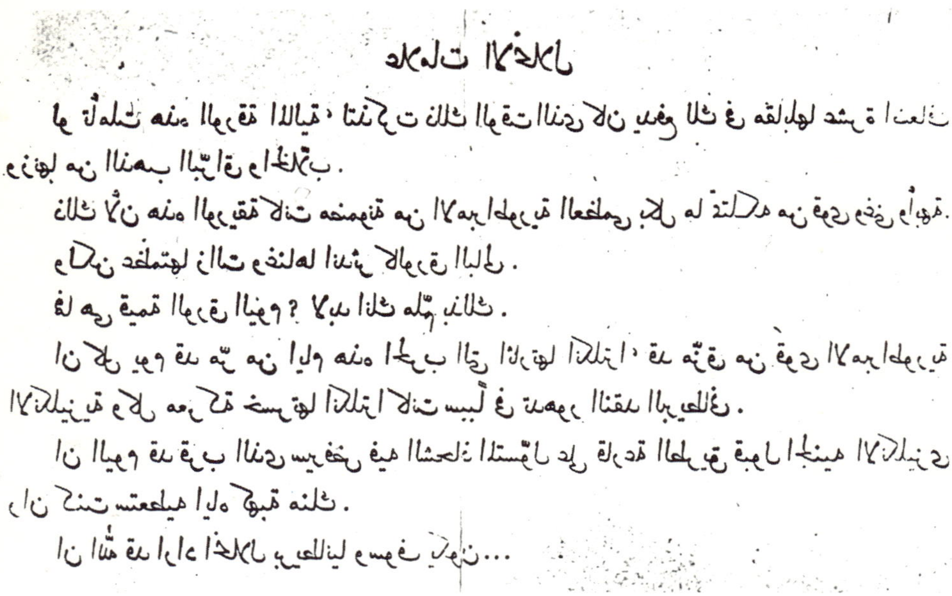

95, 96
Englische Pfundnote (Seriennummer H 86 D 729630)
Deutsche Prop für Araber, »OKW/WPr«: Vorderseite: Fälschung der Pfundnote
Abwurf über Kairo und Alexandria im November/Dezember 1942. Eine zweite gefälschte englische Pfundnote wird im April 1943 in Tunesien gefunden[51] (Seriennummer C 78 A 419669)

Übersetzung des arabischen Textes auf der englischen Pfundnote (Rückseite)
Zeichen des Niedergangs . . .
Wenn Du diesen Schein betrachtest, dann denke an die Zeit zurück, wo Dir das Gewicht dieses Stücks Papier mit dem Zehnfachen seines Gewichts in schönem, reinem Gold aufgewogen wurde.
Hinter diesem Stück Papier stand die Garantie

97, 98
10-Dollar-Note
Deutsche Prop an Tito-Partisanen auf dem Balkan gerichtet, »OKW/WPr«: Vorderseite: Fälschung der 10-Dollar-Note; ab Januar 1944 über den Partisanengebieten abgeworfen

des großen englischen Imperiums mit all seiner Macht, seinem Reichtum und seinem Glanz.
Doch Macht und Reichtum sind vergangen, wie Papier vergänglich ist. Was ist das Papier heute wert? Es ist Dir bekannt. Jeder Tag des von England gewollten Krieges zehrt an seiner Kraft, mit jeder verlorenen Schlacht sinkt der Wert des englischen Geldes weiter.
Der Tag ist nahe, wo auch der Bettler auf der Straße das englische Pfund zurückweisen wird, das Du ihm als Almosen bietest.
Denn nach Gottes Willen ist Englands Untergang gewiß!

Eine Generalamnestie für alle Partisanen, die sich der deutschen Wehrmacht als Überläufer stellen, wird zum ersten Mal an der Ostfront im Juni 1943 erlassen. Mit dieser Amnestie wird eine Propagandaaktion für die Gewinnung von Partisanen-Überläufern eingeleitet, die diesen Überläufern eine besonders gute Behandlung verspricht.

Am 26. Januar 1944 wird ebenfalls auf dem Balkan von den deutschen Dienststellen eine Amnestie für alle Partisanen verkündet, die überlaufen wollen [52].

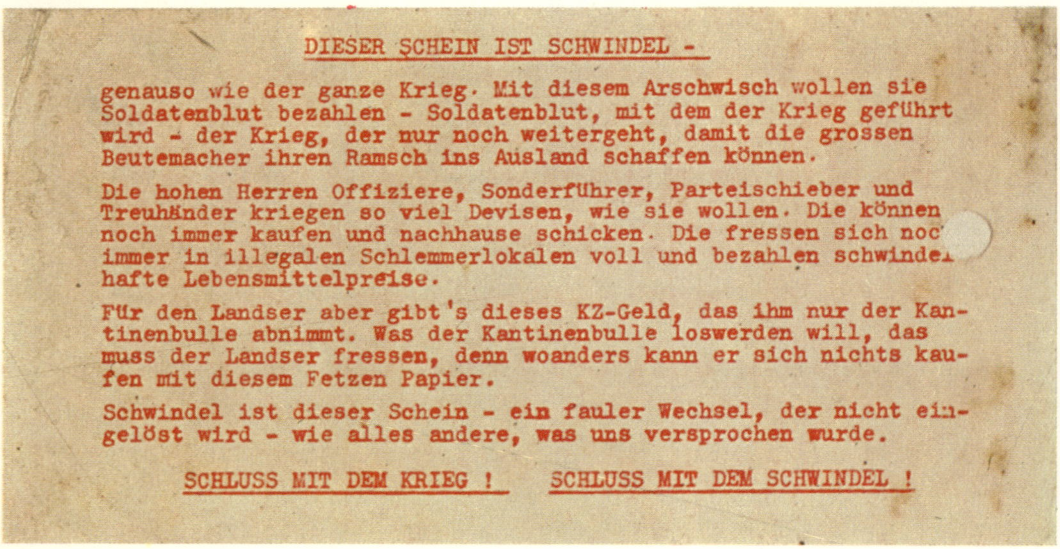

DIESER SCHEIN IST SCHWINDEL -

genauso wie der ganze Krieg. Mit diesem Arschwisch wollen sie Soldatenblut bezahlen - Soldatenblut, mit dem der Krieg geführt wird - der Krieg, der nur noch weitergeht, damit die grossen Beutemacher ihren Ramsch ins Ausland schaffen können.

Die hohen Herren Offiziere, Sonderführer, Parteischieber und Treuhänder kriegen so viel Devisen, wie sie wollen. Die können noch immer kaufen und nachhause schicken. Die fressen sich noc[h] immer in illegalen Schlemmerlokalen voll und bezahlen schwinde[l]hafte Lebensmittelpreise.

Für den Landser aber gibt's dieses KZ-Geld, das ihm nur der Kantinenbulle abnimmt. Was der Kantinenbulle loswerden will, das muss der Landser fressen, denn woanders kann er sich nichts kaufen mit diesem Fetzen Papier.

Schwindel ist dieser Schein - ein fauler Wechsel, der nicht eingelöst wird - wie alles andere, was uns versprochen wurde.

SCHLUSS MIT DEM KRIEG ! SCHLUSS MIT DEM SCHWINDEL !

99, 100
50 Reichspfennig. Behelfszahlungsmittel für die deutsche Wehrmacht
Englische Prop (Sefton Delmer) für das Reichsgebiet, 1944

Drei weitere 50-Reichspfennig-Scheine mit unterschiedlichem Prop-Text auf der Rückseite kommen 1944 zum Abwurf[53].

Bilder und Sprüche

Die formalen Elemente des Nationalsozialismus wie Führerbilder und Aussagen Hitlers mit Hoheitsadler (Wochensprüche usw.) eignen sich besonders dazu, Feindpropaganda an Soldaten oder an deutsche Bürger im Reich heranzubringen. Sie werden auf die Vorderseite der Flugblätter gedruckt, so daß die Rückseite, die den Text der Feindpropaganda enthält, geschickt getarnt ist.

Der Inhalt der Propagandatexte zielt in der Regel darauf ab, die auf der Vorderseite abgebildete Persönlichkeit des Führers, seinen Kult und seine Aussagen unglaubwürdig zu machen bzw. ad absurdum zu führen.

Aus der Werkstatt Sefton Delmers
(Privatarchiv Jan de Groot, Santpoort)

Ein Führerbild

sein eigen zu nennen, ist der Herzenswunsch jedes pflichtbewußten deutschen Soldaten.

Auch du kannst dir dein Führerbild verdienen!

Führe dich gut, zeige immer soldatische Haltung, Einsatzfreudigkeit und selbstständige Entschlußkraft, führe alle Befehle schnell und gewissenhaft aus und zeige im Unterricht lebendige Anteilnahme und rasche Auffassung, — dann kommst du bald ins Marschbataillon. Und wer im Marschbataillon ist, der ist auf dem besten Weg zum Führerbild.

Marschbataillone werden aufgestellt, damit die Ostfront schneller Nachschub kriegt. Ab geht's nach Rußland — der Kommandeur im Osten wartet schon. Der wirft dein Marschbataillon, so wie es kommt, gleich aus dem Eilmarsch an die Durchbruchstelle — und schon hast du deinen Russenschuß. Dein Bein ist weg — dein Bauch ist auf — dein Hals schwillt zu — das Führerbild ist dir auf alle Fälle sicher. Dir — oder deinen Angehörigen.

Denn, hast du Glück, dann kommst du in ein Lazarett. Und jeder im Lazarett gemeldete Versehrte bekommt sofort von seiner Genesungskompanie das Führerbild in der umseitigen Ausführung, 18 × 26 mattschwarz oder sepia, mit der eigenhändigen Unterschrift des Führers in Faksimile.

Hast du aber Pech — dann erhalten deine Hinterbliebenen das Führerbild.

Folgende Divisionen stellen zur Zeit Marschbataillone für den Osten auf:

SS Infanterie Div. Hohenstaufen; 326., 343., 347., 708., 711., 157., 171. I.D.

101, 102
Führerbild
Englische Prop (Sefton Delmer) für das Reichsgebiet, 1943

Photo: Heinrich Hoffmann, Munchen

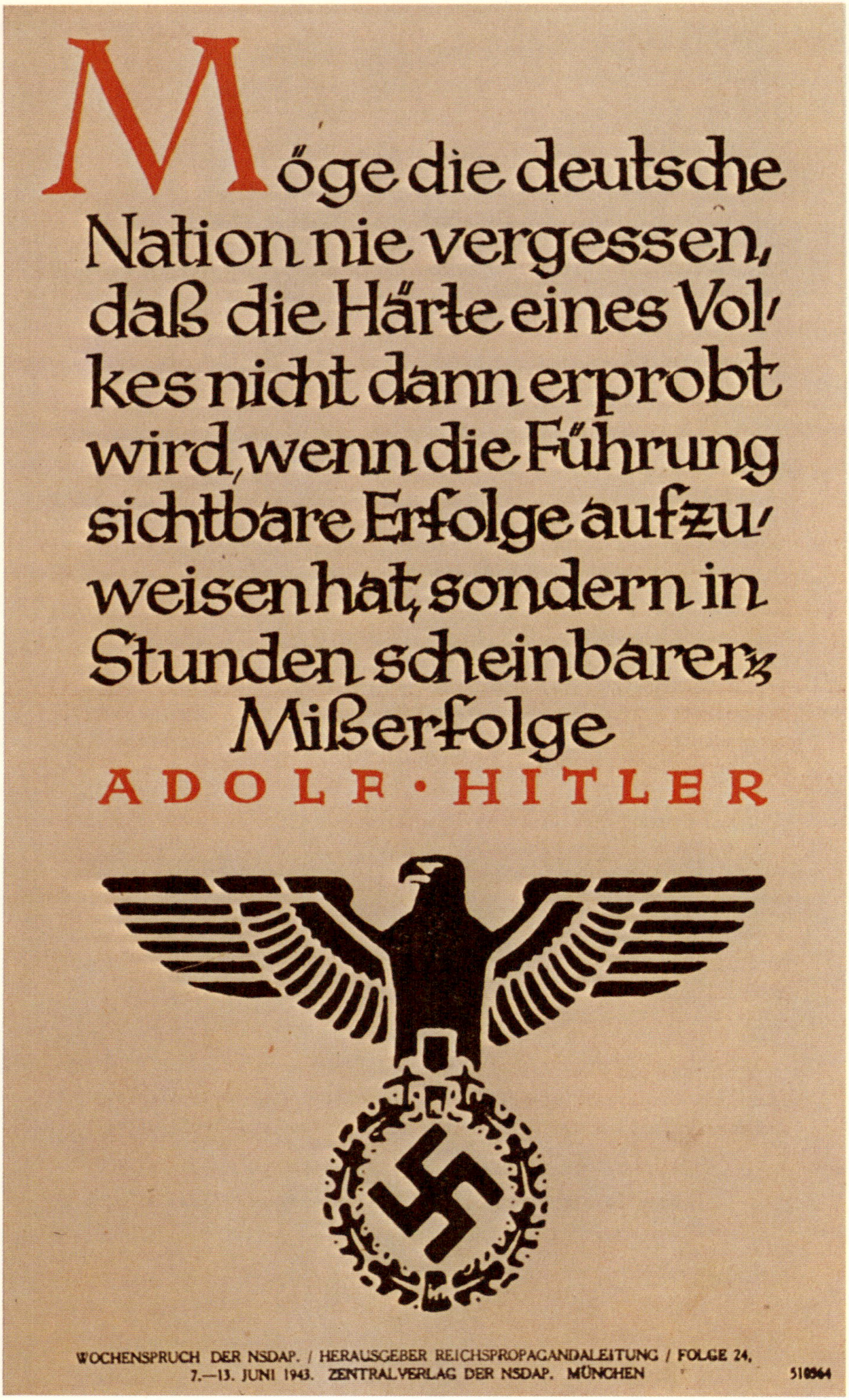

103, 104
Wochenspruch der NSDAP vom 7.–13 Juni 1943

Englische Prop (Sefton Delmer) für das Reichsgebiet, Sommer 1943

Luftverteidigung der Heimat.

Der General-Luftzeugmeister
hat eine Untersuchung angeordnet
über die Lage unserer Flugzeugindustrie
nach den feindlichen Bombenangriffen der zweiten Hälfte Februar. Der Bericht ist 134 Seiten lang, ohne die Anlagen. Was uns darin am meisten angeht, ist folgendes

Ergebnis:

In den nächsten 4 Monaten wird die Flugzeugindustrie der Heimat 1 500 Jagdflugzeuge weniger herstellen als vorgesehen war.

Das entspricht genau dem durchschnittlichen Monatsverlust an Jagdflugzeugen durch Abschuss und Verschleiss.

Für die Verteidigung der Heimat
SOLLTEN bis Ende Juni gebaut werden.............4 500 Jagdflugzeuge.
Dem Bericht nach
KÖNNEN bis Ende Juni gebaut werden.............3 000 Jagdflugzeuge.

Als Grundlage für diese Berechnung dient der gegenwärtige Stand des Schadens, d.h., es wird dabei theoretisch angenommen, dass in den nächsten Monaten kein weiterer Fliegerschaden in den Flugzeugwerken entsteht, und dass die Wiederherstellungsarbeiten nicht durch neue Angriffe verzögert werden.

Unter dieser theoretischen Annahme werden also in jedem der nächsten 4 Monate GEBAUT WERDEN..................750 Jagdflugzeuge.
In jedem Monat werden durchschnittlich
VERLOREN...1 500 Jagdflugzeuge.
Das heisst:
In jedem der nächsten 4 Monate werden wir.........750 Jagdflugzeuge mehr verlieren, als unsere Fabriken ersetzen können, falls wir den Einsatz der Jäger nicht einschränken.

Schränken wir aber den Einsatz der Jäger ein -
dann geht die Zerstörung der Produktionsstätten ungestört weiter -
und die Produktion von Jagdflugzeugen geht weiter zurück.

Das ist das Ergebnis
der Untersuchung des General-Luftzeugmeisters.

SCHLUSS!

104

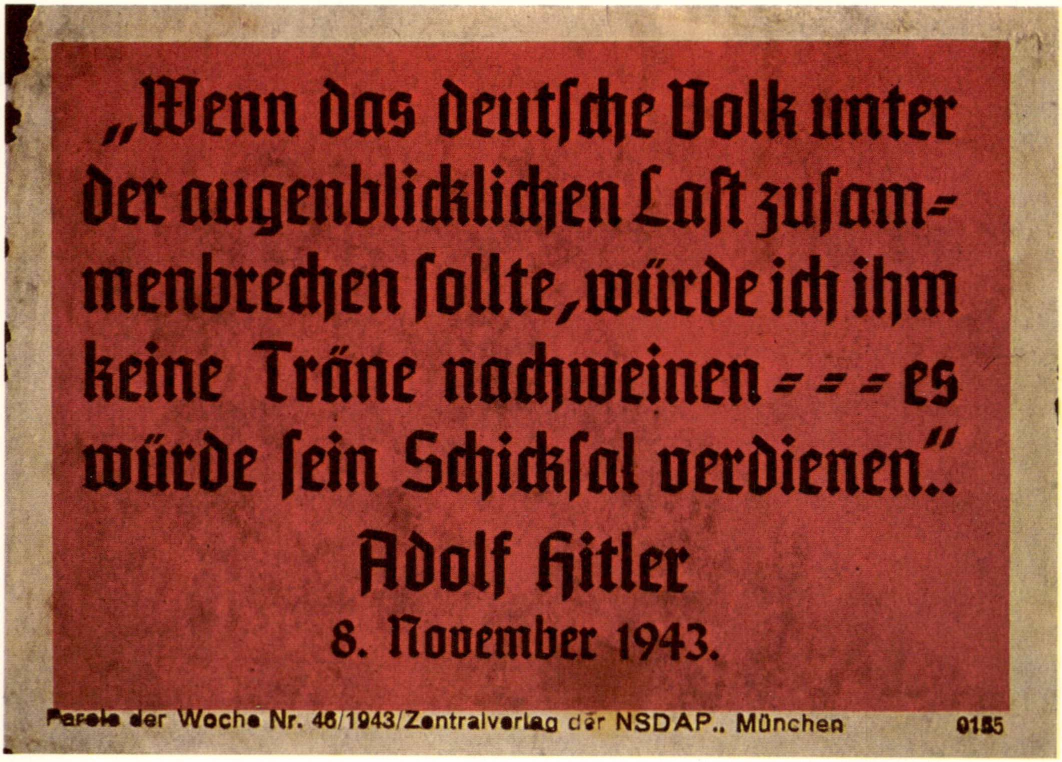

105
Parole der Woche Nr. 48, 1943. Zentralverlag der NSDAP, München
Englische Fälschung (Sefton Delmer) für das Reichsgebiet, Winter 1943/1944
Der Ausspruch Hitlers, der angeblich aus seiner Rede am 8. November 1943 stammt, ist eine Erfindung der englischen Propaganda. Die Brutalität und Rücksichtslosigkeit Hitlers soll mit diesem Ausspruch dokumentiert werden[54].

Bumerang

Nachfolgende Beispiele illustrieren eine besonders einfallsreiche Propagandaart. Die vom Gegner eingesetzte Flugblattpropaganda wird bei *Beibehaltung der Form*, zum Teil auch des *Inhalts* so verändert, daß die Aussage in den Dienst der eigenen propagandistischen Absicht gestellt wird (Tarnung). Für den Gegner als Zielpersonengruppe soll die Wirkungslosigkeit seiner Propaganda dokumentiert werden, weil sie Ansatzpunkte für eine wirkungsvolle *Gegenpropaganda* liefert.

106

106, 107
Schlag auf Schlag
Englische Prop (Sefton Delmer) für das Reichsgebiet, 1943
Vorderseite: Original einer »Parole der Woche« des Jahres 1942, die einen Bericht zur militärischen Lage für die Zivilbevölkerung gibt *(Erfolgspropaganda)*

Beurteilung zu Abb. 107:
Bei äußerlich fast identischer Vorlage der Vorderseite wird der Text so verändert, daß die Erfolgspropaganda der Vorlage lächerlich gemacht und in ihrer Wirkung umgekehrt wird.

108, 109
Alliierter Passierschein
Alliierte Prop (PWD/SHAEF) für deutsche Truppen an der Westfront, Flugblatt US/GB-ZG 61 – 1944, 10./11. 9. 1944–7./8. 3. 1945
Der bekannteste alliierte Passierschein für deutsche Soldaten, der in unterschiedlichen Formaten und Färbungen eingesetzt wird.

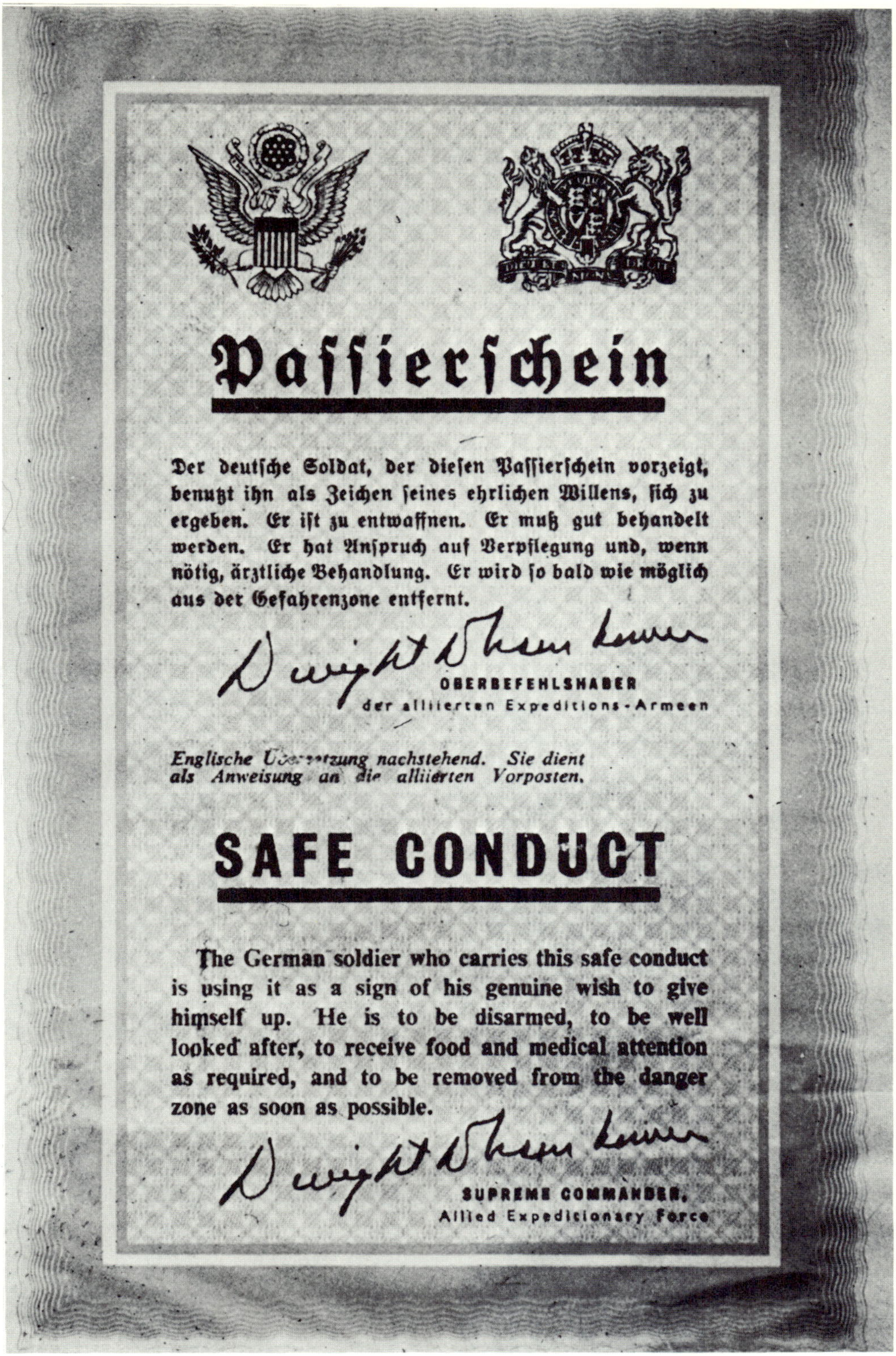

Passierschein

Der deutsche Soldat, der diesen Passierschein vorzeigt, benutzt ihn als Zeichen seines ehrlichen Willens, sich zu ergeben. Er ist zu entwaffnen. Er muß gut behandelt werden. Er hat Anspruch auf Verpflegung und, wenn nötig, ärztliche Behandlung. Er wird so bald wie möglich aus der Gefahrenzone entfernt.

Dwight D. Eisenhower
OBERBEFEHLSHABER
der alliierten Expeditions-Armeen

Englische Übersetzung nachstehend. Sie dient als Anweisung an die alliierten Vorposten.

SAFE CONDUCT

The German soldier who carries this safe conduct is using it as a sign of his genuine wish to give himself up. He is to be disarmed, to be well looked after, to receive food and medical attention as required, and to be removed from the danger zone as soon as possible.

Dwight D. Eisenhower
SUPREME COMMANDER,
Allied Expeditionary Force

108

Grundsätze des

Kriegsgefangenenrechts

(Laut Haager Konvention 1907, Genfer Konvention 1929)

1. Vom Augenblick der Übergabe an gelten deutsche Soldaten* als Kriegsgefangene und unterstehen dem Schutz der Genfer Konvention. Demgemäß wird ihre Soldatenehre vollstens respektiert.

2. Kriegsgefangene haben so bald wie möglich zu Sammelstellen gebracht zu werden, die weit genug von der Gefahrenzone entfernt sind, um ihre persönliche Sicherheit zu gewährleisten.

3. Sie erhalten dieselbe Verpflegung in Qualität und Quantität wie Angehörige der alliierten Heere und werden, falls krank oder verwundet, in denselben Lazaretten behandelt wie alliierte Truppen.

4. Ehrenzeichen und Wertsachen sind den Kriegsgefangenen zu belassen. Geld kann nur von Offizieren der Sammelstellen abgenommen werden, wofür eine Empfangsbescheinigung ausgestellt wird.

5. In den Kriegsgefangenenlagern hab[illegible]raume, Raumverteilung der Unterkunft, Bettstellen und sonstige Anlagen denen der alliierten Garnisonstruppen gleichwertig zu sein.

6. Laut [illegible]nfer Konvention dürfen Kriegsgefangene weder Gegenstand von Repressalien, noch der öffentlichen Neugierde preisgegeben werden. Nach Kriegsende werden sie so bald wie möglich nach Hause zurückgeschickt.

---

* Als Soldaten gelten auf Grund der Haager Konvention (IV, 1907): Alle bewaffneten Personen, die Uniform oder ein von Weitem erkennbares Abzeichen tragen.

REGELN FÜR DIE GEFANGENNAHME:

Um Missverständnisse bei der Gefangennahme auszuschliessen, ist folgendes angezeigt: Waffen weglegen, Helm und Koppel herunter; Hände hochheben und ein Taschentuch oder dieses Flugblatt schwenken.

109

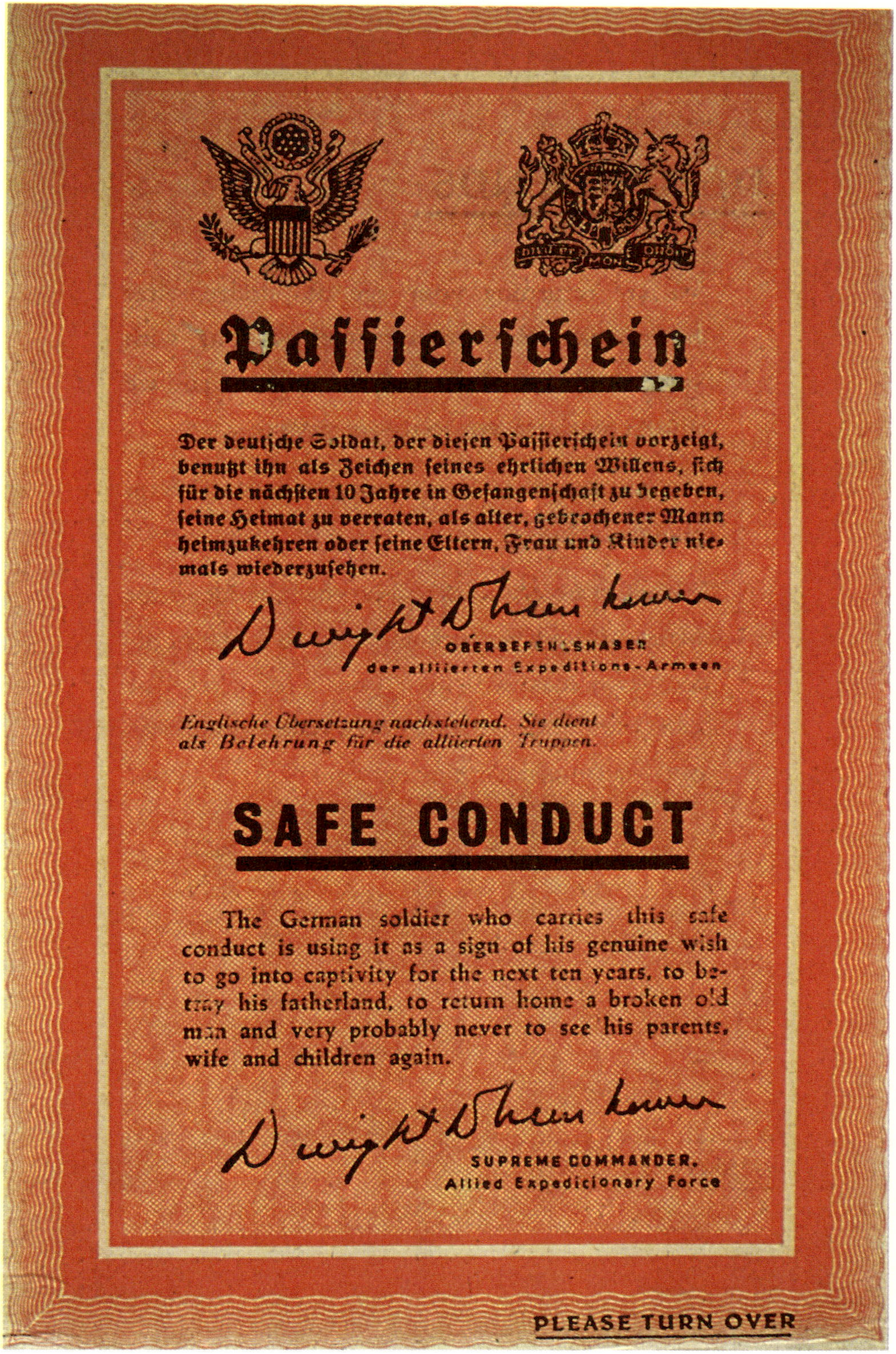

Passierschein

Der deutsche Soldat, der diesen Passierschein vorzeigt, benutzt ihn als Zeichen seines ehrlichen Willens, sich für die nächsten 10 Jahre in Gefangenschaft zu begeben, seine Heimat zu verraten, als alter, gebrochener Mann heimzukehren oder seine Eltern, Frau und Kinder niemals wiederzusehen.

OBERBEFEHLSHABER
der alliierten Expeditions-Armeen

Englische Übersetzung nachstehend. Sie dient als Belehrung für die alliierten Truppen.

SAFE CONDUCT

The German soldier who carries this safe conduct is using it as a sign of his genuine wish to go into captivity for the next ten years, to betray his fatherland, to return home a broken old man and very probably never to see his parents, wife and children again.

SUPREME COMMANDER,
Allied Expeditionary Force

PLEASE TURN OVER

110, 111
Alliierter Passierschein
Deutsche Fälschung (»Skorpion West«) des alliierten Passierscheins. Diese Fälschung wird gegen die alliierten Truppen an der Westfront 1945 als Flugblatt eingesetzt.

DEAR FRIENDS:

We are returning your age old dodge, after having made the necessary rectifications, with sincerest thanks. It was highly amusing, and we must commend you on your efforts.

But please refrain from molesting us further in this direction.

It should be obvious to you that the ideals for which 90 Million Germans have fought (according to Churchill) "like lions" for over five years cannot be so very rotten that we could be lured into surrender through mere ham and eggs.

Hoping that we can rely on your sagacity tc comprehend, we remain as of old, with

Heil Hitler!

Hard times, what?

111

Beurteilung:
Die Vorderseite ist für deutsche Soldaten kommentarlos verständlich. Für die alliierte Zielpersonengruppe wird die Aussage der Vorderseite kommentiert: *Das Überlaufen von Deutschen ist bei der hohen Kampfmoral der Truppe aussichtslos.* »Ham and eggs« können daran nichts ändern.

Passierschein

Der deutsche Soldat, der diesen Passierschein vorzeigt, benutzt ihn als Zeichen seines ehrlichen Willens, sich für die nächsten 10 Jahre in Gefangenschaft zu begeben, seine Heimat zu verraten, als alter, gebrochener Mann heimzukehren oder seine Eltern, Frau und Kinder niemals wiederzusehen.

OBERBEFEHLSHABER
der alliierten Expeditions-Armeen

Englische Übersetzung nachstehend. Sie dient als Belehrung für die alliierten Truppen

SAFE CONDUCT

The German soldier who carries this safe conduct is using it as a sign of his genuine wish to go into captivity for the next ten years, to betray his fatherland, to return home a broken old man and very probably never to see his parents, wife and children again.

SUPREME COMMANDER,
Allied Expeditionary Force

PLEASE TURN OVER

112, 113
Alliierter Passierschein
Deutsche Fälschung (»Skorpion West«) wie Abb. 110. *Deutsche Prop für deutsche Truppen an der Westfront:* Konsolidierungspropaganda. Die eigene Truppe wird über die Veränderung des feindlichen Passierscheins informiert.

Deutsche Kameraden!

Herr Eisenhower hat es für wirkungsvoll gehalten, unseren Soldaten Passierscheine zum Ueberlaufen zuzustellen.

Das Ding sieht so aus wie dieser Zettel.

Der Skorpion hat den Wisch mit Wappen, Unterschrift und allem Drum und Dran nachgedruckt, bloss den Text der Vorderseite ein bisschen geändert und auf die Rückseite folgendes geschrieben:

Dear Friends!

We are returning your age old dodge„ after having made the necessary rectifications, with sincerest thanks. It was highly amusing, and we must commend you on your efforts.

But please refrain from molesting us further in this direction.

It should be obvious to you that the ideals for which 90 Million Germans have fought (according to Churchill) „like lions" for over five years cannot be so very rotten that we could be lured into surrender through mere ham and eggs.

Rather a cheap inducement on your part, indeed.

Hoping that we can rely on your sagacity to comprehend, we remain as of old, with

Heil Hitler!

Hard times, what?

Uebersetzung:

Liebe Freunde!

Wir geben Euch Euren uralten Scheissdreck, nachdem wir die notwendigen Korrekturen vorgenommen haben, mit aufrichtigstem Dank zurück. Es war höchst amüsant und wir müssen Eure Anstrengungen loben. Aber bitte nehmt davon Abstand, uns weiterhin in dieser Richtung zu belästigen. Es sollte Euch klar sein, dass die Ideale, für die 90 Millionen Deutscher über fünf Jahre lang (nach Churchill) wie Löwen gekämpft haben, nicht so sehr faul (verkommen, schlecht) sein können, dass man uns einfach mit „Ham and Eggs" zur Aufgabe verlocken könnte

Eurerseits ein ziemlich billiger Versuch, wirklich.

In der Hoffnung, dass wir uns auf Eure Klugheit (Scharfsinn, Vernunft) verlassen können, verbleiben wir wie immer (in alter Frische) mit

Heil Hitler!

Schwere Zeiten, was?

Dieser „kopierte" Passierschein ist dann zum Feind hinübergeschossen worden. Soll er zusehen, wie er damit lustig wird.

Euch aber, Kameraden, fragen wir:

Hättet Ihr genau so geantwortet?

Hat der Skorpion richtig zurückgestochen?

Fehlt noch was? oder ist alles dran?

113

114
Gefallen am letzten Tag
Alliierte Prop für deutsche Truppen an der Westfront, 1945

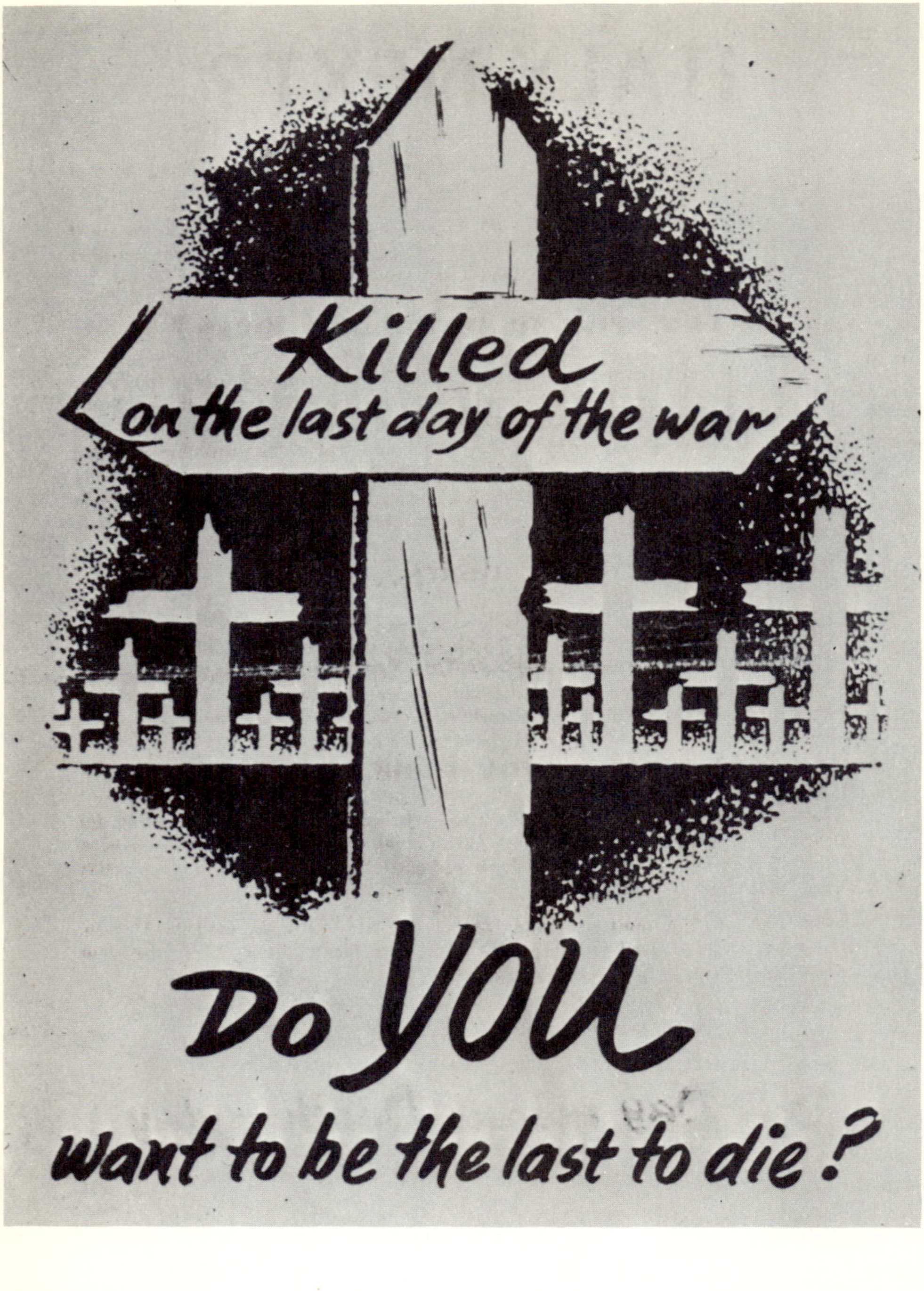

115
Killed on the last day of the war
Deutsche Prop (»Südstern«) für alliierte Truppen an der Italienfront, Flugblatt *1324 3/45, März 1945

Abb. 114 und Abb. 115 sind in Graphik und Text der Vorderseite fast völlig identisch. Abb. 115 bringt zusätzlich eine Rückseite mit der Tendenz: die Kampfmoral der Alliierten in Italien soll durch die Tatsache hoher Verluste, die durch den zähen und erbitterten Widerstand der deutschen Truppen entstehen, erschüttert werden.

Harmlose und giftige Skorpione

Im Juli 1944 wird von der SS-Standarte »Kurt Eggers« im Raum Paris das Kampfpropaganda-Unternehmen »Skorpion West« aufgestellt. Einzelne Berichtertrupps von »Skorpion West« werden an der Invasionsfront eingesetzt. Ab September 1944 befinden sich zwei Einsatzkompanien von »Skorpion West« zuletzt im Bereich der Nieder- und Mittelrheinfront im kampfpropagandistischen Einsatz gegen Amerikaner, Briten und Kanadier[55]. Außerdem wird die eigene Truppe intensiv propagandistisch betreut, um den Einfluß einer übermächtigen Feindpropaganda zu beseitigen oder wenigstens abzuschwächen. Im Zuge der propagandistischen Truppenbetreuung stellt »Skorpion West« die Flugblattserie »Willst Du die Wahrheit wissen, Kamerad, frage den ›Skorpion‹!« her, die auf dem schnellsten und kürzesten Weg vom Flugzeug aus über der Truppe abgeworfen wird. Die ersten acht Flugblattmuster dieser Serie werden zum Teil noch in Paris in der Druckerei der Pariser Zeitung gedruckt.

Mit der »Skorpion«-Serie begegnet der überlegenen Frontpropaganda der Alliierten in den letzten Kriegsmonaten eine ebenbürtige Flugblattaktion der Deutschen an der Westfront. Sie zielt auf die eigene Truppe und versucht, die deprimierende Wirkung der verlustreichen Abwehr- und Rückzugskämpfe auf die Psyche des Soldaten zu neutralisieren. Um von einer zweifelhaften Autorisierung durch die offizielle NS-Propaganda unbelastet zu bleiben, baut sie in grauer Form ein glaubwürdiges Image unter dem Pseudonym »Skorpion« auf. Im Gegensatz zur gewohnten einseitigen und unglaubhaften Schönfärberei und Durchhaltepropaganda geht der »Skorpion« auf die reale Lage und auf das bisher unbefriedigte Informationsbedürfnis des Frontsoldaten ein: »Willst Du die Wahrheit wissen, Kamerad, frage den ›Skorpion‹!« Diese stets wiederkehrende Überschrift leitet Darstellungen ein, die in schonungsloser Offenheit die Überlegenheit der Alliierten, die Fehler, Schwierigkeiten und Niederlagen der eigenen Seite zugeben: »Der Feind hat . . . die absolute Luftüberlegenheit. Er hat mehr Panzer und Artillerie als wir. Wir haben nicht verhindern können, daß er in Südfrankreich gelandet ist. Wir haben ebenso nicht verhindern können, daß er in Italien bis Florenz und im Osten bis nach Polen gekommen ist!« (»Skorpion« Nr. 2, S. 1, Abb. 118).

Der »Skorpion« selbst konstatiert in einem späteren Flugblatt, »daß die offenen, klugen Worte . . . wie ein Wunder wirkten«. Sie müssen in einem ungewöhnlichen Maße bei der Truppe Glaubwürdigkeit erzeugt und ein starkes Interesse für die Behandlung der nachfolgenden Einzelprobleme geweckt haben.

Die Flugblätter werden vom »Skorpion« in der direkten und gewohnten Umgangssprache des Landsers verfaßt. Auf plumpe propagandistische Appelle in imperativer Form wird verzichtet. An ihre Stelle tritt die Frage, die »uns« berührt und die spontane Verbundenheit der Zielpersonen mit ihrer bedrohten Lebensgemeinschaft verstärken soll. »Wie steht es denn nun eigentlich mit uns?« Diese Frage bezieht der »Skorpion« Nr. 3 (Abb. 119–120) zunächst klug auf die Situation in der Heimat, die unter den schweren Luftangriffen der Alliierten leidet; hierauf erwartet der Soldat vorrangig eine befriedigende Antwort.

Der »Skorpion« Nr. 3 gibt sie an Hand einer Statistik, die angeblich im schwerst betroffenen Gau des Deutschen Reiches erstellt worden ist. »Danach hat der Gau 0,5 Prozent seiner gesamten Einwohnerschaft an Toten und 1,5 Prozent an Verwundeten zu beklagen. 0,3 Prozent seiner Gesamtfläche mit Äckern, Wiesen, Wald und Moor wurde vernichtet und 0,15 Prozent seines Großviehbestandes getötet. Von seinen sämtlichen Industrieanlagen wurde nicht ganz die Hälfte beschädigt, doch nur 0,5 Prozent total zerstört.« Wenn auch diese Datensammlung vom Soldaten nicht überprüft werden kann, muß ihn das offene Zugeständnis der Verluste, dazu in Form der empirisch-rationalen Argumentation beeindrucken. Der »Skorpion« legt ihm dazu den Schluß nahe: »So betrüblich und erschreckend die entstandenen Schäden beim ersten Anblick dem Betrachter erscheinen mögen, so fallen sie doch im ganzen gesehen nicht nennenswert ins Gewicht.«

»Abwarten«, »hoffen«, »Zeit gewinnen« ist der Tenor einer zweiten, durchgängigen Beweisführung, die die Folgen der katastrophalen Kriegslage abschwächen soll. »Uns fehlt nichts weiter . . . als gerade noch soviel Zeit, bis wir mit unserer totalen Mobilisierung und der dazu notwendigen Umrüstung vollständig fertig geworden sind. Dann haben wir den Vorsprung unserer Gegner restlos wieder eingeholt« (»Skorpion« Nr. 3, S. 1, Abb. 119). Die Kriegswende soll durch die Produktion und den Masseneinsatz der V(ergeltungs)-Waffen eingeleitet werden. Um ihre kriegsentscheidende Bedeutung eindrucksvoll zu belegen, läßt »Skorpion« Nr. 2 renommierte Quellen der Alliierten zu Wort kommen. Wichtige Voraussetzung sei jedoch, jetzt »dem Feind mit äußerster Zähigkeit zu widerstehen, um den Raum zu halten, den wir für den Einsatz der neuen Waffen brauchen und um die Zeit zu gewinnen« (»Skorpion« Nr. 1, S. 2, Abb. 117).

Geschickte Durchhaltepropaganda betreibt »Skorpion« Nr. 3 (Abb. 120) auch in seiner Antwort zur Frage »Wann treten wir wieder an und wann ist der Krieg aus?« Er stellt die mit Überzeugung vertretene Prognose, der Feind werde – »wie bei allen übermäßigen Kraftanstrengungen« – nach Erreichung seiner höchsten Kraftanstrengung »in einen Zustand der Erschöpfung eintreten, in dem er angreifbar und tödlich verwundbar ist«. Zur Absicherung dieser »These« wird auf die eigene Erfahrung, wiederum in bisher ungewohnter Deutlichkeit zurückgegriffen: »Wir haben das selbst einmal im Osten erlebt. Kurz auf unsere größte Machtentfaltung, in der wir sowohl räumlich sowie zeitlich unsere Kraft überspannt hatten, folgte eine Erschöpfung, die uns eine Reihe von schmerzlichen Rückschlägen und den Verlust des gesamten Gebietszuwachses gekostet hat.« Wer von den Soldaten würde dieses Erlebnis nicht bestätigen, wer würde dem »Skorpion« für seine Offenheit keinen Vertrauenskredit geben! Die Umkehrung der Erfahrungen auf die gegenwärtige Lage des Jahres 1944 wird sehr vielen eingeleuchtet haben, zumal auch die pseudowissenschaftliche Erklärung von Energieaufwand und Erschöpfung bildhaft suggestiv verstärkt wird und sinnvoll erscheint: Der Gegner hat sich wie ein Luftballon bis zum äußersten aufgebläht. »Wenn wir im Bewußtsein unserer von Tag zu Tag wachsenden Stärke und im Vertrauen auf die todsichere Gelegenheit, die sich uns demnächst zum Endsieg bietet, solange aushalten, bis wir in diesen aufgeblähten Luftballon hineinstechen können, dann platzt er. Dann muß er mit einem Knall zerplatzen. Und dann ist der Krieg aus« (»Skorpion« Nr. 3, S. 2, Abb. 120).

Der »Skorpion« läßt sich nicht darauf ein, irgendwelche Zeitpunkte oder sonstige konkrete Anhaltspunkte für die »todsicher« in Aussicht gestellte Wende des Kriegsgeschehens zu nennen. Er vermeidet Festlegungen, die sich bei kritischer Prüfung seiner Vorhersagen später klar als unhaltbar erweisen würden.

Der alliierten Feindpropaganda kann das Auftreten des »Skorpions« als vertrauenswürdiges Informationsmittel des deutschen Frontsoldaten nicht verborgen bleiben und nicht gleichgültig sein. Bisher hat sie für sich allein das Prädikat »WAHRHEIT« beansprucht. Sie muß von der neuen Masche der deutschen Propaganda ein Konkurrenzunternehmen erwarten, das ihr langfristig den Rang beim deutschen Soldaten ablaufen kann.

Von der 12. amerikanischen Heeresgruppe unter General Edwin L. Sibert wird in Zusammenarbeit mit dem Propagandastab Sefton Delmers in London eine neue Skorpion-Serie von deutschen Mitarbeitern getextet und von dem Meisterfälscher Armin Hull täuschend echt (Druck, Papier) nachgedruckt. In einem Zeitraum von sechs Wochen werden die gefälschten Skorpion-Flugblätter in Millionen Exemplaren über den deutschen Linien abgeworfen. Angefangen vom Leitsatz »Willst Du die Wahrheit wissen, Kamerad, . . .!« bis hin zur Nachahmung des Frage-Antwort-Spiels im Landserjargon wird die typisch zweiseitige Argumentation des »Skorpions« kopiert und propagiert. Pferdefüße stecken jedoch bereits in den einleitenden Fragen: »Kommt die Inflation?« (gefälschter »Skorpion« Nr. 2, Abb. 121–122), »Kann die Front halten?« (gefälschter »Skorpion« Nr. 9, Abb. 123–124), »Wer darf kapitulieren?« (gefälschter »Skorpion« Nr. 11, Abb. 125–126). Hier werden Tabu-Begriffe offen genannt, die einen deprimierenden Vorhersagewert für den deutschen Soldaten haben.

Während sich der »echte Skorpion« in all seinen Beiträgen bemüht hatte, die gemeinsame Betroffenheit und das Zusammengehörigkeitsgefühl einer deutschen Schicksalsgemeinschaft zu stärken, versucht der »falsche Skorpion«, die Kampfmoral dieser Gruppe entscheidend zu schwächen.

Die Fälschung »Skorpion« Nr. 2 (Abb. 121–122) will dem »gemeinen Mann« die Augen öffnen, daß auf seine Kosten »die Herren oben« – z. B. »so ein Biedermann wie der Reichsmarschall« – den Krieg weiterführen und dabei ihre »zusammengekauften und zusammengeraubten« Vermögenswerte in Sicherheit bringen wollen. »Also was diese Herrschaften anbelangt, da kann die Inflation so dicke kommen wie sie nur will. Das stört die nicht. Wovon der einfache Volksgenosse nachher leben soll, dem sie seinen Betrieb wegmobilisiert haben und dem sie sein Haus und seine Möbel bis zum letzten Bettlaken haben abbrennen und wegbomben lassen – darüber machen die sich keine Kopfzerbrechen. Die sind ja nicht mehr dabei, wenn's soweit ist« (gefälschter »Skorpion« Nr. 2, S. 2, Abb. 122).

Die Fälschung »Skorpion« Nr. 11, Abb. 125–126, soll den Eindruck einer in Auflösung und Agonie befindlichen deutschen Wehrmacht vermitteln. Sie wiegelt die Untergebenen gegen die Vorgesetzten und den »verantwortlichen Führer« auf. »Der Soldat, der sieht, daß sein Vorgesetzter sich gegen die Interessen des Volkes entscheidet, hat die Pflicht, sofort zu handeln. Eine Stellung aufgeben, heißt bei der jetzigen Lage das Volk verraten. Und ein Verräter gehört niedergeschossen wie ein Hund.« Dadurch, daß diese Aufforderung als »der Sinn des neuen Leitsatzes des Reichsführers SS und BDE« dargestellt wird, muß man annehmen, daß auch SS- und militärische Führung gegeneinander ausgespielt werden sollen. Bewußt wird die in der echten Skorpion-Serie vorsichtig angedeutete und glaubhaft belegte Aufforderung, bis zur Kriegswende durchzuhalten, durch die Fälschung überzogen und durch »die neue Pflicht des rücksichtslosen Handelns aus eigenem Ermessen« ad absurdum geführt (gefälschter »Skorpion« Nr. 11, S. 2, Abb. 125–126).

Auch im gefälschten »Skorpion« Nr. 9 werden Durchhalteparolen persifliert: Der Offensive des Feindes steht nichts mehr im Weg; er verfügt über eine »gewaltige Überlegenheit« und »fast unerschöpfliche Materialreserven«. Es ist dabei für den deutschen Soldaten wenig ermutigend, wenn man ihm mitteilt, »daß der eiserne Wille und die Entschlossenheit, auszuhalten bis zum letzten Mann und bis zur letzten Patrone, jede zahlenmäßige und technische Überlegenheit des Feindes mehr als ausgleicht. Es ist allerdings nötig, daß buchstäblich jeder Grenadier bereit ist, zu sterben, wo er steht.«

Auch die vom »echten Skorpion« in Aussicht gestellten Vergeltungswaffen als die den Sieg rettenden Mittel werden von der Fälschung karikiert und in die Nähe des belächelten Volkssturms gerückt: »Diese alten und jugendlichen Volksgenossen, die ohne Uniform und mit kaum mehr als Gewehren und Handgranaten dem Feind gegenübertreten werden, werden der Welt zeigen, daß nicht Körperkraft und Ausrüstung, sondern allein seelische Kraft und weltanschauliches Rüstzeug Schlachten entscheiden. Wenn es zum Letzten kommt – wenn der Feind, gleichgültig wo, auf deutschem Boden zum Halten gebracht ist, – dann werden technische Kriegsmittel von unerhörter, revolutionärer Neuheit und unvorstellbarer Wirkung ihm den Todesstoß geben« (gefälschter »Skorpion« Nr. 9, S. 2, Abb. 124).

Schon bald erfahren die Amerikaner durch Gefangene, daß der Erfolg der Skorpion-Fälschungen weit ihre Erwartungen übertrifft. Nach Aussage eines Gefangenen gelangt eine der Fälschungen auf den Schreibtisch von Generalfeldmarschall Model, der über den »merkwürdigen« Inhalt des vermeintlichen deutschen Flugblattes verärgert ist. Die Erklärung vom Chef »Skorpion West«, daß das vorliegende Flugblatt eine Fälschung des Feindes sei, kann Model nur bedingt beruhigen. Als ihm zwei Wochen später eine zweite Skorpion-Fälschung (Nr. 11: Wer darf kapitulieren? Abb. 125–126) vorgelegt wird, ist Model so empört, daß er die sofortige Einstellung einer Flugblattpropaganda befiehlt, die offensichtlich vom Feind mühelos gefälscht werden könne[56].

Zweifellos ist es der alliierten Propaganda mit ihren »Gegenskorpionen«[57] gelungen, die vom »echten Skorpion« aufgebaute Vertrauensbasis und die darauf vermittelten Erwartungen und Hoffnungen wieder zu zerstören. Dabei kommt ihr zugute, daß sie auf die jeweils vorausgegangenen Feststellungen und Argumente des »echten Skorpions« eingehen und die Entwicklung der realen Kriegslage für sich in Anspruch nehmen kann. Durch ihre enge Anlehnung an die äußere Form und an das »Prinzip der Wahrheit« der echten »Skorpion«-Flugblätter können die falschen »Skorpione« die Mißtrauensschwelle der deutschen Soldaten gegen Feindpropaganda unterlaufen. Sie machen es dem Empfänger nahezu unmöglich, zwischen »harmlosen« und »giftigen Skorpionen« zu unterscheiden.

Diese Gefahr hat offensichtlich auch Model erkannt. Mit dem Flugblatt »Der Feind setzt giftige Skorpione aus!« weisen die Herausgeber des echten »Skorpions« abschließend auf die Fälschung des Gegners hin und geben zu: »Sie erscheinen ganz im Stile des echten. Sie bringen ihre giftigen Lügen sehr versteckt und heimtückisch« (S. 2). Auch die durchschaute Zielsetzung der Feindpropaganda wird dargelegt: »Viel wichtiger . . . ist es für den Gegner, daß wir den echten und den falschen ›Skorpion‹ nicht mehr recht unterscheiden können und daß deshalb die deutsche Führung überlegen mußte, den ›Skorpion‹ überhaupt einzustellen.« Als Unterscheidungsmerkmal wird den Soldaten nahegelegt, der echte »Skorpion« habe seine Flugblätter immer von Hand zu Hand verteilen lassen, der falsche dagegen werfe sie aus der Luft ab: »›Der Skorpion‹ also, der am Boden liegt, ist falsch. Rührt ihn nicht an, er ist giftig!«

Diese recht hilflosen Handlungsanweisungen haben jedoch genausowenig den Ausgang des propagandistischen Kräftevergleichs zugunsten des echten »Skorpions« beeinflussen können, wie seine letzte herausfordernde Bemerkung: »So! Und nun wollen wir mal sehen, wer stärker ist!« Der deutsche »Skorpion« muß zwangsläufig sein Erscheinen einstellen[58].

Die Nachwirkungen dieser rein propagandistischen Auseinandersetzung sind bis heute spürbar. Es gehört zu den wesentlichen Grundsätzen der modernen psychologischen Kampfführung, keine Flugblätter mehr unter der eigenen Truppe zu verteilen: »Jedes Flugblatt stammt vom Feind!«

Willst Du die Wahrheit wissen,

Kamerad, frage den „Skorpion"!

Nr. 1

Wie steht der Krieg?

Wir liegen in einem sehr schweren Abwehrkampf gegen die Engländer und die Amerikaner. Der Feind hat heute noch die absolute Luftüberlegenheit. Er hat mehr Panzer und Artillerie als wir. Wir haben nicht verhindern können, daß er in Südfrankreich gelandet ist. Wir haben ebenso nicht verhindern können, daß er in Italien bis Florenz und im Osten bis nach Polen gekommen ist. Diese Dinge sehen für den kämpfenden deutschen Soldaten, der weiter nichts weiß und nichts hört, schlecht aus. Wir sind heute so weit, daß wir das nicht zu verheimlichen brauchen.

Die Wahrheit hat ein ganz anderes Gesicht!

Wir müssen die Entwicklung der letzten Jahre, die sich heute klar abzeichnet, einmal nüchtern untersuchen, um daraus die Zwangsläufigkeit der Ereignisse erkennen zu können.

Nach dem Eintritt Amerikas in den Krieg war sich die deutsche Führung darüber im Klaren, daß es eine reine Zeitfrage war, bis die amerikanische Industrie mit ihren fast unerschöpflichen Materialreserven den deutschen Rüstungsvorsprung eingeholt und schließlich überholt haben würde. Gerade, was das Gebiet der Flugzeug-Produktion betrifft, war auf die Dauer gar nicht daran zu denken, daß wir der amerikanischen Serien-Produktion das Gleichgewicht würden halten können. Die einzig mögliche Schlußfolgerung bestand also für die deutsche Rüstungsindustrie darin, eine totale Umstellung vorzunehmen und vollkommen neuartige Waffen zu konstruieren, deren Wirkung die Masse der feindlichen Waffen ausgleichen konnte. Solche Umstellungen brauchen naturgemäß ihre Zeit, und wenn es so einfach wäre, wie es sich anhört, hätte der Feind vermutlich seinerseits dasselbe getan.

Was nun in der Zwischenzeit geschehen ist, kann nur — wie Spezialisten aus dem gegnerischen Lager immer wieder betonen, — als eine Revolution größten Stils in der Kriegsgeschichte bezeichnet werden.

Wir sind nur noch nicht ganz so weit!

Es liegt in der Natur der Sache und jeder Soldat weiß das — wie schwer auch seine moralische Belastung sein mag, — daß man über diese Dinge nicht eher Genaues aussagen darf, bis der tatsächliche Masseneinsatz erfolgen kann. So sicher, wie entgegen allem Zweifel, an den sich jeder erinnern wird, eines Tages die V 1-Waffe gekommen und seither pausenlos eingesetzt ist, so sicher werden auch die Waffen kommen, für deren Entwicklung und Produktion wir über 2 Jahre härteste Defensive auf uns genommen haben. Wir werden jetzt in der allernächsten Zeit erleben, warum das so sein mußte.

Man kann heute offen zugeben, daß die jahrelangen Bombardements des Feindes auf das Reichsgebiet die ganze Entwicklung verzögert haben. Wir können das zugeben, weil wir jetzt über alle daraus entstandenen Schwierigkeiten hinweggekommen sind und weil die Dinge jetzt, auch durch noch so schwere Luftangriffe nicht mehr aufgehalten werden können.

Churchill und Roosevelt haben von der Konstruktion der V1 schon sehr früh gewußt. Sie wissen auch von den Waffen, von denen das deutsche Volk heute noch nichts ahnt. Auch die beste Spionage-Abwehr hat das leider nicht vermeiden können. Sie haben aber weder V1 verhindern, noch vor uns selbst konstruieren können. Auch haben sie bis heute keine Abwehr dafür geschaffen. Diese Ohnmächtigkeit lastet furchtbar auf den Feinden. Sie hofften und haben alles daran gesetzt, den Krieg gegen Deutschland eher zu gewinnen; sie versuchen es noch. Ihre größte Hoffnung liegt darin, daß wir selbst nicht ahnen, wie es steht, und daß wir den Kampf aufgeben.

Churchill hat es im Hauptquartier General Eisenhowers ausgesprochen, daß, wenn dieser «letzte Schlag» nicht zur Kapitulation Deutschlands führen sollte, der Krieg für ihn endgültig verloren sei.

Wenn es noch einer Bestätigung bedürfte, daß diese Gedanken keine Theorie, sondern nüchterne Wirklichkeit sind, dann hat sie uns der amerikanische Kriegsminister Stimson selbst gegeben, indem er zu Churchill sagte: «Wenn der Krieg nicht in wenigen Wochen beendet ist, behält sich Amerika alle weiteren Schritte vor.» — So weit sind unsere Feinde!

Für uns kommt es jetzt darauf an, dem Feind mit äußerster Zähigkeit zu widerstehen, um den Raum zu halten, den wir für den Einsatz der neuen Waffen brauchen und um die Zeit zu gewinnen.

Wir müssen das wahre Gesicht der Situation erkennen lernen. Unsere Lage ist sehr schwer. Die des Feindes dagegen im Augenblick scheinbar glänzend. Wir wissen es aber besser.

Churchill selbst war es, der in der kürzlich stattgefundenen denkwürdigen Unterhausdebatte sagte: «Wir müssen den Krieg bis zum Herbst beenden, sonst haben wir ihn verloren.»

Richte Deine Anfragen an „Skorpion Feldpost-Nummer 00220". Wenn es Fragen von besonderer Bedeutung sind, die den Landser ernstlich beschäftigen, wird der „Skorpion" antworten. Er wird stets die ungeschminkte Wahrheit sagen.

SK 108

117

Willst Du die Wahrheit wissen,
Kamerad, frage den „Skorpion!"

Nr. 2

Anfrage:

Was sagt der Feind über seine eigene Lage?

Antwort:

„Wenn wir den Krieg nicht bis zum Herbst beendet haben, haben wir ihn verloren."
Der englische Ministerpräsident Churchill vor dem Unterhaus

„Die Bombardierung mit den deutschen Dynamit-Meteoren ist viel schlimmer als alles, was wir während der fürchterlichsten Luftangriffe erlebt haben. Die Zerstörungskraft der Explosionen ist gewaltig."
Agentur „United Press".

„Wir verfügen über kein Mittel gegen die deutsche Geheimwaffe. Der Kampf mit ihr wird aussichtslos sein."
Englische Zeitung „Daily Mail".

„Die Zeit unserer Prüfungen steht uns noch bevor, doch erleben wir jetzt schon neue tödliche Formen des Angriffs."
Der erste Lord der britischen Admiralität Alexander.

„Hitler folgte auch in diesem Falle seiner so oft erprobten und bewährten Taktik: seine Absichten bis zum letzten Moment nicht zu verraten, sie dann aber mit aller Macht durchzuführen. Die neue Waffe war bestimmt schon lange fertig und eine frühere Anwendung hätte selbstverständlich den Kampfgeist der leidenden deutschen Bevölkerung gehoben. Die Versuchung, vorzeitig damit anzufangen, war sehr groß, aber der deutsche Führer verfügte über genügend starke Nerven, abzuwarten, bis der Einsatz dringend notwendig wurde. Er handelte weit vorausschauend, indem er jetzt die Verbündeten an der empfindlichsten Stelle traf."
Schweizer Blatt, „Neue Züricher Zeitung".

„Auch wenn es Eisenhower gelingt, sich in den Besitz der Flugbasen von V I zu setzen, so ändert das nichts an der Tatsache, über die uns unsere Erfolge nicht hinwegtäuschen dürfen, daß Hitler noch eine neue und voraussichtlich gefährlichere Waffe im Hintergrunde bereit hält.'
Amerikanische Rundfunkagentur National Broadcasting Co.

„Ich habe keine Ahnung von den Plänen der Deutschen, aber ich weiß, daß sie fürchterliche Dinge vorbereiten."
Der englische Innenminister Morrison im Unterhaus.

„Das alliierte Oberkommando nimmt die deutschen Mitteilungen, daß die Deutschen zur gegebenen Zeit eine neue Waffe einsetzen werden, sehr ernst. In den Kreisen der Alliierten ist trotz der neuesten Erfolge eine steigende Nervosität festzustellen."
Englische Zeitschrift „New Week".

„Falls es nicht gelingt, den Krieg zu beenden, ehe die Deutschen mit ihren neuen Waffen zum Zuge kommen, muß sich Amerika alles Weitere vorbehalten."
Der Kriegsminister der U.S.A. Stimson zu Churchill.

Richte Deine Anfragen an „Skorpion FPN 00220". Wenn es Fragen von besonderer Bedeutung sind, die den Landser ernstlich beschäftigen, wird der „Skorpion" antworten. Er wird stets die ungeschminkte W a h r h e i t sagen.

SK 414

118

Willst Du die Wahrheit wissen, Kamerad, frage den „Skorpion!"

3

FRAGE: Glaubt der „Skorpion" noch an das, was er vor vier Wochen gesagt hat?

ANTWORT: Ja!

Denn es handelt sich dabei nicht um eine Frage des Glaubens, sondern des Wissens. Die Kameraden, die den Skorpion fragen, wollen etwas wissen. Und der Skorpion antwortet ihnen, weil er es weiß. Er antwortet ihnen auch nur, wenn er etwas weiß. Das, was er gesagt hat, hat sich bisher alles bestätigt. Er hat gesagt, daß wir uns nichts vormachen wollen. Unsere Lage war kritisch. Wir haben gewisse Fehler gemacht und können das heute getrost zugeben.

Denn heute liegt nun das alles hinter uns, was durch unsere Fehler entstanden ist. Wir haben keine Partisanen mehr im Rücken, welche uns die Versorgung der Front zur Last und die Verwaltung des Hinterlandes zur Plage machen, und keine Bundesgenossen mehr an unserer Seite, die wir ununterbrochen mit Waffen und Hilfsmitteln versehen müssen, ohne daß wir dabei an ihnen jemals eine nennenswerte Hilfe gehabt hätten. Und wir wissen heute auch, daß Fehler aus Leichtsinn, Trägheit und Gedankenlosigkeit natürlich Opfer kosten und mit Enttäuschungen, Tränen und Rückschlägen bezahlt werden müssen.

Aber wir können uns auch sagen, daß Erfolge, die der Feind nur unseren Fehlern zu verdanken hat, nicht so entscheidend sind, wie wenn wir alles richtig gemacht hätten und doch geschlagen worden wären. Dann wäre wohl nichts mehr zu hoffen gewesen. So aber haben wir aus unseren Fehlern lernen und die Konsequenzen ziehen können. Wir stehen sozusagen wieder in unseren alten Startlöchern, von denen aus wir schon einmal glänzend gestartet sind.

Und wir sehen mit einem Mal, daß dieser Ausgangspunkt in der Zwischenzeit zwar nicht besser geworden ist, aber nicht im mindesten schlechter und schwächer, als er eben zu Kriegsbeginn war; trotz der fünf Kriegsjahre mit all ihrem Verschleiß und all ihren Einbußen. Wir können einfach einen Schlußstrich darunter machen und getrost wieder von neuem anfangen. Uns fehlt nichts weiter dazu als gerade noch so viel Zeit, bis wir mit unserer totalen Mobilisierung und der dazu notwendigen Umrüstung vollständig fertig geworden sind. Dann haben wir den Vorsprung unserer Gegner restlos wieder eingeholt. Und dann sind wir ihm auch gleich wieder so überlegen, daß der ganze Krieg genau so schnell und endgültig zu unseren Gunsten entschieden sein wird, wie es die ersten Feldzüge im Osten und Westen waren. Denn wir wissen heute, daß die 36 Tage von 1940 nicht nur einen Frankreichfeldzug wie damals beenden, sondern genügen würden, den gesamten Krieg zu entscheiden. Und der Feind weiß das auch.

FRAGE: Wie steht es denn nun eigentlich mit uns?

ANTWORT:

Um diese Frage gewissenhaft und stichhaltig beantworten zu können, hat der Skorpion sorgfältig Erhebungen und Untersuchungen angestellt. Denn die Kameraden, die darnach fragten, wollten nicht so sehr etwas über die Frontlage erfahren; die ist heute wieder für jeden Soldaten übersichtlich und erklärlich. Sie wollten vielmehr wissen, wie es denn nun wirklich mit uns bestellt ist. Fünf Jahre haben wir von unserem Bestande zehren müssen. Ein jeder kennt für seinen Teil Schäden, die durch den Krieg, durch die Luftangriffe des Feindes in der Industrie und der Wirtschaft, der Verwaltung und dem Verkehr entstanden sind. Wie sieht das denn nun im Ganzen aus? Wie sind die Voraussetzungen, unter denen wir zum Endkampf antreten können?

Um sich ein Bild zu verschaffen, hat der Skorpion denjenigen von allen deutschen Gauen besucht, der am schwersten betroffen worden ist. Die genaue Statistik der Schäden ist ebenso überraschend wie aufschlußreich. Danach hat der Gau 0,5 % seiner gesamten Einwohnerschaft an Toten und 1,5 % an Verwundeten zu beklagen. 0,3 % seiner Gesamtfläche mit Äckern, Wiesen, Wald und Moor wurde vernichtet und 0,015 % seines Großviehbestandes getötet. Von seinen sämtlichen Industrieanlagen wurde nicht ganz die Hälfte zwar beschädigt, doch nur ½ % total zerstört.

Das heißt mit anderen Worten: So betrüblich und erschreckend die entstandenen Schäden beim ersten Anblick dem Betrachter erscheinen mögen, so fallen sie doch im Ganzen gesehen, nicht nennenswert ins Gewicht. Nach der Evakuierung der Frauen und Kinder aus Wohngebieten, die am meisten bedroht und am schlimmsten betroffen sind (die Statistik gibt ihre Zahl mit etwa einem Viertel aller Einwohner an), arbeitet die Bevölkerung unverdrossen weiter. Die Industrie hat ihren Bestand an Arbeitskräften nicht nur erhalten, sondern sogar ihren Bedarf daran verringern können. Bei so verringertem Bedarf an Kräften hat sie trotz erhöhten Anforderungen so hohe Leistungen erzielt, daß sogar vielfach festgestellte, überspitzte Akkorde gesenkt werden mußten. Da es sich fast ausschließlich um Rüstungsindustrie handelt, so bedeutet das, daß alle für die Umrüstung gestellten Termine bis heute pünktlich innegehalten werden konnten.

Damit kann kein Zweifel daran bestehen, daß das gewaltige Vorhaben unserer Umrüstung gesichert ist. Weder der sich seit Jahren verschärfende Luftkrieg, noch die neuerlichen Verluste an Rohstoffquellen haben es beeinträchtigen können. Deutschland verfügt über genügend Reserven, um im geeigneten Augenblick zum letzten entscheidenden Waffengang neu gerüstet und dann allerdings wieder unüberwindlich antreten zu können.

FRAGE: Wann treten wir wieder an und wann ist der Krieg aus?

ANTWORT:

Das hängt davon ab, wann der Feind den Augenblick seiner höchsten Kraftanstrengung erreicht hat. Unmittelbar darnach muß, wie bei allen übermäßigen Kraftanstrengungen, bei ihm ein Zustand der Erschöpfung eintreten, in dem er angreifbar und tödlich verwundbar ist. Wir haben das selbst einmal im Osten erlebt. Kurz auf unsere größte Machtenfaltung, in der wir sowohl räumlich sowie zeitlich unsere Kraft überspannt hatten, folgte eine Erschöpfung, die uns eine Reihe von schmerzlichen Rückschlägen und den Verlust des gesamten Gebietszuwachses gekostet hat.

Nicht anders muß es zwangsläufig unseren Gegnern ergehen. Noch befinden sie sich in dem ganzen Schwung und Rausch ihres stürmischen Vormarsches. Noch glauben sie, das Maul vollnehmen zu können. Noch ist auch die Gefahr für uns nicht ganz überwunden; denn aus Erfolgen erwachsen zusätzliche Kräfte. Aber auch die entscheidenden Schwächen erwachsen daraus, wie wir aus eigenster Erfahrung wissen. Schon breitet sich hinter den schnell vorgetriebenen amerikanischen Fronten ein lebensgefährliches Chaos, hinter der gewaltsam vorwärtsgeschobenen bolschewistischen Front eine gähnende, tödliche Leere aus. Auf beiden Seiten hat sich der Feind bereits so weit von seinen Ausgangsbasen entfernt, daß er im luftleeren Raum zu hängen beginnt. Schon kann man im Osten noch deutlicher als im Westen erkennen, daß er hinter sich nichts mehr hat.

Vor ihm aber versteift sich der deutsche Widerstand immer mehr. Über kurz oder lang wird der völlige Stillstand eintreten und mit ihm eine lähmende Enttäuschung, die durch die nicht zu übersehende starke Kriegsmüdigkeit seiner Soldaten bedrohlich gesteigert werden wird. Und dann ist der Augenblick da, wo wir nach einer völligen Überholung aller unserer Mittel mit frischen Kräften und mit neuen Waffen zum entscheidenden letzten Schlag ausholen werden. Denn dann muß der Feind plötzlich noch einmal von vorne anfangen, auf allen Fronten, in Europa wie in Asien. Und dann geht es ihm unweigerlich auf allen seinen Fronten wie etwa uns damals in Rußland.

Worauf soll er sich, um Luft zu schnappen und sich von seiner Anstrengung zu erholen, dann zurückziehen? Auf die Küsten Europas? Wenn er sich auf seine Ausgangsstellungen zurückziehen müßte wie wir, dann müßte er auf seine Insel zurück. Und dann ist er praktisch geschlagen. Denn eine zweite Invasion kann er nicht mehr machen. Und ein zweites Mal kommt auch der Sowjetrusse nicht mehr in sein Hinterland zurück, wie anfangs, wo er noch alles hatte. Denn jetzt hat er nichts mehr da, weder bewohnbare Ortschaften, noch angebaute Felder, noch kampfkräftige Menschen; sein Riesenraum hinter ihm ist nach dem rücksichtslosen Einsatz aller seiner Reserven buchstäblich leer. Sowjetrußland ist im Augenblick genau so ausgepumpt wie England.

Beide Gegner haben sich jetzt bis zur größten Möglichkeit ausgeweitet und gewissermaßen wie ein Kinderluftballon aufgebläht. Wenn wir im Bewußtsein unserer von Tag zu Tag wachsenden inneren Stärke und im Vertrauen auf die totsichere Gelegenheit, die sich uns demnächst zum Endsieg bietet, solange aushalten, bis wir in diesen aufgeblähten Luftballon hineinstechen können, dann platzt er. Dann m u ß er mit einem Knall zerplatzen. Und dann ist der Krieg aus.

Richte Deine Anfragen an den „Skorpion", FPN. 00220. Wenn es Fragen von allgemeiner Bedeutung sind, die den Landser ernsthaft beschäftigen, wird er Dir antworten. Er wird Dir stets die Wahrheit sagen!

458

Willst Du die Wahrheit wissen,
Kamerad, frage den „Skorpion"!

2

Kommt die Inflation?

An und für sich kümmert sich ja der Soldat nie übermässig um die finanzielle Seite des Unternehmens, für das er seine Knochen hinhält. Aber nach den Erfahrungen, die man im letzten Krieg gemacht hat und nachher, ist es immerhin ganz angebracht, wenn man einigermassen auf die Bescherung vorbereitet ist, die auf einen wartet.

Da gibt es so einige kleine Notsignale, die auch der gewöhnliche Soldat nicht übersehen sollte, wenn er auch sonst nicht viel von höherer Finanz versteht.

Da ist z.B. die Sache mit den Reichs- und Industrie-Anleihen und Wertpapieren, die auf einmal fürchterlich zu fallen anfangen. Aus dem einfachen Grunde, weil die Herren, die bis jetzt Geld damit gemacht haben, den Zusammenbruch kommen sehen und die Papiere schnell verkaufen, solange sie noch was dafür kriegen.

Und ein anderes Gefahrensignal ist die Tatsache, dass eine Versicherungsgesellschaft nach der anderen in die Brüche geht und zahlungsunfähig wird: Zum Beispiel: Im April 1944 ging die «Deutsche Eintracht Volks- und Lebensversicherungsvereins A.G. von 1865» bankrott, und im Mai die «Hanseatische Lebensversicherungs- und Begräbniskasse A.G.» Diese beiden Hamburger Versicherungen wurden daraufhin von der «Vereinigten Lebensversicherungsanstalt A.G. für Handwerk, Handel und Gewerbe in Hamburg» übernommen. Im August war dann diese A.G. ebenfalls so weit, dass sie, um dem Konkurs zu entgehen, mit der «Hamburg-Mannheimer Versicherungs A.G.» schleunigst eine Interessengemeinschaft eingehen musste.

Also das sieht schon alles nicht sehr hoffnungsfreudig aus. Aber am besten kann man immer sehen, was los ist, in dem sogenannten Reichsbankausweis.

Den muss die Reichsbank nämlich rausgeben, und jeder kann ihn in der Zeitung lesen. Und wenn sie da auch immer ein bisschen dabei mogeln können — im Grossen und Ganzen muss doch Farbe bekannt werden.

Und so hat es sich denn nicht vermeiden lassen, dass der Reichsbankausweis vom 30. September klar und deutlich zeigt, dass in Deutschland die Inflation schon im vollen Gallopp ist. Und zwar die offene Inflation, bei der es schon nichts mehr zu verschleiern gibt, wie das bis jetzt gemacht worden ist mit Zwangspreisen und Warenrationierung und Devisenzwangsbewirtschaftung und all diesen Finanzkunststückchen. Das alles haut schon nicht mehr hin.

Der Reichsbankausweis sagt schwarz auf weiss und klar und deutlich: im Reich sind heute 42 Milliarden und 737 Millionen Mark in Umlauf. Papiermark natürlich! Das ist also schon um die Hälfte mehr als vor einem

121

Jahr. Und jeden Tag, den Gott werden lässt, muss die Reichsbank weitere 153 Millionen Papiermark dazu drucken. Jeden Tag.

Das ist eine neue Papiermilliarde, eine neue Inflationsmilliarde pro Woche! Wie die Lawine von da an weiterrollt, wenn das mal angefangen hat, das weiss jeder, der 1920/21 schon aus den Windeln raus war. Das hat noch keiner vergessen.

Also der Bart ist ab. Wenn der Krieg noch weitergeht, dann kann man die braunen Lappen bald wieder zum Tapezieren verwenden.

Bei den Herren oben, die durchaus weitermachen wollen, spielt das ja nun natürlich keine Rolle. Die haben ja ihre spätere Zukunft nicht auf Papiermark gebaut, sondern auf was Handfesteres. Die haben auch nicht erst seit dem Reichsbankausweis kapiert, dass was faul ist, sondern wissen längst, dass die Inflation da ist. Infolgedessen sitzen sie auch nicht mit Papiermark da. Die haben sich schon längst von der Reichsbank abgesetzt.

Die haben sich schon in den Besatzungsjahren im Ausland zusammengekauft und zusammengeraubt, was sie nur konnten. Grundstücke, Häuser, Schmucksachen, Kunstwerte — und vor allem Dollar- und Pfund-Guthaben. Dazu gibt irgendein Ausländer seinen Namen her, dafür wird er ein bisschen dran beteiligt, und alles ist fein säuberlich aufbewahrt und eingepökelt. Und wenn dann die Mark endgültig zum Teufel ist, nach dem Krieg, dann verdrücken sie sich dahin, wo ihre wertbeständigen Vermögen auf sie warten.

So ein Biedermann wie der Reichsmarschall ist darin natürlich gross. Der ist in seinem rührenden Kunstsinn so weit gegangen, dass er sich statt Glasperlen Diamanten auf den Schirm von seiner Schreibtischlampe hat nähen lassen. Und was allein an ihm dran hängt, wenn er mal vor die Tür geht, das ist schon mehr wert wie die Papiermilliarde, mit der das deutsche Volk jede Woche beglückt wird. Von den Goldmillionenwerten, die er sich in Karinhall aufgehamstert hat, wollen wir garnicht erst anfangen.

Also was diese Herrschaften anbelangt, da kann die Inflation so dicke kommen wie sie nur will. Das stört die nicht. Wovon der einfache Volksgenosse nachher leben soll, dem sie seinen Betrieb wegmobilisiert haben und dem sie sein Haus und seine Möbel bis zum letzten Bettlaken haben abbrennen und wegbomben lassen — darüber machen die sich keine Kopfzerbrechen. Die sind ja nicht mehr dabei, wenn's so weit ist.

Deshalb spielt es für die nicht die geringste Rolle, dass die Reichsbank Woche für Woche eine neue Papiermilliarde druckt. Und nächste Woche vielleicht zwei, und nächsten Monat fünf, und dann zehn und dann hundert — solange das Papier reicht.

Aber für den gemeinen Mann ist es doch ganz nützlich, wenn er sich den Reichsbankausweis vom 30. September mal mit Verstand ansieht. Damit er sich nicht wundert, wenn eines Tages zwanzig Zigaretten wieder eine Million Mark kosten.

Also, die Inflation kommt nicht bloss, sie ist schon da.

Richte Deine Anfragen an „Skorpion FPN00020". Wenn es Fragen von besonderer Bedeutung sind, die den Landser ernstlich beschäftigen, wird der „Skorpion" antworten. Er wird stets die ungeschminkte Wahrheit sagen.

122

Willst Du die Wahrheit wissen, Kamerad, frage den „Skorpion"!

9

Kann die Front halten?

Alles weist darauf hin, dass die Engländer und die Amerikaner versuchen werden, noch vor Einbruch des Winters eine endgültige Entscheidung im Westen herbeizuführen. Das letzte technische Hindernis für eine allgemeine Herbstoffensive war, dass der Feind bisher den grossen, frontnahen Hafen von Antwerpen nicht benutzen konnte. Da es uns nicht gelungen ist, die Zugänge zu diesem Hafen zu halten, steht der feindlichen Offensive nichts mehr im Wege. Der Feind hat eine gewaltige Überlegenheit, und für den kämpfenden deutschen Soldaten, der weiter nichts weiss und nichts hört, der diese Überlegenheit täglich vor Augen sieht, sehen die Dinge schlecht aus. Wir sind heut so weit, dass wir das nicht zu verheimlichen brauchen.

Die Wahrheit hat ein ganz anderes Gesicht!

Wenn der Angriff kommt, der den Durchbruch ins Innere der Heimat erzwingen soll — dann können wir ihm mit Ruhe entgegensehen.

Wir müssen die Entwicklung nüchtern untersuchen, um daraus die Zwangsläufigkeit der Ereignisse erkennen zu können.

Schon nach dem Eintritt Amerikas in den Krieg war sich die deutsche Führung darüber im Klaren, dass es eine reine Zeitfrage war, bis die amerikanische Industrie mit ihren fast unerschöpflichen Materialreserven den deutschen Rüstungsvorsprung eingeholt und schliesslich überholt haben würde. Aber es hat sich schon oft gezeigt, dass der eiserne Wille und die Entschlossenheit, auszuhalten bis zum letzten Mann und bis zur letzten Patrone, jede zahlenmässige und technische Überlegenheit des Feindes mehr als ausgleicht.

Es ist allerdings nötig, dass buchstäblich jeder Grenadier bereit ist, zu sterben, wo er steht. Und es ist notwendig, dass der Feind, wo auch immer er vordringt, nichts als eine Wüste vorfindet. Jeder Fussbreit deutschen Bodens, der aufgegeben werden muss, nachdem die letzte Patrone verschossen ist, muss systematisch zerstört werden. Es darf da keine falschen Rücksichten und keine halbe Arbeit geben. Kein Haus, kein Baum, kein Strauch darf unzerstört bleiben; kein Stück Vieh, keine Handvoll Getreide darf dem Feind in die Hände fallen. Wo der Feind auf deutschem Boden vorrückt, da muss er im vollsten Sinn des Wortes eine Wüste vorfinden, und sonst nichts.

Wenn jeder Fussbreit deutschen Bodens bis zum letzten Mann verteidigt und nur als Wüste geräumt wird, dann besteht durchaus die Möglichkeit, den Gegner eines Tages auf einer neuen Linie wieder zum Stehen zu bringen. Wo diese neue Linie verlaufen wird, bestimmt die Führung je nach den Umständen. Darüber braucht sich keiner Sorgen zu machen.

123

Kleinbürgerliche Bedenken, dass durch solche eigenmächtigen Handlungen die Disziplin gefährdet werden könnte, dürfen uns nicht schrecken. Selbst wenn es einmal vorkommt, dass feige, verräterische Elemente das Recht zur Selbstentscheidung als Vorwand nehmen, unliebsame Vorgesetzte zu beseitigen, so darf die neugewonnene Entschlussfreiheit des Soldaten dadurch nicht beeinträchtigt werden.

Solche Fälle von feigem Vorgesetztenmord, wie sie jetzt bei den harten Rückzugskämpfen im Osten leider häufiger vorgekommen sind, haben ihren Ursprung gewiss nicht in erhöhter Verantwortungsfreudigkeit des Soldaten, sondern in jenem Nachlassen der Disziplin, das jeden ungeordneten Rückzug begleitet.

Aber deshalb besteht noch lange keine Gefahr, dass der nationalsozialistische Soldat nun die Gelegenheit ergreift, um die neue Pflicht des rücksichtslosen Handelns aus eigenem Ermessen wahllos gegen seine Offiziere und Unteroffiziere anzuwenden und in allgemeine Disziplinlosigkeit ausarten zu lassen.

Im Gegenteil, das Vertrauen und die zusätzliche Verantwortung, die der BdE ihm gegeben hat, müssen jeden einzelnen Soldaten noch bestärken in dem unbändigen Willen, den ihm zugewiesenen Platz zu halten bis zum Letzten.

Und wenn er nur den kleinsten Riss in der Kampfstimmung der anderen sieht — das leiseste Aufflackern von Lauheit oder Feigheit — so heisst es zupacken und auf der Stelle ausmerzen, ehe das Unheil sich ausbreitet.

Schlimm genug, wenn es ein Kamerad ist, der weichen will.

Schlimmer noch, wenn es ein Vorgesetzter ist.

Am schlimmsten aber, wenn der verantwortliche Führer an Rückzug denkt oder von Rückzug spricht. Dann heisst es zuschlagen, sonst ist die Stellung verloren.

Und die Stellung halten ist heute der einzige und höchste Ausdruck der Disziplin.

Richte Deine Anfragen an „Skorpion FPN00020". Wenn es Fragen von besonderer Bedeutung sind, die den Landser ernstlich beschäftigen, wird der „Skorpion" antworten. Er wird stets die ungeschminkte Wahrheit sagen.

124

Willst Du die Wahrheit wissen, Kamerad, frage den „Skorpion"!

11

Wer darf kapitulieren?

NIEMAND DARF KAPITULIEREN!

AUCH DER VERANTWORTLICHE FÜHRER NICHT!

In seiner Ansprache auf der Kundgebung zur Bildung des Volkssturms hat der Reichsführer ᛋᛋ und Befehlshaber des Ersatzheeres einen Leitsatz zu dieser Frage geprägt, der fast revolutionär klingt.

Er sagte: „Sollte aber an irgendeiner Stelle ein verantwortlicher Führer in aussichtsloser Lage glauben, den Kampf aufgeben zu müssen, so gilt die in unserer tapferen Marine übliche Sitte, dass er dann das Kommando an denjenigen seiner Untergebenen mit allen Rechten abzugeben hat—und wenn es der jüngste wäre—, der den Willen hat, den Kampf fortzusetzen."

Diese Worte, die für uns Soldaten so gut gelten wie für den Volkssturm, tragen vielleicht mehr als jedes andere Wort der Lage Rechnung, in der wir uns heute befinden.

Für uns kommt es jetzt nur auf eins an: Dem Feind mit äusserster Zähigkeit zu widerstehen, um den Raum zu halten, den wir für den Einsatz der neuen Waffen brauchen und um die Zeit dazu zu gewinnen.

Zur Erreichung dieses Zieles ist jedes Mittel recht. Wer unseren Wehrwillen sabotiert, muss niedergemacht werden. Denn dieser Wille ist das Einzige, was wir der materiellen Überlegenheit unserer Feinde entgegenzusetzen haben, solange bis die neuen Waffen frontreif sind.

Der Soldat, der sieht, dass sein Vorgesetzter sich gegen die Interessen des Volkes entscheidet, hat die Pflicht sofort zu handeln. Eine Stellung aufgeben, heisst bei der jetzigen Lage: das Volk verraten. Und ein Verräter gehört niedergeschossen wie ein Hund.

Der Soldat, der so handelt, verkörpert damit die wahre Befehlsgewalt. Er zeigt die Entschlusskraft und Verantwortungsfreudigkeit des nationalsozialistischen Kämpfers, ohne die wir schon längst die Waffen gestreckt hätten.

Das ist der Sinn des neuen Leitsatzes des Reichsführers ᛋᛋ und BdE, der zum ersten Mal dem einfachen Soldaten die Möglichkeit gibt, Vollstrecker des Volkswillens zu sein, selbst wenn er dabei gegen seinen Vorgesetzten zur Waffe greifen muss.

125

Weit kann der Feind sich nicht vorwagen, denn die Luftwaffe ist wieder im Aufbau begriffen und wird seine rückwärtigen Verbindungen unablässig angreifen und unterbrechen. Neue Kampfmittel, neuartige Flugzeuge stehen unmittelbar vor dem Einsatz. Sämtliche Erprobungsstellen der Luftwaffe arbeiten fieberhaft, um diese neuen Kampfmittel und Baumuster für die Serienherstellung fertigzumachen, die dann im richtigen Moment entscheidend eingreifen werden. Und sie werden eingreifen.

Wir sind bald so weit !

Der deutsche Soldat dagegen kann beruhigt sein, dass seine rückwärtigen Verbindungen unter allen Umständen offengehalten werden. In seinem Rücken steht eisern entschlossen und von nationalsozialistischem Kampfeswillen beseelt, das Volk in Waffen, der Volkssturm. Es ist eines deutschen Soldaten unwürdig, über die Zusammensetzung und Ausrüstung des Volkssturms billige Witze zu reissen. Diese alten und jugendlichen Volksgenossen, die ohne Uniform und mit kaum mehr als Gewehren und Handgranaten dem Feind gegenüber treten werden, werden der Welt zeigen, dass nicht Körperkraft und Ausrüstung, sondern allein seelische Kraft und weltanschauliches Rüstzeug Schlachten entscheiden.

Wenn es zum Letzten kommt — wenn der Feind, gleichgültig wo, auf deutschem Boden zum Halten gebracht ist, — dann werden technische Kriegsmittel von unerhörter, revolutionärer Neuheit und unvorstellbarer Wirkung ihm den Todesstoss geben.

Für uns kommt es jetzt darauf an, dem Feind mit äusserster Zähigkeit zu widerstehen, um den Raum zu halten, den wir für den Einsatz der neuen Waffen brauchen.

Über diese neuen Waffen sind Gerüchte im Umlauf. Gerüchte sind schädlich und gefährlich. Kein deutscher Soldat darf, aus welchen Gründen auch immer, auch nur ein Wort über das Vorhandensein solcher neuen Kampfmittel verlauten lassen. Absolutes Schweigen ist die Parole, besonders gegenüber der Zivilbevölkerung. In diesem ernsten Augenblick, wo alles auf dem Spiel steht, gibt es nicht die Ausrede, dass man geglaubt habe, sich auf die eigenen Volksgenossen verlassen zu können. Es ist nicht die Sache des Soldaten, zu entscheiden, wer zuverlässig ist. Die einzige richtige Haltung ist, jedem zu misstrauen. Niemand, der den Ernst der Lage einsieht, wird sich durch diese Haltung beleidigt fühlen.

Wir müssen das wahre Gesicht der Situation erkennen lernen. Unsere Lage ist sehr schwer. Die des Feindes dagegen im Augenblick scheinbar glänzend. Wir wissen es aber besser.

Richte Deine Anfragen an „Skorpion FPN00020". Wenn es Fragen von besonderer Bedeutung sind, die den Landser ernstlich beschäftigen, wird der „Skorpion" antworten. Er wird stets die ungeschminkte Wahrheit sagen.

126

Der Feind setzt giftige Skorpione aus!

Kameraden!

Wißt Ihr es schon? De. Feind fälscht den „Skorpion" und wirft seine Fälschungen über unseren Stellungen ab.

Für den „Skorpion" kann es keine größere Anerkennung geben. Der Gegner gibt damit zu, wie gefährlich für ihn die Wahrheiten der „Skorpion"-Blätter sind. Für uns allerdings, Kameraden, ist die Fälschung des „Skorpions" etwas weniger schmeichelhaft. Der Feind hält uns, die Leser des „Skorpion", also für blöde; er hofft, wir werden auf seine Taschenspielertricks hereinfallen. Den Kameraden, die das gefälschte „Skorpion"-Flugblatt Nr. 9 schon kennen, brauche ich nicht viel zu sagen, für alle anderen aber einige erklärende Worte:

„Willst Du die Wahrheit wissen, Kamerad, frage den „Skorpion"! Unter dieser Überschrift hat der „Skorpion" wirklich immer die ungeschminkte Wahrheit gesagt. Das wissen wir alle seit Ende August, als uns der „Skorpion" zum erstenmal in die Hände kam.

Damals, in unseren schwärzesten Tagen

stellte das erste Skorpionflugblatt die Frage, die uns alle bewegte: „Wie steht der Krieg?" und es beantwortete die Frage mitleidlos klar und nüchtern, wie es unter Soldaten sein soll. Wir erfuhren durch „Skorpion" den ganzen Umfang der Katastrophe, die uns damals drohte, wir sahen aber auch zum erstenmal die wahre Situation und unsere Siegeschance klar und deutlich. Nur wer das miterlebt hat, weiß, daß die offenen, klugen Worte damals wie ein Wunder wirkten. „Skorpion" 1 behielt

127

Recht! „Skorpion" 2 und „Skorpion" 3 antworteten ebenso ehrlich auf andere Fragen, die uns beschäftigten. Dann warteten wir einige Zeit vergeblich auf unseren neuen Freund, den stacheligen Skorpion: die Nummer 4 blieb aus. Ich weiß nicht, warum, denn ich gehöre nicht zu den Männern von „Skorpion" und ich kenne sie auch nicht. Ich weiß nur, sie gehören zu uns, kennen unsere Gedanken und Fragen, und sie oder er — denn vielleicht ist es auch nur einer — ist ein anständiger Kerl und ein erfahrener Soldat. Das haben uns auch die Nummern 5, 6 und 7 bewiesen. Nummer 8 habe ich noch nicht gesehen, und ich glaube auch nicht, daß es sie schon gibt.

Aber es gibt die gefälschte Nummer 9 und, wie ich hörte, soll es schon eine falsche Nummer 11 geben. Sie erscheinen ganz im Stile der echten. Sie bringen ihre giftigen Lügen sehr versteckt und heimtückisch.

Kameraden, es droht uns hier eine doppelte Gefahr!

Es handelt sich nicht so sehr darum, daß wir dem Feind die Lügen glauben. Viel wichtiger — und daran, Kameraden, werden nur wenige von Euch gedacht haben — ist es für den Gegner, daß wir den echten und den falschen „Skorpion" nicht mehr recht unterscheiden können, und daß deshalb die deutsche Führung überlegen mußte, den „Skorpion" überhaupt einzustellen. D a s will der Feind! Wenn wir unseren „Skorpion" behalten wollen, müssen wir selbst unserem „Skorpion" helfen.

Dazu gibt es ein ganz sicheres Mittel: Der echte „Skorpion" hat seine Flugblätter immer von Hand zu Hand verteilen lassen. Der falsche wirft sie aus der Luft ab.

Der „Skorpion" also, der am Boden liegt, ist falsch!

Rührt ihn nicht an, er ist giftig! Merkt Euch: Dreck liegt im Dreck!

So! Und nun wollen wir mal sehen, wer stärker ist!

128

Kontraste

Die nachfolgende Flugblattzusammenstellung ist durch den Kontrast bestimmt, der von den Begriffen »Leben und Tod« ausgeht. Der propagandistischen Verwendung dieses existentiellen Gegensatzes liegt die Freudsche oder psychoanalytische Erklärung des menschlichen Erlebens und Handelns zugrunde: Sie führt die Motive auf angeborene Triebe zurück, behandelt in ausgiebiger Weise die Bedürfnisse, die unbewußt (verdrängt) sind, und nimmt im wesentlichen zwei Hauptmotive an: Liebe (Leben) und Aggression (Tod). Während die Werbung sich besonders der Intensivierung des Lebensgefühls, vor allem durch sexuelle Stimulierung, angenommen hat, versucht die Kampfpropaganda beide Pole miteinander zu verschmelzen: Die lang entbehrte oder unterdrückte Befriedigung der Sexualität wird der ständig drohenden Lebensgefahr auf dem Gefechtsfeld gegenübergestellt. Durch die Bewußtmachung und Intensivierung dieses Widerspruchs soll der Soldat in einen inneren Konfliktzustand versetzt und seine Kampfbereitschaft gelähmt werden.

Diesen Gedankengang macht sich das deutsche Propagandaunternehmen »Südstern« zunutze, nachdem die Alliierten an der italienischen Mittelmeerküste gelandet sind. Die Flugblätter knüpfen an den weit gesteckten strategischen Zielsetzungen und psychologischen Erwartungen der alliierten Truppen an: ein zügiger Vormarsch im sonnigen Süden, eine leichte, reibungslose »Touristen«-Kampfführung, die rasch in den Kern des Deutschen Reiches führt. Diese Vorstellungen werden in makaberer Weise mit den schweren Verlusten der Alliierten bei ihrem langsamen Vorrücken durch Italien kontrastiert. Ein Flugblatt dieser Serie – The Po is waiting for you – ist nach Aussage eines hohen englischen Offiziers eines der wirkungsvollsten von allen. Mehrere englische und amerikanische Bataillone verweigern vorübergehend den Einsatz.

Ungeklärt ist die Frage, inwieweit ein bestimmter Flugblattinhalt – z. B. ein Sex- oder ein Todesmotiv – eine Triebintensivierung tatsächlich bewirkt. Die Propagandaforschung hat es genausowenig wie die hier wesentlich weiter entwickelte Werbeforschung bisher fertiggebracht, eindeutige Kriterien zu liefern, die darüber Aufschluß geben, welche Inhalte mit einer bestimmten Wahrscheinlichkeit bestimmte Triebe stimulieren. Diese Tatsache beruht nicht zuletzt darauf, daß Triebintensivierung sehr stark von der persönlichen und sozialen Situation der Zielpersonen abhängig ist, die sich häufig wandelt.

129, 130
The Po is waiting for you
Deutsche Prop (»Südstern«) für allierte Truppen an der Italienfront, Flugblatt *1305-1-45, Januar 1945

Das Kampfpropaganda-Unternehmen »Südstern« wirkt im Bereich der 10. Armee in Italien (Heeresgruppe C, Oberbefehlshaber Südwest) in die amerikanischen Verbände, die ihm in diesem Abschnitt gegenüberstehen.

Die farbigen Flugblattmuster werden auf einer stationären Druckerei in Verona gedruckt. Taktische Flugblätter (schwarz-weiß) können auf einem mobilen Druckereizug in kürzester Zeit gedruckt werden. Alle Flugblätter kommen in dieser Kampfphase durch Flugblattraketen zum Abschuß. Hauptquartier des Unternehmens »Südstern« in der 2. Phase ist das Castell BEVILAQUA bei Verona.

131, 132
Italy wants to see you
Deutsche Prop für alliierte Truppen an der Italienfront, April 1944
R. G. Auckland gibt in dem »Catalogue of German Leaflets to Allied Troops in Italy 1943–1945« für dieses Flugblatt die Kodierung: 118/AI.117.4.44 an.

Nach Aussage von Günther Heysing zeigt die Abkürzung AI, daß dieses Flugblatt von dem Propaganda-Abschnitts-Offizier Italien hergestellt worden ist, der mit einem Propaganda-Stab im großen Umfang Flugblätter druckt[59].

131

132

133, 134
Go South to Sunny Germany
Deutsche Prop (»Skorpion West«) für alliierte Truppen an der Westfront, Winter 1944/1945

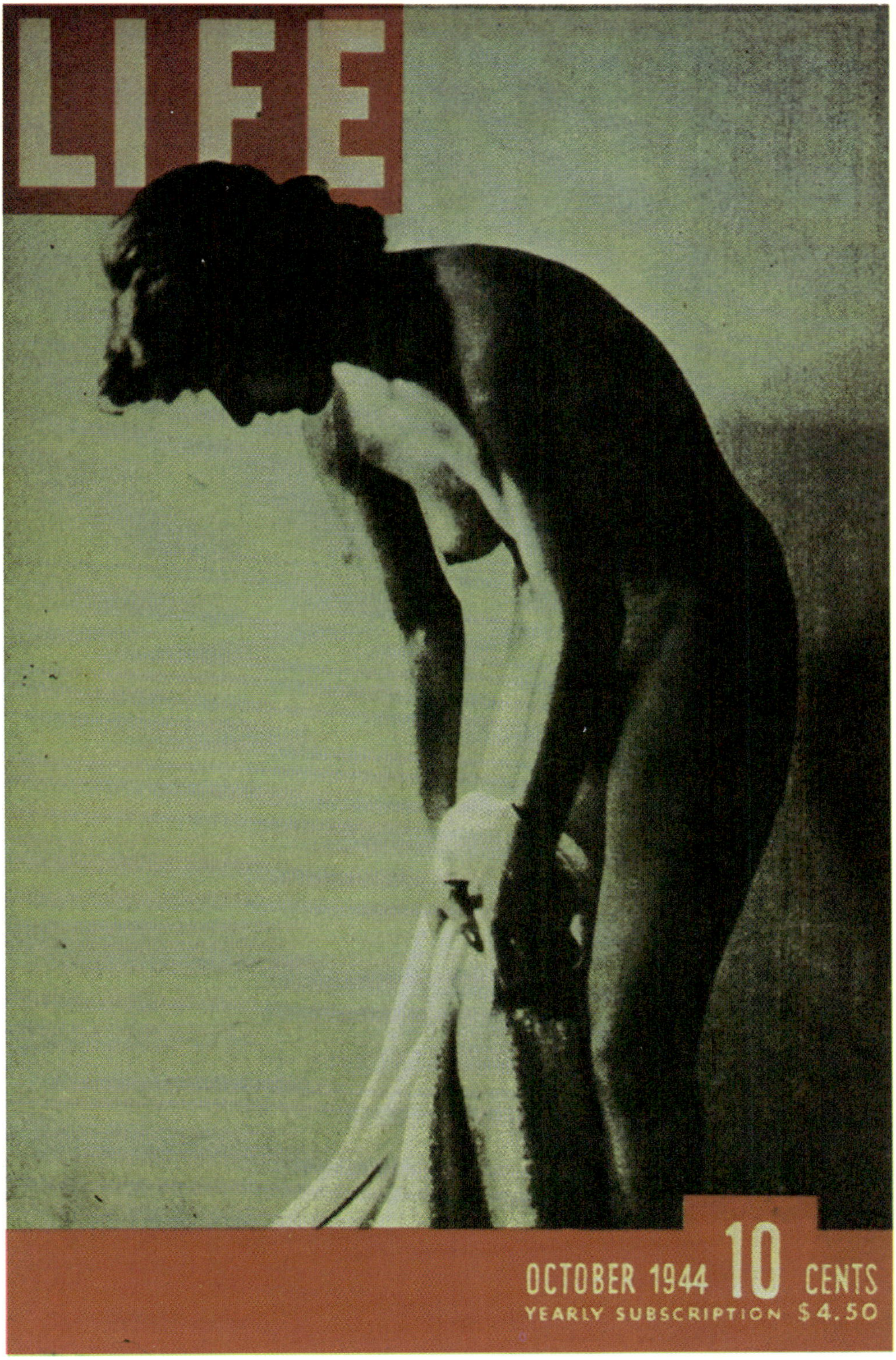

135–138
Life – Death
Deutsche Prop für alliierte Truppen an der Italienfront, Oktober 1944

Von der berühmten AI-Serie »Life – Death«, die vom Propaganda-Abschnitts-Offizier Italien herausgebracht wird, sind zehn verschiedene Flugblattmuster bekannt[60].

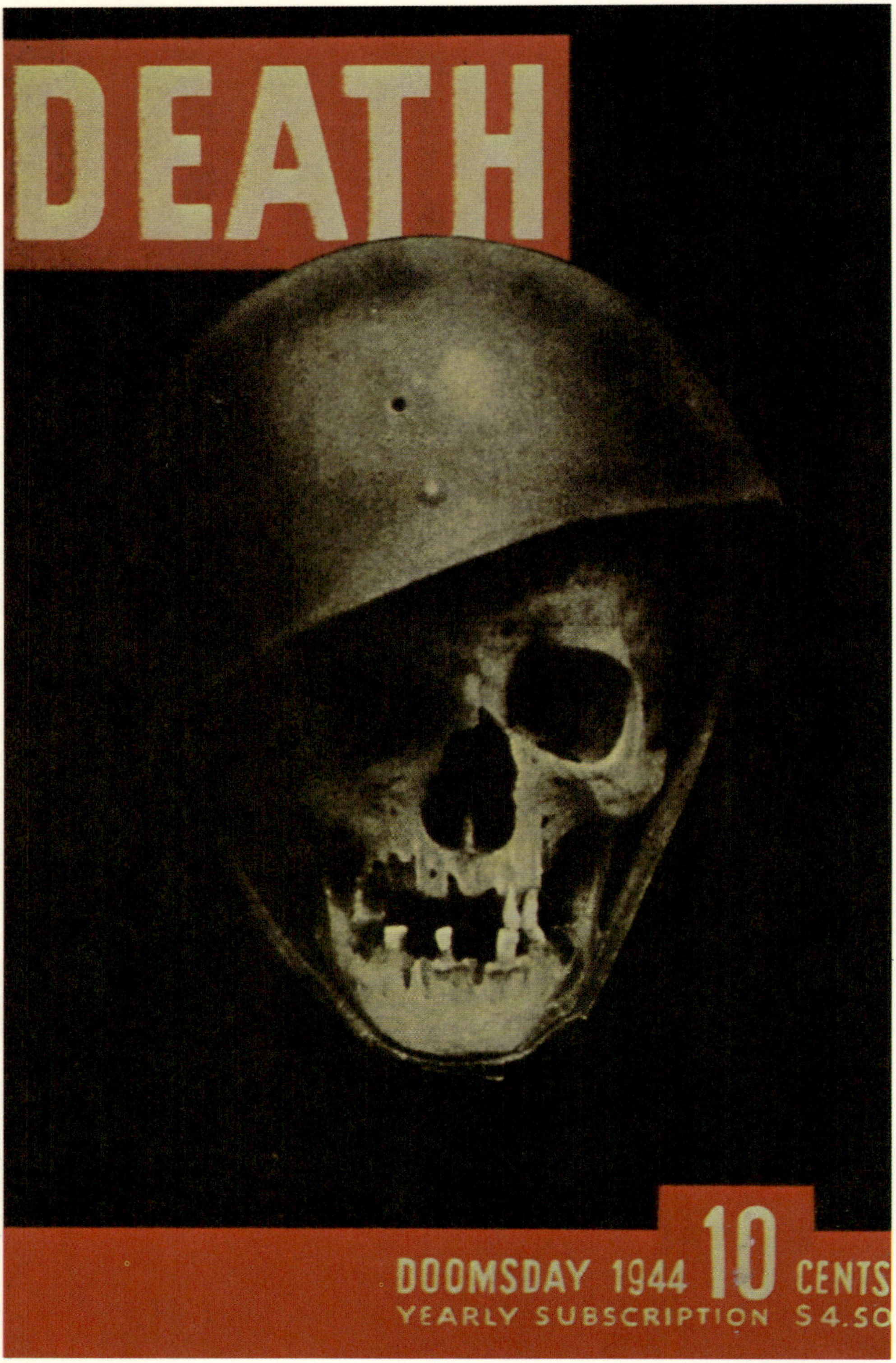

136

137

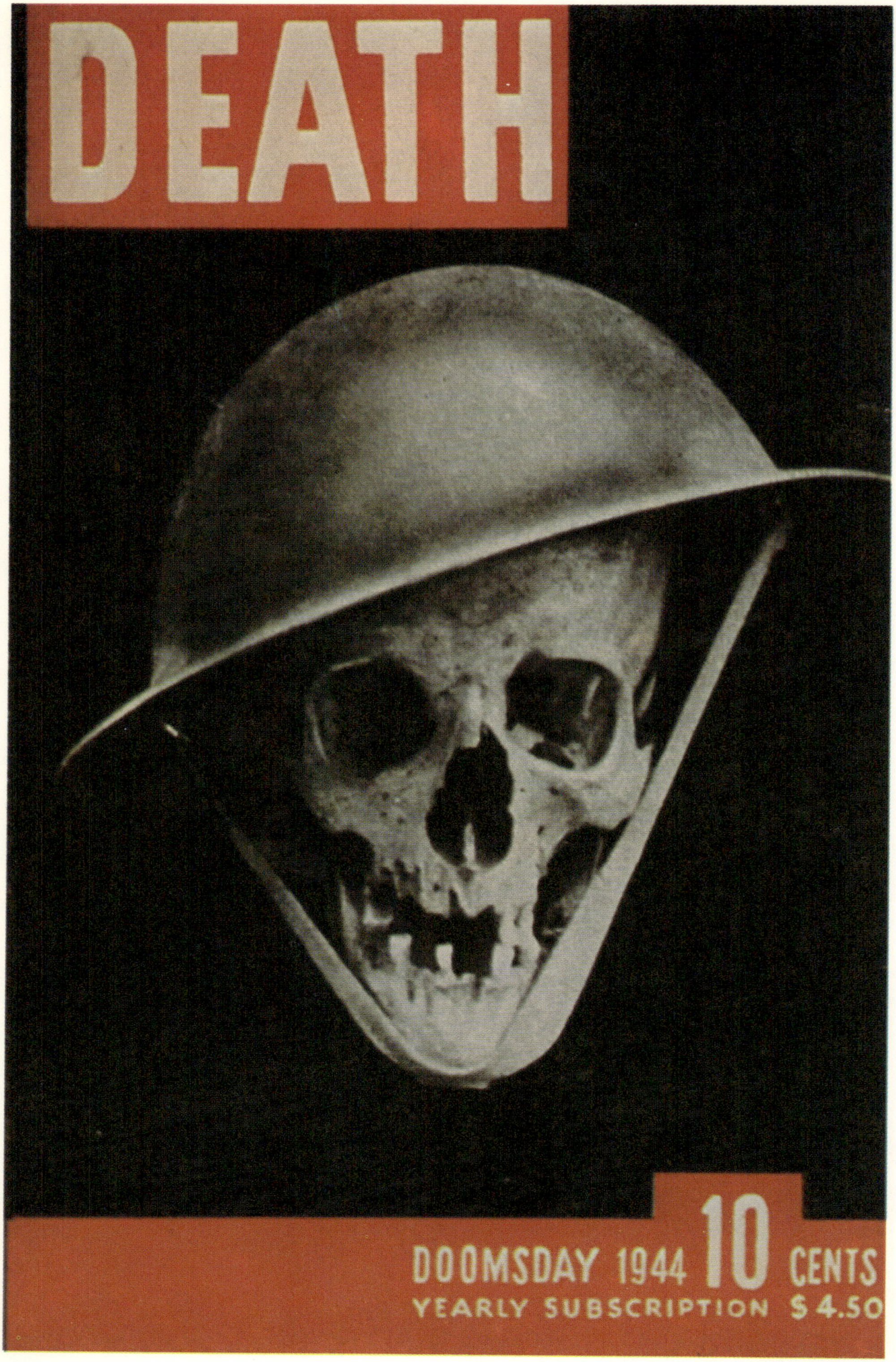

138

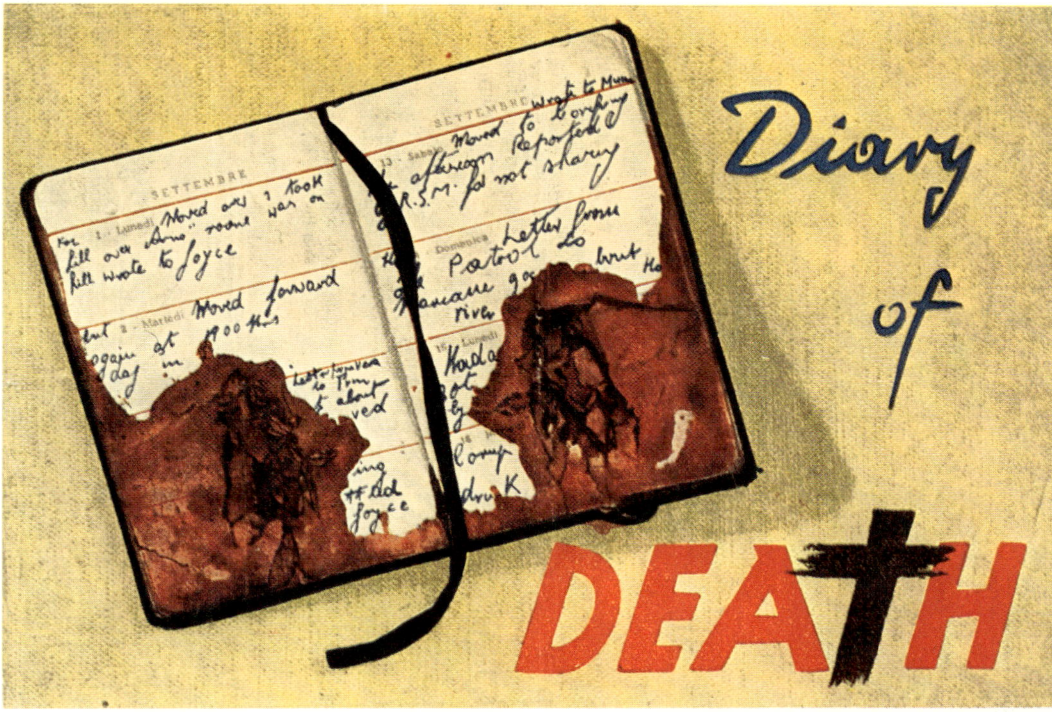

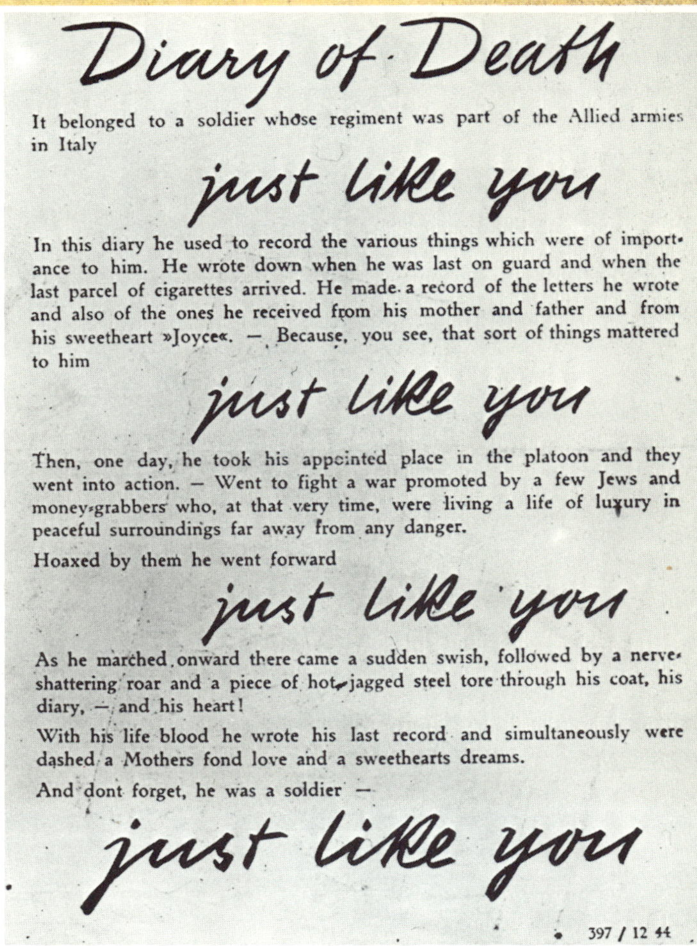

Diary of Death

It belonged to a soldier whose regiment was part of the Allied armies in Italy

just like you

In this diary he used to record the various things which were of importance to him. He wrote down when he was last on guard and when the last parcel of cigarettes arrived. He made a record of the letters he wrote and also of the ones he received from his mother and father and from his sweetheart »Joyce«. — Because, you see, that sort of things mattered to him

just like you

Then, one day, he took his appointed place in the platoon and they went into action. — Went to fight a war promoted by a few Jews and money-grabbers who, at that very time, were living a life of luxury in peaceful surroundings far away from any danger.

Hoaxed by them he went forward

just like you

As he marched onward there came a sudden swish, followed by a nerve-shattering roar and a piece of hot-jagged steel tore through his coat, his diary, — and his heart!

With his life blood he wrote his last record and simultaneously were dashed a Mothers fond love and a sweethearts dreams.

And dont forget, he was a soldier —

just like you

397 / 12 44

139, 140
Diary of Death
Deutsche Prop (»Südstern«) für alliierte Truppen an der Italienfront, Flugblatt *397/12 44, Dezember 1944

141, 142
Gentlemen prefer Blondes
Deutsche Prop (»Südstern«) für alliierte Truppen an der Italienfront[61], Flugblatt *1309-2-45, Februar 1945

142

Ressentiments

Entbehrungen und Leiden des Soldaten sind seit jeher ein bevorzugter Ansatzpunkt für die Frontpropaganda, um die Frage nach den Schuldigen, Nutznießern des Krieges und nach den Drückebergern zu stellen. Die Frontpropaganda geht dabei von der Überlegung aus, daß Unlustgefühle und Aggressionen, die sich aus den leidvollen Erfahrungen des Soldaten ergeben, propagandistisch gesteigert und vom äußeren Feind weg auf die inneren Zustände im eigenen Staat, Heer und Bündnissystem gelenkt werden.

Auch im Zweiten Weltkrieg hat kein Kriegsgegner es unterlassen, auf diese Art und Weise nationale, soziale, rassische, weltanschauliche oder religiöse Ressentiments anzusprechen. Zu Beginn des Krieges versucht man deutscherseits, die Mohammedaner in der französischen Armee mit national-religiösen Argumenten aufzuwiegeln und zum Überlaufen zu bewegen. Die Franzosen werden mit Transparentpostkarten auf die sexuellen Ausschweifungen der britischen »Drückeberger« aufmerksam gemacht. Den gleichen Vorwurf macht man auf später eingesetzten Flugblättern den amerikanischen Offizieren, während der einfache GI – nach diesen Darstellungen – dazu verdammt ist, »vorn« zu kämpfen und zu verbluten. Nicht selten tragen dabei die abgebildeten »Sündenböcke« Gesichtszüge, die zusätzlich antisemitische Vorurteile mobilisieren sollen [62].

Auf die gleiche Weise versucht man, auch den deutschen Soldaten anzusprechen: »Die Hitlerbande macht Deutschland zum Hurenhaus. Diese Dokumente hier zeigen Dir, womit Deine Offiziere sich die Zeit vertreiben.« Flugblätter mit dieser Schlagzeile und der berüchtigte »Zeichan-Brief« – ein schwarzes Popagandaprodukt – sollen der unterdrückten Sexualität, der Sehnsucht und Isolation des Frontsoldaten ein Ventil verschaffen. Die sexuelle Frustriertheit des einzelnen wird mißbraucht, um latent vorhandene Aggressionen gegen »die Offiziere« oder gegen »die Nazis zu Hause« zu mobilisieren.

Dieses Vorgehen macht wiederum deutlich, wie eng Aggressivität und Sexualität miteinander verknüpft sind und sich gegenseitig vertreten können. Man bedient sich dabei einer z. T. obszönen Sprache, die der durch die Kriegsereignisse veränderten Einstellung des Soldaten zur Sexualität Rechnung tragen soll. In einer Untersuchung über den Jargon des deutschen Landsers stellt Heinz Küpper zahllose verbale Varianten der Soldaten-Liebe fest [63]. Allein für den Penis registriert Küpper mehr als fünfzig Umschreibungen, darunter »Arbeitgeber«, »Büchsenöffner«, »Glockenschwengel«, »Liebesknochen«, »Mittelstürmer«, »Triebwerk« und »Vergnügungswurzel«. Dieser schier unerschöpfliche Vorrat an Wortschöpfungen, von denen nur wenige Anspruch auf sublimeren Humor erheben, ist ein deutliches kompensatorisches Zeichen für die unbefriedigte und verzerrte Sexualität des Soldaten in einer brutalisierten Umwelt.

143
Ahornblatt
Deutsche Pop für französische Truppen an der Westfront, »OKW/WPr«: Flugblatt in Form eines Ahornblatts mit dem Aufdruck:
Automne
Les feuilles tombent.
Nous tomberons comme elles.
Les feuilles meurent parce que Dieu le veut
Mais nous, nous tombons parce que les
Anglais le veulent.
Au printemps prochain personne ne se souviendra plus ni des feuilles mortes ni des poilus tués. La vie passera sur nos tombes . . .

Herbst
Die Blätter fallen
Wir fallen wie sie.
Die Blätter sterben, weil Gott es so will.
Aber wir, wir fallen, weil die
Engländer es so wollen.
Im nächsten Frühling wird sich niemand mehr an die gefallenen Blätter noch an die gefallenen Poilus erinnern. Das Leben geht über unsere Gräber . . .

Michel Gerard, Catalogue des tracts aériens lancés sur les français, 1939–1945, Teil II, Paris 1972, N. 7, S. 3 (Privatdruck)

144, 145
Où le Tommy est-il-resté?
Deutsche Prop für französische Truppen an der Westfront, Où le Tommy est-il »OKW/WPr«: Transparentpostkarten, Ende April 1940
Ende April 1940 werden sechs verschiedene Transparentpostkarten der Serie IIa–IIf »Où le Tommy est-il resté?« von der deutschen Luftwaffe über den französischen Linien abgeworfen. Die Transparentpostkarten beantworten die Frage: »Wo ist der Tommy geblieben?« selbst. Werden die Karten gegen das Licht gehalten, zeigen sie Engländer, die in der Pariser Etappe prassen und sich mit Frauen vergnügen. (Abb. 145)

Diese Kartenserie gehört zu den eindrucksvollsten Flugblattmustern des Westfeldzuges und erfreute sich bei den französischen Soldaten großer Beliebtheit.

144

Hitler ist von der Kartenserie so beeindruckt, daß er den beschleunigten Abwurf dieser Flugblätter anordnet:

»Ebenso habe der Führer die für Frankreich

145

bestimmten Bilder sehr gelobt; Herr Gutterer soll zusammen mit Herrn Major Martin dafür sorgen, daß diese Flugblätter möglichst bald abgeworfen werden[64].«

146, 147
Où le Tommy est-il resté?
Eine zweite Transparentpostkartenserie wird ebenfalls wie die erste Serie IIa–IIf im April/Mai 1940 von der Luftwaffe über den französischen Linien abgeworfen[65].

147

DEUTSCHER SOLDAT!
DIE HITLERBANDE MACHT DEUTSCHLAND ZUM HURENHAUS
DIESE DOKUMENTE HIER ZEIGEN DIR, WOMIT DEINE OFFIZIERE SICH DIE ZEIT VERTREIBEN.

Zwickebusserl	Kuß in einer Vollmondnacht
Auf Du und Du	Ein Wiener Busserl
Beim Mondschein-Walzer	Dauerkuß
Vor dem Schlafengeh'n	Zungenkuß
Für Verdunklungsbekanntschaft	Dauerkuß
I Wochenendzulage	II Wochenendzulage
III Sonntagszulage	IV Sonntagszulage

Reichskußamt Bestellschein für 1 Schäferstündchen	Reichskußamt Bestellschein für 1 Schäferstündchen

Reichs-Kußkarte
Gültig bis 3[illegible]. Juni 1941
1117[illegible]7 *
Name: Siegfried Baden
Wohnort: Halle
Straße: [illegible]
Ohne Namenseintragung ungültig!
Nicht übertragbar! Sorgfältig aufbewahren!
Freundschafts- und Verlobungsküsse ohne Karte.
Alte Jungfern und Junggesellen können auch ohne Karte geküßt werden.
Junge, hübsche Damen können eine Zusatzkarte beantragen.

4 Gelegenheitskuß	1 Gelegenheitskuß
5 Gelegenheitskuß	2 Gelegenheitskuß
6 Gelegenheitskuß	3 Gelegenheitskuß
5-Minutenbrenner	Abschiedskuß
Wiedersehenskuß	Verführungskuß
Sonderzulage für Fronturlauber	Sonderzulage für Fronturlauber
Sonderzulage für Fronturlauber	Sonderzulage für Fronturlauber

148
Reichskußkarte
Sowjetische Prop für deutsche Truppen an der Ostfront, Sommer 1941
Nach der Meldung des Chefs der Sicherheitspolizei und des SD über den gegnerischen Flugblattabwurf wird die »Reichskußkarte« noch im Dezember 1941 abgeworfen (BA-MA, RW 4/v. 254). Über ihre Wirkung berichtet ein Schreiben von Major Dr. Gregor an das Auswärtige Amt vom 25. 7. 1941 (BA-MA, RW 4/v. 364): »Die russischen Flugblätter sind so primitiv und unpsychologisch, daß unsere Landser sich nur belustigen und sie im übrigen wegen ihres angenehmen Papiers gern im Waldorchester verwenden.«

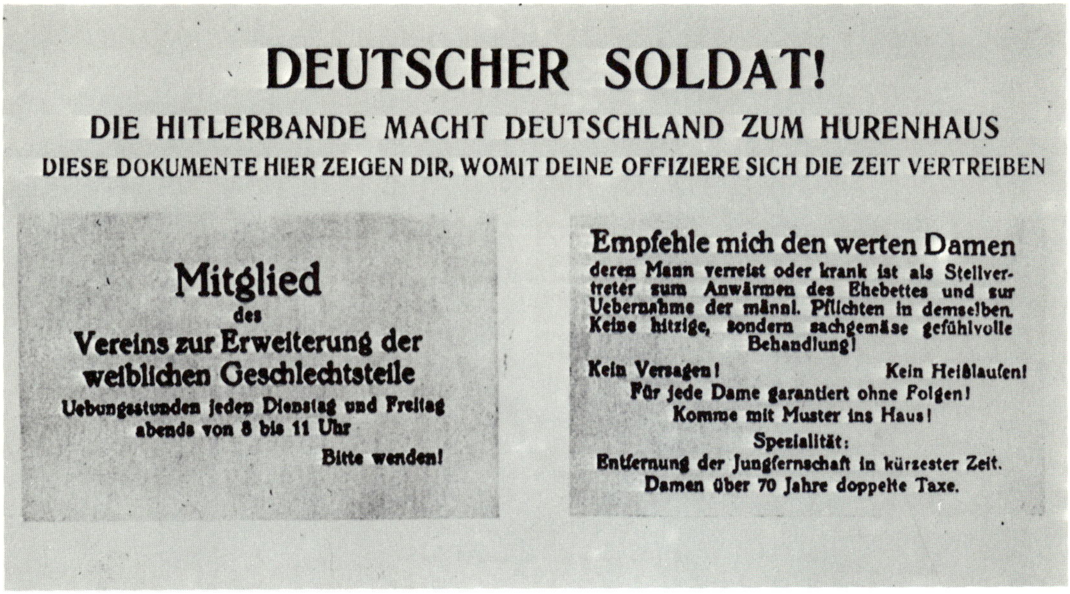

DEUTSCHER SOLDAT!

DIE HITLERBANDE MACHT DEUTSCHLAND ZUM HURENHAUS

DIESE DOKUMENTE HIER ZEIGEN DIR, WOMIT DEINE OFFIZIERE SICH DIE ZEIT VERTREIBEN

Mitglied
des
Vereins zur Erweiterung der weiblichen Geschlechtsteile
Uebungsstunden jeden Dienstag und Freitag abends von 8 bis 11 Uhr
Bitte wenden!

Empfehle mich den werten Damen
deren Mann verreist oder krank ist als Stellvertreter zum Anwärmen des Ehebettes und zur Uebernahme der männl. Pflichten in demselben. Keine hitzige, sondern sachgemäse gefühlvolle Behandlung!
Kein Versagen! Kein Heißlaufen!
Für jede Dame garantiert ohne Folgen!
Komme mit Muster ins Haus!
Spezialität:
Entfernung der Jungfernschaft in kürzester Zeit.
Damen über 70 Jahre doppelte Taxe.

149
Mitglied des Vereins . . .
Sowjetische Prop für deutsche Truppen an der Ostfront, Sommer 1941

Lies und gib weiter!

Deutsche Soldaten!

Macht Euch bekannt mit nachstehendem interessanten Dokument, das in der Schweizer Zeitung „Das Reich" veröffentlicht wurde.

„Berliner Staatliche Abteilung
für Familienzuwachs,
Nollendorfplatz 38
Bezirksabteilung Braunschweig

Verehrter Herr Zeichan!

Infolge des Krieges befindet sich eine große Anzahl der deutschen Männer an der Front, und deshalb steht vor den Männern im Hinterland die Verpflichtung, sich um die zurückgebliebenen Frauen zu kümmern, damit der Nachwuchs erhöht wird.

Wir betrachten Sie als einen besonders fähigen Erzeuger, und deshalb wenden wir uns an Sie mit der Bitte, an die Erfüllung dieser Ehrenpflicht vor Deutschland zu gehen.

Gleichzeitig machen wir Sie darauf aufmerksam, daß diese Ihre Pflicht vor dem Volke Ihrer Frau kein Recht auf Scheidung gibt. Mit dieser kleinen Unannehmlichkeit muß sich jede Ehefrau abfinden als eine unvermeidliche Folge des Krieges.

Für Sie wurde ein Rayon bestimmt, indem sich 9 Frauen und 17 Mädchen befinden, die wir Ihnen später genauer angeben.

Wenn Sie glauben, daß Sie für die für Sie bestimmte Tätigkeit nicht befähigt sind, so haben Sie das an die oben angeführte Adresse mitzuteilen und einen Mann anzugeben, der

150, 151
Zeichan-Brief
Sowjetische Prop für deutsche Truppen an der Ostfront, Sommer 1941

Sie vertreten kann. Über Ihre Unfähigkeit müssen Sie ein ärztliches Zeugnis übermitteln.

Wenn Sie außer dem genannten Rayon noch einen anderen übernehmen können, so werden Sie zum Deckoffizier ernannt und erhalten außer der Zuchtprämie für die Erzeugerschaft den Begattungsorden 1. Klasse mit Rotem Band für die Sicherung des Nachwuchses.

In diesem Falle erhalten Sie in den nächsten Tagen eine Liste der Frauen, die Sie besuchen werden. Sofort nach Erhalt dieses Briefes müssen Sie mit Ihrer segensreichen Tätigkeit beginnen. Von dem Erfolg Ihrer Tätigkeit werden Sie nach 9 Monaten berichten, wozu Sie die Formulare benutzen werden, die wir Ihnen noch zustellen.

Staatliche Abteilung für Familienzuwachs
Braunschweig (Otto Hennig Ber. . .)"

Du befindest Dich in der Hölle des Krieges, in den Dich Hitler gejagt hat. Gestern ist einer der Nazis in Deine Wohnung eingedrungen und vergewaltigte Deine Frau, Deine Schwester, Deine Braut! Deine Familie ist entehrt. Morgen schändet er die Familie Deines Bruders und Freundes.

Und während Ihr kämpft, sind Eure Frauen, Schwestern und Bräute einer solchen Verhöhnung und Entehrung ausgesetzt.

Könnt Ihr eine solche Verhöhnung weiter dulden!

PASSIERSCHEIN

Zeige diesen Passierschein dem ersten, Dir begegnenden Rotarmisten oder Kommandeur, und man wird Dich wie einen Freund aufnehmen!

ПРОПУСК

Предъяви этот пропуск первому тебя встретившему красноармейцу или командиру и тебя примут, как друга!

1774

152, 153
For men only
For officers only
Deutsche Prop (»Skorpion West«) für alliierte Truppen an der Westfront, 1944

Dieses Flugblatt ähnelt in der Thematik der Vorder- und Rückseite den Transparentpostkarten des Jahres 1940. Die Aggressionsobjekte sind verändert.

153

154
Deutsche Prop (»Südstern«) für alliierte Truppen an der Italienfront, 1944
Die abgebildete *Vorderseite* des Flugblattes zeigt die Frau eines amerikanischen Soldaten in den »Armen eines anderen«, der nicht eingezogen worden ist.

155, 156
Stop, watch your step. It's five minutes to twelve!
Das Ende der deutschen Flugblattpropaganda im Zweiten Weltkrieg:
»Fünf Minuten vor Zwölf!«

Deutsche Prop (»Skorpion West«) für alliierte Truppen an der Westfront
Flugblatt 655 Sk 1c, Frühjahr 1945

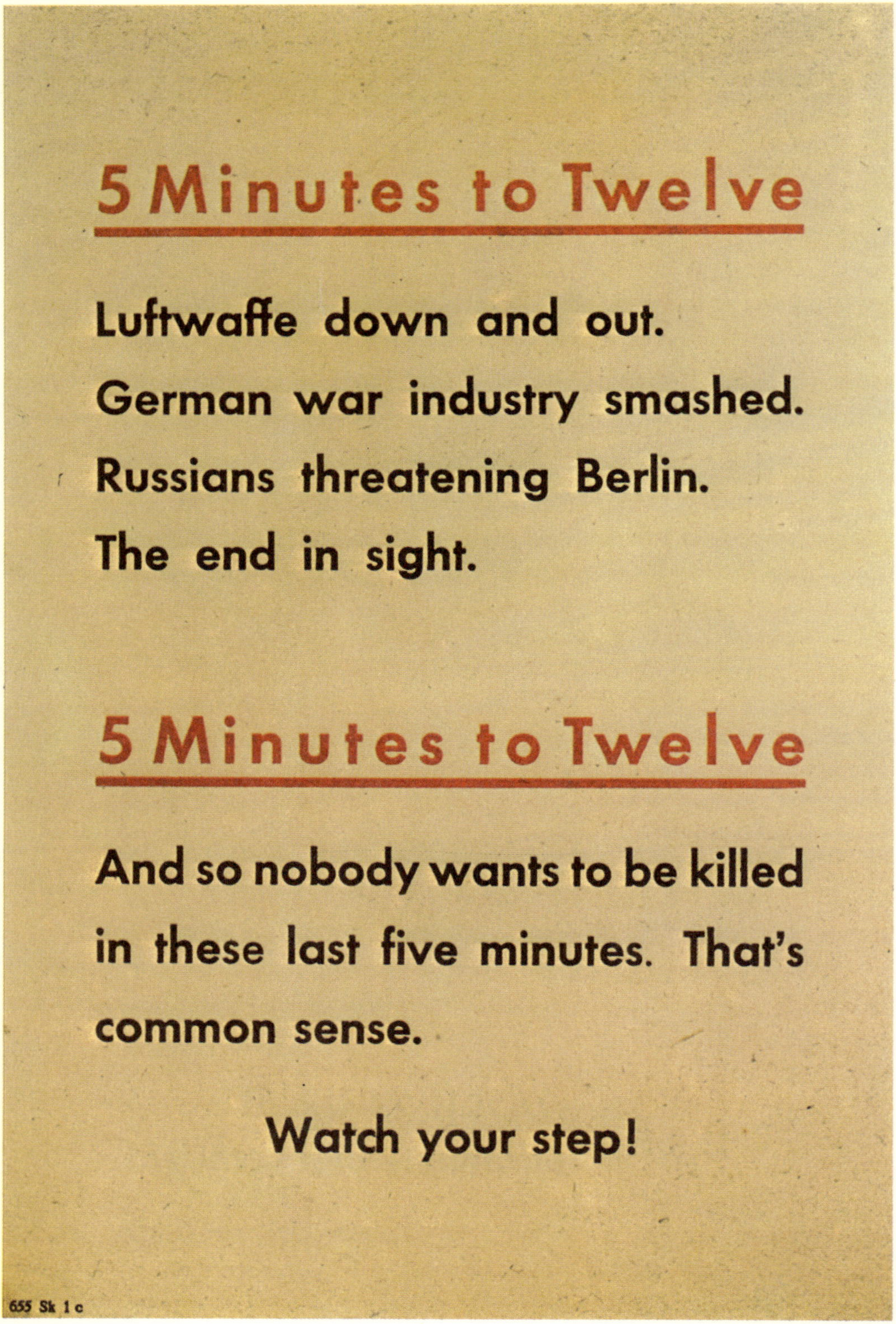

5 Minutes to Twelve

Luftwaffe down and out.
German war industry smashed.
Russians threatening Berlin.
The end in sight.

5 Minutes to Twelve

And so nobody wants to be killed in these last five minutes. That's common sense.

Watch your step!

655 Sk 1 c

156

In der letzten Kriegsphase können lediglich die Kampfpropaganda-Unternehmen der SS-Standarte »Kurt Eggers« Flugblattmuster mit dieser Tendenz herausgeben.

Anmerkungen

Die Propaganda im totalen Krieg

1 Vgl. Alfred Sturminger, 3000 Jahre politische Propaganda, Wien, München 1960

2 Vgl. Paul M. A. Linnebarger, Schlachten ohne Tote, Frankfurt/M. 1960, S. 79

3 Willi A. Boelcke (Hrsg.), Wollt Ihr den totalen Krieg? Die geheimen Goebbels-Konferenzen 1939–1943, München 1969, S. 17 f.

4 Karl Ploetz, Geschichte des zweiten Weltkriegs, 2. Teil: Die Kriegsmittel, Würzburg 1960, S. 762

5 Psykologiskt försvar, Betänkande avgivet av Kommittén för utrednin om det psykologiska försvaret, Stockholm 1953, S. 17 ff.

6 Zur Entstehungsgeschichte der deutschen Wehrmachtpropaganda vgl.: Erich Murawski, Mit einer Grüblergruppe begann es . . ., Die Wildente, Nr. 7. August 1954; Die PK als Führungstruppe, Die Wildente, Nr. 15, Mai 1957, S. 20–22 und Albert Benary, Basis für OKW/WPr. Die Nachrichtenstelle des Reichswehrministeriums, Die Wildente, Nr. 17, Februar 1958, S. 40–43. Vgl. ebenfalls das für die Entstehungsgeschichte der PK grundlegende Referat von Major a. D. von Wrochem auf der 10. Sitzung des Reichsverteidigungsrates am 26. Juni 1936 »Die wichtigsten Maßnahmen zur Vorbereitung der Propaganda im Kriege«. Das Referat ist abgedruckt in: Der Prozeß gegen die Hauptkriegsverbrecher vor dem Internationalen Militärgerichtshof, Nürnberg, Bd. 36, S. 410 ff. (Dok. 405 EC)

7 Grundsätze für die Führung der Propaganda im Kriege, BA-MA, RH 19 XVI/8

8 Grundlegend für die Geschichte der deutschen Propagandatruppen ist noch immer das PK Mitteilungsblatt »Die Wildente«, hrsg. von Günther Heysing, von der 28 Nummern erschienen sind. »Die Wildente«, die inzwischen ihr Erscheinen eingestellt hat, enthält eine Fülle von Informationen und Dokumentationsmaterial über die PK. Besonders instruktiv sind die Nummern 24–28. Vgl. ebenfalls: Hasso von Wedel, Die Propagandatruppen der Deutschen Wehrmacht, Die Wehrmacht im Kampf, Bd. 34, Neckargemünd 1962 und Volker R. Berghahn, Tendances de la »Wehrmachtpropaganda«, Revue d'Histoire de la Deuxiéme Guerre Mondiale 21, 1971, S. 55–73

9 Befehl des Oberkommando des Heeres vom 16. 8. 1938, BA-MA, RH 19 XVI/8

10 KSTN Nr. 825 vom 1. 3. 1939, BA-MA, RH 53–13/v. 866

11 Zur Propaganda-Abteilung-Potsdam vgl.: PK als Lehrmeister Die Wildente. Nr. 10, August 1955, S. 26–31 und Otto Behrens, Gründungstag der PEA, Die Wildente, Nr. 7, August 1954

12 Zu den Propaganda-Abteilungen im Osten vgl. Edgar Stahf, Wie man Herzen erobern kann. Aus der Geschichte der Prop. Staffel Estland, Die Wildente, Nr. 17, Februar 1958, S. 16–22; Soldatensender Siegfried, Die Wildente, Nr. 24, Juli 1961, S. 4–20; über Propaganda-Abteilung W (= Weißruthenien), Die Wildente, Nr. 27, März 1965, S. 32–48

13 Vgl. Hasso von Wedel, a.a.O., S. 58 ff. Die Kriegsberichterzüge werden aufgelöst. Das Fachpersonal wird von neu aufgestellten Heereskriegsberichterzügen aufgenommen, die im Bereich der Heeresgruppen eingesetzt werden.

14 Interview Gunther d'Alquen 1973

15 Zur Organisation der westalliierten Propaganda vgl. bes.: Daniel Lerner, SYKEWAR. Psychological Warfare against Germany, D-Day to VE-Day, New York 1949; William E. Daugherty – Morris Janowitz (ed.), A Psychological Warfare Casebook, Baltimore 1958 und James Morris Erdmann, Leaflet Operations in the Second World War, Denver 1969

16 »PID« became the wartime central intelligence agency of the British Foreign Office. It was very likely the bestinformed agency in the world, during World War II, on matters of international interest, and it was a genuine power in the formation of British policy in these matters«, Daniel Lerner, a.a.O., S. 48

17 Zur sowjetischen Propaganda und zur Arbeit des Nationalkomitees »Freies Deutschland« an der Ostfront vgl.: Willy Wolff, An der Seite der Roten Armee. Zum Wirken des Nationalkomitees »Freies Deutschland« an der sowjetisch-deutschen Front 1943–1945, Berlin-Ost 1973; Willy Wolff, Dokumente von Politorganen der Roten Armee zur Fronttätigkeit des Nationalkomitees »Freies Deutschland«, Zeitschrift für Geschichtswissenschaft, XXI, 1973, S. 950–969; Sie kämpften für Deutschland. Zur Geschichte des Kampfes der Bewegung »Freies Deutschland« bei der 1. Ukrainischen Front der Sowjetarmee, Berlin-Ost 1959

18 Alexander M. Schewtschenko, Die Flugblattpropaganda der Roten Armee unter den Truppen und der Bevölkerung des Gegners im Großen Vaterländischen Krieg, Zeitschrift für Militärgeschichte, 11, 1972, S. 314

19 »Sie bemühten sich erfolglos darum, die UdSSR für die Ziele der imperialistischen Mächte einzuspannen, die dem Wesen nach gegen eine antifaschistische Massenbewegung und gegen tiefgreifende revolutionäre Umgestaltungen in den vom Faschismus versklavten Ländern gerichtet waren«, Konstantin Selesnjow, Zur Geschichte der angloamerikanischen Propaganda unter den Truppen und der Bevölkerung des faschistischen Deutschlands in den Jahren des Zweiten Weltkrieges, Zeitschrift für Militärgeschichte, 10, 1971, S. 297

20 Peter Brückner, Die informierende Funktion der Wirtschaftswerbung – Probleme und Problemwandel, Berlin 1967

21 Peter R. Hofstätter, Einführung in die Sozialpsychologie, Stuttgart, Wien 1954, S. 321

22 Jobst M. Reithmann, Möglichkeiten der Erfolgskontrolle in der politischen Propaganda, unveröffentl. Acht-Wochen-Arbeit im Rahmen der Prüfung für Diplom-Volkswirte an der Universität Göttingen 1969, S. 9

23 Linebarger, a.a.O., S. 55
24 Ebenda, S. 61 f.
25 Ebenda, S. 60 f.
26 Vgl. die Zusammenfassung bei Herbert J. Abelson, Persuasion – how attitudes are changed, New York 1964[4]; B. R. Berelson and Gary A. Steiner, Human behavior – an inventory of scientific findings, New York 1964 sowie Earl E. Davis, Attitude change: a review and bibliography of selected research, New York 1965
27 Vgl. Elihu Katz and Paul F. Lazarsfeld, Personal Influence, Glencoe 1955
28 Vgl. Harold H. Kelley and Edmund H. Volkart, The resistance to change of groupe-anchored attitudes, American Soziological Review, 17, 1952, S. 453–465
29 Vgl. E. M. Hobart and C. I. Hovland, The effect of »commitment« on opinion change following communication, American Psychology, 1954
30 Zum Problem der Meinungsführer vgl. Gerhard Maletzke, Psychologie der Massenkommunikation, Hamburg 1963, S. 80 ff. und die dort angegebene Spezialliteratur
31 Auf die Unterschiede zur mehrseitigen Flugzeitung und -broschüre wird hier nicht weiter eingegangen
32 Zur Technik des Layouts in der Werbung vgl. u.a. F. H. Wills, Das wirksame Layout, Düsseldorf 1965 sowie Eugen J. Maecker, Planvolle Werbung, Essen 1953
33 Carl Hundhausen, Wesen und Formen der Werbung, Essen 1954, S. 122 f.
34 Zur Publizistik von Bild und Illustration vgl. u.a. Emil Dovifat (Hrsg.), Handbuch der Publizistik. Bd. 2 Praktische Publizistik 1. Teil, Berlin 1969, S. 48 ff.
35 Vgl. Egmint R. Koch, Was geschieht beim Lesen?, Westermann Monatsmagazin, 11/1972, S. 79–83
36 Ebenda, S. 79
37 Einen guten Überblick über die Forschungsergebnisse zum Problem der Verständlichkeit von Texten gibt: Peter Teigeler, Verständlichkeit und Wirksamkeit von Sprache und Text, Stuttgart 1968, S. 14 ff.
38 Ebenda, S. 31 f.
39 Vgl. G. K. Zipf, Human behavior and the principle of least effort, Cambridge/Mass. 1949
40 Teigeler, a.a.O., S. 40
41 Ebenda, S. 48
42 Zum Problem der Glaubwürdigkeit vgl. Arthur R. Cohen, Attitude change and social influence, New York 1964, S. 23–26 sowie Maletzke, a.a.O., S. 127 ff.
43 Carl I. Hovland and Walter Weiss, The influence of source credibility on communication effectiveness, Public Opinion Quarterly 15, 1951, S. 635–650
44 Vgl. N. Pastore and M. W. Horowitz, The influence of attributed motive on the acceptance of a statement, Journal of Abnormal and Social Psychology, 51, 1955, S. 331–332
45 Zitiert nach: Teigeler, a.a.O., S. 86
46 O. W. Haseloff, Motivation und Argumentation. Vortrag gehalten auf dem 5. Berliner Emnid-Colloquium am 27. und 28. 10. 1966 sowie ders., Content-Analysen und ihre Anwendung in der Marktforschung, Kleiner Almanach der Marktforschung, 8/1967, S. 17 ff.
47 Teigeler, a.a.O., S. 105
48 Zum Problem ein versus zweiseitiger und expliziter versus implizierter Argumentation vgl. C. I. Hovland, A. A. Lunsdame and F. D. Sheffield, Experiments on mass communication, Princeton, New York 1949
49 F. H. Lund, The psychology of belief, Journal of Abnormal and Social Psychology, 20, 1925, S. 174–196
50 Vgl. Linebarger, a.a.O., S. 127, S. 234 f. und S. 253 ff.
51 Josef T. Klapper, The effects of mass communication, New York 1960, S. 49
52 Peter R. Hofstätter, Die Psychologie der öffentlichen Meinung, Wien 1949, S. 129
53 Leon Festinger, Die Lehre von der kognitiven Dissonanz, in: Wilbur Schramm, Grundfragen der Kommunikationsforschung, München 1964, S. 27 ff.; Ironig L. Jamis, Persönlichkeitsstruktur und Beeinflußbarkeit, in: Schramm, a.a.O., S. 71 ff.; Ehild, Die Verbreitung neuer Ideen und Praktiken, in: Schramm, a.a.O., S. 99 ff.
54 Maletzke, a.a.O., S. 226
55 Martin Irle, Eine Analyse von Beziehungen zwischen verwandten Einstellungen und Kenntnissen über den Gegenstand der Einstellung, Zeitschrift für experimentelle und angewandte Psychologie, VII, 1960, S. 256
56 Peter R. Hofstätter, a.a.O., S. 110
57 Linebarger, a.a.O., S. 253
58 James Morris Erdmann, Leaflet Operations in the Second World War, Denver 1969, S. 156–168
59 Zum Einsatz von Ballons vgl.: Luftballons wieder moderne Vertriebsmittel, Die Wildente, Nr. 26, Dezember 1963, S. 24–31; Falling Leaf, 62, 1973, S. 93 f.
60 Zu den Flugblattraketengeschossen vgl.: Kampfpropaganda-Unternehmen »Südstern«, Die Wildente. Nr, 18, Juli 1958, S. 34/35; Einsatz vor Prop.-Werfern, Die Wildente, Nr. 26, Dezember 1963, S. 22/23
61 James M. Erdmann, a.a.O., S. 92 ff.
62 Richtlinien für Aktivpropagandisten Nr. 2 vom 27. Januar 1944, BA-MA, RW 4/v. 20
63 Richtlinien für Kampfpropagandisten Nr. 3, BA-MA, RW 4/v. 267
64 Akte in BA-MA, Fremde Heere Ost, H 3/690
65 Die britische Truppe wird ihren wesentlichen Merkmalen nach wie folgt beurteilt:
»Der englische Durchschnittssoldat ist längst nicht so kindlich-primitiv wie etwa der Amerikaner. Seine Haltung ist wesentlich disziplinierter, und er zeigt sich im Kampf zäher und härter.
Das englische Offizierkorps ist wesentlich höher zu bewerten als das amerikanische, sowohl hinsichtlich Erziehung als auch des Menschenmaterials im allgemeinen. Hier ist Verständnis für

politische Fragen und Diskussion über Kriegsziele usw. vorhanden.
Der englische Soldat ist sehr selbstbewußt und zuversichtlich hinsichtlich des Ausganges des Krieges . . .«

66 SS-Standarte »Kurt Eggers«, BA-MA, RS 4/46

67 Die Möglichkeit, die Propagandawirkung mit werbepsychologischen Methoden zu untersuchen, wird dargestellt und diskutiert bei Reithmann, a.a.O., S. 31 ff.

68 Vgl. Bernard Wittek, Der britische Ätherkrieg gegen das Dritte Reich, Studien zur Publizistik, Bd. 3, Münster 1962, S. 188

69 Über die Wirkungsanalyse amerikanischer Flugblätter auf deutsche Truppen vgl.: Falling Leaf, 50, 1970, S. 110–115; bes. Daniel Lerner, a.a.O., S. 114/115 (Trends in Wehrmacht Morale, based on written questionnaires) und das Kapitel Effectiveness of Sykewar, S. 285 ff.
Von den amerikanischen Propaganda-Organen werden folgende Bestandteile der deutschen Kampfmoral von Heereseinheiten besonders hoch eingeschätzt:
1. Disziplin
2. Kameradschaft
3. Berufsethos
4. Gute materielle Betreuung der Truppe
5. Abscheu vor dem Bolschewismus
Schwächen der deutschen Kampfmoral nach amerikanischen Erfahrungen:
1. Das Gefühl der Unbesiegbarkeit ist erschüttert
2. Berechtigte Zweifel an der
– Persönlichkeit des Führers
– Ausrüstung
– Luftwaffe
– Personalstärke
3. Druck durch Mehrfrontenkrieg
Vgl. in diesem Zusammenhang bes. die für die alliierte Kampfpropaganda grundlegende Direktive gegen die Deutsche Wehrmacht: »Standing Directive for Psychological Warfare against Members of German Armed Forces«, Juni 1944, Daniel Lerner, a.a.O., S. 403–417

70 I. A. Seleznew, Krieg und ideologischer Kampf, Bern 1964, S. 66

71 K. Selesnjow, a.a.O., S. 302/303

72 Bericht Oberkommando des Heeres an OKW/WPr vom 15. 2. 1942, BA-MA, Film 209 P und RW 4/v. 254

73 Günther Blumentritt, Fragebogen für Zwecke einer kriegsgeschichtlichen Untersuchung über die Wechselbeziehungen zwischen der operativen und propagandistischen Kriegführung, Foreign Military Studies der Historical Division, B – 278, S. 62, 65. Das Manuskript befindet sich im Militärgeschichtlichen Forschungsamt in Freiburg.

74 Die Flugblätter des NKFD, die zum ersten Mal von Deutschen für Deutsche getextet werden, sind nach folgenden Arbeitsgrundsätzen hergestellt:
1. Das Flugblatt muß an den jeweiligen Bewußtseinsstand der deutschen Soldaten anknüpfen. Bei seiner Abfassung soll berücksichtigt werden, daß die Masse von ihnen von der Goebbels-Propaganda vernebelt und verhetzt ist. (. . .) Das Flugblatt muß kurz, überzeugend und in einer den deutschen Soldaten verständlichen Sprache geschrieben sein.
2. Dem Flugblatt muß eine gründliche Kenntnis der Situation in der Wehrmacht und der konkreten Lage der gegenüberliegenden Truppenteile zugrunde liegen. Es soll an Fragen, Sorgen und Nöte der Soldaten und Offiziere der gegenüberliegenden Wehrmachtseinheiten anknüpfen, ihre tiefen Ursachen aufdecken, den Zusammenhang mit der Politik des faschistischen Staates bloßlegen und den deutschen Soldaten den vom NKFD gewiesenen Ausweg zeigen.
3. Im Flugblatt sollen alle Behauptungen bewiesen werden. Die sich ergebenden Schlußfolgerungen müssen logisch und überzeugend sein.
Vgl. dazu Willy Wolff, An der Seite der Roten Armee. Zum Wirken des Nationalkomitees »Freies Deutschland« an der sowjetisch-deutschen Front 1943 bis 1945, Berlin-Ost 1973, S. 152/153

75 Unter den Tatbestand der »Wehrkraftzersetzung« fallen u. a.:
»Äußerung gegen die nationalsozialistische Weltanschauung, abfällige Kritik an Maßnahmen der Staatsführung (z. B. Totaler Krieg), der Ernährungswirtschaft (z. B. Lebensmittelrationierung) oder der Partei.
Zweifel an der Berechtigung des uns aufgezwungenen Lebenskampfes.
Verbreitung von Nachrichten über Kampfmüdigkeit und Überlaufen deutscher Soldaten.
Herabsetzung der als wichtiges Kampfmittel im Kriege eingesetzten deutschen Propaganda.
Die Behauptung, daß der Bolschewismus »so schlimm« nicht sei oder daß die Demokratie unserer westlichen Gegner in Erwägung gezogen werden könne.« Rudolf Absolon (Hrsg.), Das Wehrmachtsstrafrecht im 2. Weltkrieg. Sammlung der grundlegenden Gesetze, Verordnungen und Erlasse, Kornelimünster 1958, S. 91

76 »Im entscheidenden Stadium unseres Existenzkampfes sind einige ehrlose Elemente zum Feinde übergelaufen, um sich dem Kampfe zu entziehen und ihr armseliges Leben in Sicherheit zu bringen. Sie gefährden dadurch nicht nur die kämpfenden Kameraden, sondern auch die Kriegsanstrengungen von Front und Heimat (. . .) Der anständige Soldat, der tagtäglich an allen Fronten Leib und Leben für Führer, Volk und Vaterland einsetzt, verachtet solche eidbrüchigen Lumpen und erwartet, daß rücksichtslos gegen sie und ihre Sippe vorgegangen wird.« Für »Überlaufen« verhängen diese Bestimmungen »Sippenhaftung«. Die Familie des Überläufers haftet »für das Verbrechen des Verurteilten« mit »Vermögen, Freiheit oder Leben«. Rudolf Absolon, a.a.O., S. 97/98

77 Rudolf Absolon, a.a.O., S. 99/100

78 Der Vorgang befindet sich in der Akte RW 4/v. 253

79 Einen guten Überblick über die Arbeitsmethoden und Techniken der sowjetischen Propaganda vermittelt die Broschüre von OKW/WPr Nr. 7100/43

»Unterrichtsmaterial zum Kampf gegen die feindliche Propaganda« (sog. »Giftmappe«), BA-MA, RW 4/v. 19

80 Zu den Geheimsendern des »Büro Concordia« vgl.: Karl Drechsler, Die Zersetzungsarbeit der Geheimsender des Goebbels-Ministeriums in Frankreich Mai/Juni 1940, Zeitschrift für Geschichtswissenschaft, 9, 1961, S. 1597–1607; H. Kühne, Geheime faschistische Rundfunkpropaganda, Zeitschrift für Militärgeschichte, 1, 1962, S. 194–210

81 »Dem Geheimsender fällt ab sofort die Aufgabe zu, mit allen Mitteln Panikstimmung in Frankreich zu schaffen. Zu diesem Zweck muß er mit absolut französischer Tendenz arbeiten und im Tone größter Empörung und Bestürzung gegen die Versäumnisse der französischen Regierung Protest erheben. Im einzelnen muß er dazu die in Frankreich umherschwirrenden Gerüchte aufgreifen und erweitern. Insbesondere soll er sich der Gerüchte annehmen, die von einer beabsichtigten Flucht der französischen Regierung aus Paris wissen wollen, und Reynaud, der sich gegen diese Gerüchte wandte, der Lüge bezichtigen. Ferner soll er eindringlich vor den Gefahren der »Fünften Kolonne« warnen, zu der zweifellos auch alle deutschen Emigranten gehören. (...) Endlich soll er den Gegensatz weiter aufreißen, der sich darin zeigt, daß England vor allem die Küste, Frankreich vor allem die Grenzen verteidigt wissen will.«
Protokoll der Sitzung vom 17. Mai 1940, W. A. Boelcke, a.a.O., S. 353

82 Vgl. W. A. Boelcke, a.a.O., S. 218, 226, 232, 234 u. 304

83 Schreiben OKW/WPr an die Armeeoberkommandos im Westen vom 27. 2. 1940, BA-MA, Film C 204 P

84 General Alfred Toppe beurteilt die Ursachen für die geringe Kampfmoral der französischen Truppen wie folgt:
»Frankreichs Blüte war auf den Schlachtfeldern des I. Weltkrieges geblieben. Als Siegerstaat dieses Weltkrieges erholte es sich wirtschaftlich und politisch bis zum vollen Sättigungsgrad, nicht aber in seinem biologischen Bestand. Es begann zu stagnieren. Anstatt nach dem Siege ›den Helm fester zu binden‹ vernachlässigte es seinen Soldatenstand, ließ seinen Offizieren nicht die erforderliche Behandlung angedeihen, verwässerte ihre Reihen so stark, daß von einem homogenen Offizierkorps kaum noch gesprochen werden konnte und tat zu wenig, um die stark abgesunkene Wehrfreudigkeit des Volkes zu heben. So konnte es nicht ausbleiben, daß der französische Soldat auch mangels ihn ansprechender oder auf ihn wirkender nationaler Ziele kampfunlustig, wenn nicht sogar von vornherein defaitistisch war. Hinzu kam, daß Frankreich sich politisch durch sein Bündnissystem und militärisch hinter der Maginot-Linie ausreichend gesichert glaubte.«
Alfred Toppe, Über die Wirksamkeit der Propaganda im Kriege, Foreign Military Studies der Historical Division, P – 045, Militärgeschichtliches Forschungsamt Freiburg, S. 32

85 Vgl. den instruktiven Beitrag von Andreas Hillgruber, Die »Endlösung« und das deutsche Ostimperium als Kernstück des rassenideologischen Programms des Nationalsozialismus, Vierteljahreshefte für Zeitgeschichte, 20, 1972, S. 133–153

86 Symptomatisch für diese Politik ist ein Erlaß des Armeeoberkommandos 6 vom 10. 10. 1941 über »Verhalten der Truppe im Ostraum«:
»Hinsichtlich des Verhaltens der Truppe gegenüber dem bolschewistischen System bestehen vielfach noch unklare Vorstellungen.
Das wesentlichste Ziel des Feldzuges gegen das jüdisch-bolschewistische System ist die völlige Zerschlagung der Machtmittel und die Ausrottung des asiatischen Einflusses im europäischen Kulturkreis.
Hierdurch entstehen auch für die Truppe Aufgaben, die über das hergebrachte einseitige Soldatentum hinausgehen. Der Soldat ist im Ostraum nicht nur ein Kämpfer nach den Regeln der Kriegskunst, sondern auch Träger einer unerbittlichen völkischen Idee und der Rächer für alle Bestialitäten, die deutschem und artverwandtem Volkstum zugefügt wurden. Deshalb muß der Soldat für die Notwendigkeit der harten, aber gerechten Sühne am jüdischen Untermenschentum volles Verständnis haben. Sie hat den weiteren Zweck, Erhebungen im Rücken der Wehrmacht, die erfahrungsgemäß stets von Juden angezettelt wurden, im Keime zu ersticken. ... Fern von allen politischen Erwägungen der Zukunft hat der Soldat zweierlei zu erfüllen:
1. die völlige Vernichtung der bolschewistischen Irrlehre, des Sowjetstaates und seiner Wehrmacht,
2. die erbarmungslose Ausrottung artfremder Heimtücke und Grausamkeit und damit die Sicherung des Lebens der deutschen Wehrmacht in Rußland.

Nur so werden wir unserer geschichtlichen Aufgabe gerecht, das deutsche Volk von der asiatisch-jüdischen Gefahr ein für allemal zu befreien.«
zitiert nach: H. A. Jacobson, 1939–1945 – Der Zweite Weltkrieg in Chronik und Dokumenten, Darmstadt 1961, S. 578/579

87 Ausarbeitung von OKW/WPr »Die Entwicklung der deutschen Flugblatt-Propaganda in der Sowjetarmee« vom 3. März 1943, BA-MA, RW 4/v. 263

88 W. A. Boelcke, a.a.O., S. 448

89 Professor Dr. Haferkorn über »Die inneren Kräfte des britischen Widerstandes« vom 25. 4. 1942, BA-MA, Film C 208 P

90 Louis P. Lochner, Goebbels Tagebücher 1942–1943, Zürich 1948, S. 355/356

91 AOK 2, Ic/AO, Anlagen 3 zum Tätigkeitsbericht vom 1. 6. 1943 – 30. 6. 1943 BA-MA, 33553/99

92 Louis P. Lochner, a.a.O., S. 482

93 Professor Briggs kommt in seinem umfangreichen Werk über die Rundfunkpropaganda der BBC zu dem Ergebnis: »German morale did not crack under this barrage. The war of words was

by itself never decisive. The ultimate German failure was military defeat in face of massed Allied power.« Asa Briggs, The War of Words, London 1970, S. 696

J. Warburg, der selbst in dem amerikanischen Propaganda-Apparat während des Zweiten Weltkrieges arbeitete, zieht folgende Bilanz: »Den Alliierten war es im ganzen gesehen mit der psychologischen Kriegführung nicht gelungen, den Willen des deutschen Volkes zur Fortsetzung des Krieges zu brechen. Die Kapitulation der deutschen Armeen war weder das Ergebnis einer inneren Revolution noch die Folge einer Unterminierung der Moral des Volkes an der inneren Front, sondern das Resultat der vollständigen militärischen Niederlage. Die Frontpropaganda verringerte die Zahl der Opfer, den Sieg beschleunigte sie nicht.« J. Warburg, The Psychological Warfare, New York 1946

Bilddokumentation und Kommentar

1 Vgl. Joachim Hosang, Gezähnte Kriegspropaganda, Bd. II, Söllingen 1956, S. 25–29

2 Kurt Reumann, Die Karikatur, in: Emil Dovifat (Hrsg.), Handbuch der Publizistik, Bd. 2, Praktische Publizistik 1. Teil, Berlin 1969, S. 67

3 Ebd., S. 85 f.

4 Mit dem Begriff der selektiven Wahrnehmung wird der Tatbestand bezeichnet, daß man im allgemeinen nur das sieht, liest und hört, was den eigenen Interessen, Erwartungen und Überzeugungen entspricht. Was *dagegen* verstößt, nimmt man vielfach gar nicht erst zur Kenntnis. Nimmt der andersdenkende Adressat es doch wahr, besteht die Gefahr, daß er es falsch interpretiert oder sich falsch erinnert (Bumerang-Effekt).
Die wichtigste Literatur über die selektive Wahrnehmung ist zusammengestellt bei: Elisabeth Noelle-Neumann, Information und öffentliche Meinung, in: Publizistik, 3–4/1966, S. 367, Anm. 9

5 Große Sowjet-Enzyklopädie, Band 23, S. 634–635

6 Helmut Witetschek, Der gefälschte und der echte Mölders-Brief, Vierteljahreshefte für Zeitgeschichte, 16, 1968, S. 60–65

7 Sefton Delmer, Die Deutschen und ich, Hamburg 1962, S. 547 ff.

8 Heinz Boberach, Meldungen aus dem Reich. Auswahl aus den geheimen Lageberichten des Sicherheitsdienstes der SS 1939–1944, Neuwied, Berlin 1965, S. 233

9 Die »Nationalzeitung«, Ausgabe B, Duisburg, schreibt am 13. 3. 1942: »Ein gefälschter Mölders-Brief. – Niederträchtige Schändung der Ehre eines toten Helden. Berlin, 12. 3. Nach dem Tod des Obersten Mölders wurde in verschiedenen Teilen des Reiches ein Brief verbreitet, den der Fliegerheld angeblich kurz vor seinem Tode an den katholischen Probst in Stettin gerichtet haben soll. Der Inhalt des Briefes ließ sofort erkennen, daß eine üble Fälschung vorlag. Inzwischen hat der Probst von Stettin als angeblicher Empfänger des Briefes eindeutig festgestellt, er habe Oberst Mölders nicht gekannt, habe auch nie einen Brief von ihm erhalten. Der katholische Feldbischof der Wehrmacht gab in Nr. 1 seines Verordnungsblattes vom 10. 1. 1942 zum sogenannten Mölders-Brief bekannt:
Einwandfreie Feststellungen haben ergeben, daß es sich hierbei um eine grobe Fälschung handelt. Wenn daher dieser Brief irgendwo auftaucht, ist seine Verbreitung zu unterbinden.
Durch die geheime Staatspolizei sind inzwischen bereits einige Personen, die den sogenannten Mölders-Brief verbreiteten, obwohl die Tatsache der Fälschung bekannt war, in ein Konzentrationslager eingeliefert worden. Die Fahndungen nach den Fälschern des Briefes laufen weiter. Für die Aufklärungen, die zur Festnahme der Schuldigen führen können, wurde der Preis von 100 000 RM ausgesetzt.« Zitiert nach: Kuno Bludau, Widerstand und Verfolgung in Duisburg 1933–1945, Duisburg 1973, S. 205

10 »Der gefälschte Mölders-Brief an einen Probst in Stettin geistert in der ganzen katholischen und vor allem auch in der protestantischen Öffentlichkeit herum ... Es ist wahrhaft beleidigend, mit welchen Mitteln hier die Kirchen zu arbeiten versuchen. Aber man sieht, daß ihnen eigentlich besonders zugkräftige Argumente fehlen und daß sie schon zur Methode der Lüge und der Verleumdung greifen müssen, um überhaupt noch in der Öffentlichkeit einen Eindruck zu erwekken.« Goebbels Tagebücher 1942–1943, hrsg. von Louis P. Lochner, Zürich 1948, S. 108 (Eintragung vom 3. März 1942). Goebbels notiert am 7. März 1942: »Das Justizministerium muß zu seiner Schande eingestehen, daß es keine Möglichkeit gibt, gegen die Verlesung des gefälschten Mölders-Briefes vorzugehen. Unsere Gesetzgebung bietet dafür keine Handhabung. Danach ist es keine Beleidigung, einem Mann, auch wenn er ein Volksheld ist, nachzusagen, daß er katholisch war und sich praktisch gegen den Staat eingestellt hat. Diese Justiz ist keinen Schuß Pulver wert ... Aber unsere Justiz wird nicht nationalsozialistisch, sondern spießbürgerlich geführt. Da kann man nichts machen.« (ebd., S. 115) Goebbels ist fest davon überzeugt, daß der Mölders-Brief eine Fälschung der Kirche sei, die »schlau eingefädelt worden ist« (Eintragung vom 16. März 1942, ebd., S. 122). Weder der Propagandaminister noch die Gestapo können sich vorstellen, daß der Brief eine englische Fälschung ist.

11 Der Brief wird sogar von katholischen Geistlichen an Frontsoldaten geschickt, wo er erhebliche Unruhe bei den Sicherheitsoffizieren auslöst: 4. Pz.-Div. Abteilung Ia, Anlagenband zum Tätigkeitsbericht der Abt. Ic, Juni 1941 – März 1942, BA-MA, RH 27 – 4/122

12 Zur Funktion informeller Systeme und Gerüchtebildungen im totalitären System vgl. Franz Dröge, Der zerredete Widerstand. Soziologie und Publizistik des Gerüchts im 2. Weltkrieg, Düsseldorf 1970, S. 22 ff. und S. 193 ff.

Durch seine Untersuchungen kommt Dröge zu dem Ergebnis, »daß in den informellen Beziehungen Schutzmechanismen gegen die manipulative Überwältigung durch totalitäre Propaganda entstehen können und faktisch entstehen. Das heißt, daß die menschliche Widerstandsfähigkeit gegen eine ideologische Propaganda größer ist, als man gemeinhin unter dem Eindruck der Totalitarismus-Theorien annimmt.«

13 George Grosz und John Heartfield sind die Altmeister der Photomontage. Heartfield holte in der publizistischen Abrechnung mit dem NS-Regime aus ihr die schärfste Polemik heraus. Vgl. John Heartfield, Krieg im Frieden, Fotomontagen zur Zeit 1930–1938, München 1972 und Herzfelde, W. John Heartfield (Helmut Herzfelde), Dresden 1962

14 Rudolf Strietholt, Fälschungen, Fotomontagen, Zwischenzeiten, in: Emil Dovifat (Hrsg.), Handbuch der Publizistik, Bd. 2, Praktische Publizistik 1. Teil, Berlin 1969, S. 107

15 Technisch möglich wurden Zwischenzeiten mit der Erfindung der Momentfotografie, besonders aber seit Erfindung des Vakublitzes 1928, der die Kamera auch in Innenräumen vom Stativ befreite.

16 Strietholt, a.a.O., S. 109

17 Ebenda, S. 113

18 Befehl für den Einsatz von Prop-Ballons von OKW/WPr an PK 501 und PK 612 vom 13. 8. 1940, BA-MA, Film C 205 P

19 Vgl. R. G. Auckland, Aerial Propaganda over Great Britain, St. Albans 1962, S. 21 f.

20 Es handelt sich um das Flugblatt »220 000 Dead Men thanks to Mr. Churchill« (später korrigiert zu 92 000 Dead Men).

21 Schreiben von AOK 16 an OKW/WPr vom 26. 8. 1940

22 Schreiben von AOK 16 an Heeresgruppe A vom 12. 9. 1940

23 Schreiben von Heeresgruppe A an OKW/WPr vom 15. 9. 1940

24 Auch Goebbels kritisiert das Churchill-Flugblatt. In der Ministerkonferenz am 20. September 1940 wird über diesen Vorgang protokolliert:

»Der Minister rügt Flugblätter, die auf Veranlassung des OKW in Berlin angefertigt und über England abgeworfen worden sind. Die Flugblätter sind außerordentlich schlecht ausgeführt ... Darüber hinaus wünscht der Minister Meldung, wer im OKW namentlich für die Abfassung des Flugblatts und für die Veranlassung des Abwurfs verantwortlich ist. Es sei natürlich nichts dagegen einzuwenden, wenn in aktuellen Fragen die Truppe selbst Flugblätter herausgäbe; bei grundsätzlichen, plakatähnlichen Flugblättern jedoch, die in Berlin hergestellt würden, müsse unbedingt für die Zuziehung des Ministeriums gesorgt werden.« Boelcke, a.a.O., S. 516

Ein Flugblattabwurf durch die Luftwaffe erfolgt demnach bereits vor dem Ballon-Einsatz durch die PK 501 und 612

25 Fernschreiben von PK 501 an OKW/WPr vom 18. 10. 1940

26 Fernschreiben von PK 612 über AOK 9 an OKW/WPr vom 22. 10. 1940; alle Schreiben und Fernschreiben in BA-MA, RW 4/v. 363

27 Vgl. Joachim Hosang, a.a.O., S. 31

28 Zur »Ley-Postkarte« vgl.: Sefton Delmer, a.a.O., S. 479 f.; Herbert Friedmann, Propaganda Forgeries of World War II, Falling Leaf, 62, 1973, S. 115/116

29 Frank Bledjian und Krista Stosberg, Analyse der Massenkommunikation: Wirkungen, Düsseldorf 1972, S. 53 ff.

30 Werner Kroeber-Riel, Psychologie der Beeinflussung, in: Effektive Werbung 5 – Kommunikation und Wissenschaft, Karlsruhe 1973, S. 91

31 Peter Teigeler, Verständlichkeit und Wirksamkeit von Sprache und Text. Effektive Werbung 1, Stuttgart 1968, S. 95

32 Kroeber-Riel, a.a.O., S. 92

33 Vgl. hierzu bes. George Meyer, La guerre psychologique, Hommes et Mondes, 10, November 1955, S. 560–572; George Meyer, La guerre des papiers, L'Armée française, 24. März 1948, S. 29–35

34 Vgl. John C. W. Field, Aerial propaganda leaflets. A collector's handbook, Sutton Coldfield 1954, S. 49

35 Werner Girbig, 1000 Tage über Deutschland. Die 8. amerikanische Luftflotte im 2. Weltkrieg. München 1964, S. 77 ff.

36 Bei diesem Angriff starten 291 B-17 Bomber, von denen 60 abgeschossen werden. Vgl. dazu: Charles Webster, Noble Frankland, Strategic Air Offensive against Germany, London 1961, Vol. IV, S. 431 ff.

37 Martin Caidin, Black Thursday, New York 1960, S. 85; Werner Girbig, a.a.O., S. 92 f. Caidin, der einen hervorragenden Bericht über die Stimmung in der 8. amerikanischen Luftflotte gibt, berichtet über die Lage kurz vor dem zweiten Angriff auf Schweinfurt:

10. October 1943: »The mental attitude and morale of the crews is the lowest that has yet been observed.

Three days later: Captain –, a squadron leader and a brave man, informed the commanding officer that he had no desire to continue flying.« (S. 88)

38 Zur Entstehungsgeschichte des »Bundes deutscher Offiziere« im Nationalkomitee »Freies Deutschland« vgl. Hermann Lewerenz, Zum Entstehen des »Bundes deutscher Offiziere«, Zeitschrift für Militärgeschichte, 2, 1963, S. 167–179

39 Zu den »Nachrichten für die Truppe« vgl.: Sefton Delmer, a.a.O., S. 555–557; Daniel Lerner, a.a.O., S. 235–237, S. 263 f.; J. M. Erdmann, a.a.O., S. 34–36

40 BA-MA, RW 4/v. 354

41 Vgl. A Complete Index of Allied Airborne Leaflets and Magazines, 1939–1945, S. 28, und Lothar Leser, a.a.O., S. 4

42 Der Index nennt auf S. 29 unter der Kodierung G 55 »Wolkiger Beobachter«. Das ist offensichtlich ein Druckfehler. Lothar Leser ordnet als er-

ster richtig unter G 55 den »Völkischen Beobachter« mit Überdruck vom Oktober 1942 ein; vgl. Lothar Leser, a.a.O., S. 5

43 »... experts considered that this item was one of the most effective of all leaflets.« John C. W. Field, a.a.O., S. 47

44 Vgl. Index, S. 26: Flugblatt wird als »Official Note« bezeichnet

45 Vgl. Index, S. 26: Flugblatt wird als »Reich Headquarters« bezeichnet

46 Vgl. Boelcke, a.a.O., S. 445/446; die Protokolle vom 15. August, S. 461, und vom 24. September, S. 524

47 Vgl. Index, S. 26: Flugblatt wird als »Public enemies at work« bezeichnet

48 L. P. Lochner, a.a.O., S. 274

49 Vgl. R. G. Auckland, British Forgeries of the Nazi Rationing System, Falling Leaf, 63, 1973, S. 123–132; Sefton Delmer, a.a.O., S. 544–547. Vgl. auch Sefton Delmer, H. M. G.'s secret pornographer, Times Literary Supplement, 21. Januar 1972, S. 63/64

50 Vgl. Gottfried Ewald, Neurologie und Psychiatrie, München, Berlin, Wien 1954, S. 314 ff.

51 Vgl. R. G. Auckland, Air-Dropped Propaganda Currency, St. Albans 1972 (Privatdruck)

52 Vgl. R. G. Auckland, a.a.O., S. 45/46

53 Ebenda, S. 12 ff.

54 Sefton Delmer beschreibt die Arbeitsgrundsätze seiner Spezialabteilung für schwarze Propaganda wie folgt: »Wir führen eine Art totalen Nervenkrieg gegen Hitler. Dabei ist alles erlaubt, sofern es dazu dient, das Ende des Krieges und Hitlers Niederlage zu beschleunigen ... Jeder Griff ist erlaubt. Je übler, um so besser. Lügen, Betrug – alles.« Sefton Delmer, a.a.O., S. 590

55 Im Bereich der Heeresgruppe B befindet sich im November 1944 die 6. Kompanie »Skorpion West« beim XII. SS A.K. mit 3 Kampfpropagandazügen und 3 Lautsprechertrupps im Einsatz. Beim LXXXI. A.K. wirken 1 Kampfpropagandazug »Skorpion West« und 2 Kampfpropagandazüge des Prop.-Einsatzführers 698. Durch Prop.-Werfer 41 und Weiß-Rot-Granaten der leichten Feldhaubitze 18 werden im November 1944 1 467 000 Flugblätter verschossen. An der Oberrheinfront ist im Bereich der Heeresgruppe G das Kampfpropaganda-Unternehmen »Skorpion West II« eingesetzt.

KTB Heeresgruppe B, Abt. Ia/Ic vom 22. 5. 1944–31. 12. 1944, BA-MA, III H (F) 39/1; vgl. Die Wildente, 26. Dezember 1963, S. 154/ 155

56 Vgl. McKenzie, Skorpion Leaflets, Falling Leaf, 55, 1971, S. 136–139, und Sefton Delmer, Die Deutschen und ich, Hamburg 1963, S. 600–605

57 Der stellvertretende Stabsoffizier für Propaganda der Heeresgruppe B meldet am 9. Januar 1945 an die SS-Standarte »Kurt Eggers« in Berlin-Zehlendorf:

»Beiliegend wird das vom Feinde hergestellte Skorpion-Flugblatt Nr. 14 »Darf der Führer kapitulieren?«, erkenntlich an der falschen Feldpostnummer 00020 zur Kenntnisnahme übergeben. ... Die gefälschten Skorpion-Flugblätter sind sehr viel seltener als alles andere feindliche Agitationsmaterial. Aus dem Ic-Dienst eines amerikanischen Korps geht hervor, daß dort die Flugblätter für deutsche Propaganda in die eigene Truppe gehalten werden, die amerikanischen Ic also nicht über die Täuschungsaktion unterrichtet sind.«

SS-Standarte »Kurt Eggers«, BA-MA, RS 4/46. Selbst Sefton Delmer ist es offensichtlich bisher nicht aufgefallen, daß die Feldpostnummer 00020 seiner Fälschungen nicht stimmte (Sefton Delmer, a.a.O., S. 600). Die richtige Feldpostnummer der Skorpion-Flugblätter lautet 00220. Alle Fälschungen können daher an der falschen Feldpostnummer leicht identifiziert werden.

58 Die Skorpion-Fälschungen mit der Feldpostnummer 00020 tragen folgende Überschriften:

Nr. 2 »Kommt die Inflation?«
Nr. 9 »Kann die Front halten?«
Nr. 11 »Wer darf kapitulieren?«
Nr. 13 »Glaubt der Skorpion noch an das, was er vor vier Wochen gesagt hat?«
Nr. 14 »Darf der Führer kapitulieren?«

Mehr sind mit großer Wahrscheinlichkeit nicht abgeworfen worden.

Die Skorpion-Fälschungen Nr. 2, 9 und 11 befinden sich in der Sammlung Beyer, Bergisch-Gladbach, Nr. 13 in der Sammlung P. H. Robbs, Kettering, England. Eine Abschrift der Nr. 14 befindet sich im Bundesarchiv-Militärarchiv in Freiburg (SS-Standarte »Kurt Eggers« RS – 4/46). R. G. Auckland hat alle bisher bekannten echten Skorpion-West-Flugblätter zusammengestellt: Vgl. Falling Leaf, 62, 1973, S. 96–98

59 Vgl. R. G. Auckland, a.a.O., S. 15

60 Ebenda, S. 5

61 Zur deutschen Kampfpropaganda in Italien vgl. Hans F. C. Ordemann, The Low Down. Muster einer Kampfpropaganda-Zeitung, Die Wildente, 18. Juli 1958, S. 24–30

62 Vgl. die Abbildungen bei Linebarger, a.a.O., S. 158 f.

63 Heinz Küpper, Am A ... der Welt, Hamburg, Düsseldorf 1970; vgl. dazu auch: Der Spiegel, Nr. 43/1970, S. 113 f.

64 Vgl. Boelcke, a.a.O., S. 304;

Wehrmacht Propaganda Lagebericht vom 16. 4.–1. 5. 1940, S. 6 (BA-MA, RW 4/v. 339). Michel Girard, a.a.O., S. 5; Sefton Delmer, H. M. G.'s secret pornographer, The Times Literary Supplement, 21. Januar 1972, S. 63

65 Michel Gérard, a.a.O., Nr. 44, S. 5

Literaturverzeichnis

1. Katalogisierung der Flugblattpropaganda

Grundlegend für die Datierung der westalliierten Flugblattpropaganda im europäischen Bereich ist: A Complete Index of Allied Airborne Leaflets and Magazines, 1939–1945. Der »Index« enthält die Flugblattserien der anglo-amerikanischen Propaganda-Organe (PWE; OWI; PWE/OWI; PWD) während des Zweiten Weltkrieges mit ihren Kodierungen und den Angaben über Beginn und Ende des Abwurfs. Er katalogisiert jedoch nicht die Flugblattmuster, die der Schwarzen Propaganda zuzuordnen sind. Der »Index« ist nur über die PSYWAR-SOCIETY zu beziehen.

Eine gute Einführung in die Problematik der Kodierung, Datierung und des Einsatzes von Flugblättern vermittelt: Francis C. W. Field, Aerial Propaganda Leaflets. A Collector's Handbook, Sutton Coldfield 1954. Das Magazin »FALLING LEAF« der PSYWAR-SOCIETY enthält wichtige Beiträge zur Flugblattpropaganda und kann bei dem Herausgeber R. G. Auckland, 60, High Street, Sandridge, St. Albans, Herts., England, bestellt werden. R. G. Auckland registrierte die in Sammlerbeständen vorhandene deutsche Flugblattpropaganda für den englischen und italienischen Bereich: R. G. Auckland, Aerial Propaganda over Great Britain, St. Albans 1962; ders., Catalogue of German Leaflets to Allied Troops in Italy, 1943–1945; ders., Air-Dropped Currency, St. Albans 1972. Die Beiträge sind als Privatdrucke erschienen und über den Autor erhältlich.

Michel Gerard erfaßte die deutschen und alliierten Flugblätter, die über Frankreich abgeworfen wurden: Michel Gerard, Catalogue des Tracts Aériens Lancés sur les Français, 1939–1945, 2 Teile, Paris 1971/72 (Privatdruck).

Lothar Leser katalogisierte einen Teil der westalliierten und sowjetischen Propaganda für den deutschen Bereich: Lothar Leser, Psychologische Kriegführung gegen Deutschland im Zweiten Weltkrieg. Versuch einer bibliographischen Übersicht. Bücherschau der Weltkriegsbücherei, 30, 1958, Heft 1–4. Diese Bibliographie enthält auch Flugblätter der alliierten Schwarzen Propaganda, die im »Index« nicht aufgeführt sind.

2. Standardwerke über die westalliierte Propaganda während des Zweiten Weltkrieges

Daugherty, William (ed.), A Psychological Warfare Casebook, Baltimore 1958

Delmer, Sefton, Die Deutschen und ich, Hamburg 1963

Erdmann, James, Leaflet Operations in the Second World War, Denver 1969 (Privatdruck)

Lerner, Daniel, Skyewar. Psychological Warfare against Germany. D-Day to VE-Day, New York 1949

Linebarger, Paul M. A., Schlachten ohne Tote, Frankfurt 1960

3. Deutsche Propaganda

Boelcke, Willi A., Kriegspropaganda. Geheime Ministerkonferenzen im Reichspropagandaministerium, Stuttgart 1966

ders., Wollt Ihr den totalen Krieg? Die geheimen Goebbels-Konferenzen 1939–1943, dtv-Taschenbuch Bd. 578

Goebbels Tagebücher, hrsg. von Louis P. Lochner, Zürich 1948

Martin, Hans-Leo, Unser Mann bei Goebbels. Die Wehrmacht im Kampf, Bd. 49, Neckargemünd 1973

4. Sowjetische Propaganda (NKFD)

Seleznev, I. A., Krieg und ideologischer Kampf, Swiss Eastern Institute, Bern 1964

Sie kämpften für Deutschland. Zur Geschichte des Kampfes der Bewegung »Freies Deutschland« bei der 1. Ukrainischen Front der Sowjetarmee, Berlin (Ost) 1959

Wolff, Willi, An der Seite der Roten Armee. Zum Wirken des Nationalkomitees »Freies Deutschland« an der sowjetisch deutschen Front 1943 bis 1945, Berlin (Ost) 1973

5. Kommunikations-, Propaganda-, Einstellungsforschung

Abelson, Herbert J., Persuasion – how attitudes are changed, New York 1964

Cohen, Arthur R., Attitude change and social influence, New York 1964

Dröge, F., Weißenborn, R., und H. Haft, Wirkungen der Massenkommunikation, Münster 1969

Hofstätter, Peter R., Die Psychologie der öffentlichen Meinung, Wien 1949

ders., Individuum und Gesellschaft, Frankfurt/M. 1972

Maletzke, Gerhard, Psychologie der Massenkommunikation. Theorie und Systematik, Hamburg 1963

Schramm, Wilbur (Hrsg.), Grundfragen der Kommunikationsforschung, München 1964

Teigeler, Peter, Verständlichkeit und Wirksamkeit von Sprache und Text. Effektive Werbung 1, Stuttgart 1968

Whitton, John B. and Arthur Larson, Propaganda, New York 1963

Abkürzungen

AK	Armeekorps
AOK	Armeeoberkommando
BA-MA	Bundesarchiv-Militärarchiv
BBC	British Broadcasting Corporation
BC	Bomber Command
BDO	Bund Deutscher Offiziere
Dok.	Dokument
Gen.Kdo.	Generalkommando
KAN	Kriegsstärkeausrüstungsnachweisung
KB-Kompanie	Kriegsberichter-Kompanie
Kdr.Gen.	Kommandierender General
KStN	Kriegsstärkennachweisung
KTB	Kriegstagebuch
NKFD	Nationalkomitee Freies Deutschland
ObdL	Oberbefehlshaber der Luftwaffe
OKH	Oberkommando des Heeres
OKM	Oberkommando der Marine
OKW	Oberkommando der Wehrmacht
OSS	Office of Strategic Services
OWI	Office of War Information
PB	Parteibuch
PEA	Propaganda-Ersatzabteilung-Potsdam
PEW	Political Warfare Executive
PID	Political Intelligence Department
PK	Propaganda-Kompanie
Prop	Propaganda
PWD	Psychological Warfare Division
Pz.Div.	Panzerdivision
RA	Rote Armee
RM	Reichsmark
RMVP	Reichsministerium für Volksaufklärung und Propaganda
SD	Sicherheitsdienst
SHAEF	Supreme Headquarters Allied European Forces
Sk	»Skorpion«
SS	Schutzstaffel
Stoprop	Stabsoffizier für Propaganda
V-Leute	Vertrauensleute
WPr	Wehrmachtpropaganda
Ia	1. Generalstabsoffizier (Führungsabteilung)
Ic	3. Generalstabsoffizier (Bearbeiter für Feindnachrichten und Abwehr)
Ic/AO	3. Generalstabsoffizier (Abwehroffizier)

Weitere Veröffentlichungen

in der Militärpolitischen Schriftenreihe

Hermann P. Gebhardt

Guerillas: Schicksalsfrage für den Westen
Die lateinamerikanische Revolutionsbewegung

Wolfgang Höpker

Stoßrichtung Atlantik
Die Drohung aus dem Norden

Wolfgang Höpker

Weltmacht zur See
Die Sowjetunion auf allen Meeren

Dietmar Kreusel

Nation und Vaterland in der Militärpresse der DDR

Nils Ørvik

Sicherheit auf finnisch
Finnland und die Sowjetunion

Wolfram von Raven

Strategie im Weltraum
Der kosmische Kampf der Giganten

Thomas G. Vetterlein

Militärische Leistung und demokratische Industriegesellschaft

Günther Wagenlehner

Eskalation im Nahen Osten
Die politische und psychologische Problematik eines Konflikts

in der Zeitpolitischen Schriftenreihe

Ulrich Buczylowski

Kurt Schumacher und die deutsche Frage
Sicherheitspolitik und strategische Offensivkonzeption vom August 1950 bis September 1951

Erik von Groeling

Chinas langer Marsch – wohin?
Innere Entwicklung und Organisation in der Volksrepublik China 1949 bis 1971

Friedrich Haeberlin

Zwischen Flucht und Integration
Die Eingliederung junger Flüchtlinge als Problem der Spätsozialisation

Harald Laeuen

Polen nach dem Sturz Gomulkas

Werner Marx und
Günther Wagenlehner (Hrsg.)

Das tschechische Schwarzbuch
Die Tage vom 20. bis 27. August 1968 in Dokumenten und Zeugenaussagen

Michael Morozow

Das sowjetische Establishment

Fritz Schenk

Das rote Wirtschaftswunder
Die zentrale Planwirtschaft als Machtmittel der SED-Politik

Ladislaus Singer

Sowjet-Imperialismus

Hartmut Weyer

MSB Spartakus
Von der studentischen Protestbewegung zum Klassenkampf

Seewald Verlag Stuttgart